欧震 范锐 主编

西方文化元典选读

商务印书馆
The Commercial Press

商务印书馆（成都）有限责任公司出品

欧震 | **序　言**

　　与他人共同生活是人生在世的基本限定，伴随着自我经验的成长，他人的内容也在扩展：从亲人到朋友，从同学到同事，从同乡到同胞；从亲到疏，由近及远，从惺惺相惜到志趣不同。从某种角度来说，与他人的关系和张力，决定了自我的品格和内涵。雨果所赞美的比海洋和天空更为广阔的心灵，其实也就是对他人充满了包容力和理解力的心灵。

　　在这个全球化的时代，与他人共同生活有了更具历史性也更具挑战性的内涵：我们越来越与传统、信仰、价值观、生活方式迥然不同的人群比邻而居、相伴而行。也就是说，文化并存，不再是抽象的学理概念，而是每个当下世界的普通人牵涉其中的具体现实。习惯于在种族的、国家的、文化的身份外壳中抱团取暖的我们，还没有做好在文化多样性下共存的准备。对于异质性的他者，我们的无知多于了解，排斥多于同情，忧虑多于坦荡。对异质性文化的可交流性，我们经常听到的是悲观的声音：亨廷顿预言不同文明以战争终结它们的关系，后现代主义者只信赖不可通约的绝对差异性。在一个更需要交流的勇气和理解的能力的时代，文化"原教旨主义"却大肆流行。

文化传统是我们降临于此世时被给定的东西，它包含了我们与他人之间的最基本、最可靠、最隐秘的关系：我们的血脉，我们的记忆，我们的习惯和信仰。传统如同我们自己的个性一样，具有强烈的抗拒逻辑分析的神秘性。俄罗斯现代哲学家尼古拉·别尔嘉耶夫就曾说："给民族的形式、民族的个性下定义是异常困难的，甚至不可能给出严格的科学定义。所有的个性的奥秘只有通过爱才能获悉，而且在个性的深层中最终存在某种不可了解的东西。"①

但对自身文化传统的忠诚和热爱，并不意味着人类只能被囚禁在由自己的过去构建起来的孤岛上。按康德的理解，人是这个世界上唯一朝向未来而生的存在。人的自由意志赋予了人类摆脱无论是自然的还是文化的限制的能力，这种能力植根于人超越纯粹个人考量的爱的意志。约翰·邓恩就曾经提醒我们：人类不是互相隔绝的孤岛，而是相互联系的大陆。同为人类的命运把不同文化传统的人们结合为休戚与共的整体。如果暂时的距离把我们分隔开的话，那么永恒的命运将最终让我们不分彼此。

正是基于这样的认知，我们编辑了这部文选。对于与我们相去甚远的西方文化传统，首先需要理解。从宏观的角度看，这是不同文化由对抗走向对话的前提；从微观的角度看，这也是每个

---

① 尼古拉·别尔嘉耶夫：《俄罗斯思想》，雷永生、邱守娟译，北京：生活·读书·新知三联书店，1995年，第1页。

生活在当下的个体，在文化复杂化的生存环境中安身立命的基础。

文化传统是丰富、有机、完整的，其表现形式多种多样，与具体的日常生活息息相关。文化传统如同一颗晶莹剔透的钻石，生活的每一个侧面都折射出它的光辉。认识某种文化传统的最佳方式，是亲身浸泡在该文化传统的生活之流中。而作为这一文化传统的局外人，研读体现它的精神内涵和价值形态的经典文献，无疑是进入其文化领土的最便捷的大门。

本文选聚焦了西方文化传统中的三个主要方面：文化价值观、社会组织模式和文化心理结构。

文化价值观是某个特殊的文明形态之为自身的内在规定性，是它与其他文明形态形成差异的根据。所谓传统，正是建立在核心的文化价值观稳定延续的基础上。对西方文化而言，其文化价值观最为显著地体现在以古希腊罗马文化为代表的理性主义传统和以希伯来文化为根基的基督教精神两大源流中。可以这样说，西方文化的历史进程，是这两大文化源流冲突碰撞与对话交融的过程，也是其中蕴含的西方人的文化预设不断丰富、发展、生长的过程。雅典与耶路撒冷、理性与信仰、世俗生命的充溢和伦理精神的救赎，成为西方文化演进和西方人文化认同的中心命题。因此，对西方文化的认识和理解，首先要从西方文化传统的这两个源流进入。本文选也在这里放置了更多的注意力：柏拉图、亚里士多德、西塞罗、奥勒留、奥古斯丁等，通过这些对西方文化价值的自我显现做出过巨大贡献的人物的文选，我们试图呈现西方文化价值观的最初的、最富启示性的面貌。

文化价值观不是空洞的，它总是渗透在某一文化传统的各个方面。而社会组织模式，即人类以文化价值观为基础构建起的共同生活的社会结构总和，则是文化价值的具体可感的显性形式。在其中，人类寄托了他们的文化理想，并围绕这一文化理想组成具有规范意义的生活共同体。从西方文化价值观的创造者和表述者的著述中，我们可以清晰地捕捉到价值创造和社会组织模式的创造之间的内在关联。柏拉图的《理想国》既表达了古希腊人的文化情怀，也思考了理想社会组织模式的可能性。《圣经》既规定了人之为人的价值本质，也赋予了这种价值本质宗教共同体的组织模式。在这里，笔者没有采用更为通行的"社会制度"的概念，主要是避免这一概念过分浓厚的意识形态色彩可能带来的误解。需要强调的是，寄托了人类文化理想的社会组织模式，是在历史中展开的，不存在一劳永逸地与文化理想吻合的社会组织模式。西方的制度文明，也经历了自我尝试、自我探索、自我更新的历史过程。本文选以历史的脉络，呈现了对西方社会组织模式的发展变迁产生重大影响的思想成果，尤其突出了西方近现代社会组织模式的理论思索。卢梭的《社会契约论》、《美国独立宣言》都是其中的代表。

文化价值观的影响，更深刻地沉淀在具有相同文化认同的人们的日常生活中。西方人之为西方人，不是因为他们具有抽象的西方性，而是因为他们面对世界和人生的体验方式和思考方式是近似的。文化传统，通过集体无意识和积极的教化渗透到人的心理结构和思维模式中。作为相同的物种，人性的基本内容是相似的，同样的对生存、爱、尊严的渴望，同样的对死亡、孤独和失败的恐惧。这种人性的普遍性，构成了不同文化之间相互理解和同情的基础。但人性的内容秩序和呈现方式，却是文化规定的。西方人对个体生命的重视，和中国人对人伦脉络的推崇；西方思想对严密分析和抽象思辨的依赖，与中国人的整体把握和直觉想象的偏爱；西方文化对超然之物的热情，同中国人对世间实务的迷恋；……这种关于中西文化的比较，虽然经常失之宽泛笼统，但并非绝对不贴切。因为，这种比较大致概括了中西方不同文化系统中人们面对世界的体验方式和认识方式的差异。本文选还在这个部分划出了一些篇幅，以展示西方文化对其经验方式和认知模式的思考和总结。比如，本文选中的美学和自然科学知识的内容，就是为了体现西方文化在这个方面的特色。

为了帮助读者加深对选文的理解，每篇选文前都有一篇题解，介绍了选文的作者、主要内容、文化意义和文化影响；对选文中某些知识性内容和不易理解的概念加上简单的注释；在选文后，附上了扩展性参考书目和发散性思考问题。

虽然本文选力求达到帮助读者把握西方文化传统基本面貌的目的，但由于编选者专业背景以及能力和时间的限制，文选的缺陷是明显的：如选文的代表性可能存在争议，再如整部文选的系统性也可能尚有欠缺。学术永远是遗憾的艺术，这些缺陷有待于在同行们的赐教和教学实践的摸索中渐获补足。

本文选为四川师范大学文学院外国文学教研室的集体成果，欧震老师主要承担文选统稿和协调工作，范锐老师承担了选题构想和与出版社的衔接工作。本书编委构成为：

主编： 欧 震　范 锐

编委（以姓氏拼音为序）：

范　锐　　郭大勇　　李　丹　　李小莹　　李　涯

欧　震　　徐学龙　　杨　爽　　杨亦军　　泽　拥

具体章节的编撰者分别为（以姓氏拼音为序）：

范　锐：柏拉图《理想国》、培根

郭大勇：柏拉图《大希庇阿斯篇》、奥勒留

李　丹：黑格尔、尼采

李小莹：康德、牛顿

李　涯：《旧约》《新约》

欧　震：序言、亚里士多德《政治学》

徐学龙：亚里士多德《形而上学》、《美国独立宣言》

杨　爽：马克思

杨亦军：奥古斯丁、卢梭

泽　拥：西塞罗、笛卡尔

本文选编辑出版得到了四川师范大学文学院和教务处的大力支持，文学院先后两任分管教学工作的陈佑松副院长和毛娟副院长主持了教材的立项和组织工作，在此向他们表示由衷的谢意。

2023 年 10 月

目　录

一　柏拉图《理想国》选读　/　1

二　柏拉图《大希庇阿斯篇》选读　/　23

三　亚里士多德《形而上学》选读　/　55

四　亚里士多德《政治学》选读　/　77

五　西塞罗论文选读　/　97

六　奥勒留《沉思录》选读　/　121

七　《圣经·旧约》选读　/　137

八　《圣经·新约》选读　/　157

九　奥古斯丁《忏悔录》选读　/　193

十　培根《新工具》选读　/　209

十一　笛卡尔《谈谈方法》选读　/　227

十二　牛顿《自然哲学的数学原理》选读　/　245

十三　卢梭《社会契约论》选读　/　265

十四　康德《实践理性批判》选读 / 281

十五　杰斐逊《美国独立宣言》 / 303

十六　黑格尔《美学》选读 / 315

十七　马克思《1844年经济学哲学手稿》选读 / 331

十八　尼采《悲剧的诞生》选读 / 349

我们需要了解的西方文化经典 / 371

一　柏拉图《理想国》选读

柏拉图（Plato，前427—前347），古希腊哲学家、文学家、教育家，和他的老师苏格拉底、学生亚里士多德一起形成了古希腊哲学的高峰，并被广泛地认为是西方哲学的奠基人。关于他生平的说法很多，但其中很多难以证实。可以肯定的是，他出生于雅典的贵族家庭，除了师从苏格拉底外，也受到毕达哥拉斯等哲学家的影响。柏拉图可能不是他的本名，这个称呼可能来自同时代人对他强壮的身躯、高贵的面容和出众口才的印象。在苏格拉底被雅典人处死后，可能对雅典政治现实感到失望的柏拉图在撰写他的早期对话和对希腊周边地区的游历中度过了十余年，在求知的同时也寻求实现政治理想的机会。据说他曾在西西里的叙拉古获得过试验的机会，但以失败而告终（据说曾被卖为奴隶）。此后他回到雅典并在城郊为纪念传说中的英雄阿卡德摩斯而命名的地方建立了同名学院，该学院又被称为柏拉图学院，延续了900年之久，并成为此后所有拥有综合而系统的高等教育与学术研究功能的大学的源头和称呼（academy）的由来。在从教的四十余年中他可能还有过外出游历，最后据说在一个朋友的婚礼上安静地逝去，获得了相对于他的老师而言完美的辞世方式。

与老师苏格拉底没有留下作品相反,柏拉图的大量作品被认为获得了完整保存。他的作品只有1篇不是对话体,而25篇对话中又只有1篇的对话主角不是苏格拉底。所以,关于柏拉图作品中的思想来自他本人和来自他老师的比例各有多大,以及他作品中的苏格拉底形象的真实程度,至今还为人们所争论。人们争论的话题还包括他写作的次序和部分作品的真实性。按照较为公认的观点,他的重要作品包括早期的《依安篇》(*Ion*),中期的《斐德若篇》(*Phaedrus*)、《理想国》(*Republic*)、《会饮篇》(*Symposium*)以及晚期的《法律篇》(*Laws*)等。柏拉图在西方最早使对话成为一种独立的文学形式,并树立了这种形式的典范,这也可以看作他对古希腊文学的卓越贡献。

柏拉图是西方最早建立了自己庞大哲学体系的哲学家,其哲学思想博大精深,还涉及政治学、伦理学、教育学、美学甚至数学等诸多方面。但他的整个理论体系的基础和最重要的部分是"理念"(idea,又译"理式")说。他肯定理念是一种永恒的、绝对的、超越物质世界而客观存在并决定着物质世界的一切事物的精神或真理,一切事物都源于对其的摹仿(包括著名的"柏拉图式的爱情")。因此柏拉图的哲学体系可以说是客观唯心主义的,但这个概念又难以涵盖他的哲学。柏拉图的影响不仅限于由其学生亚里士多德所发展的一条完整而丰富的哲学线索,也不仅限于以普罗提诺为代表的新柏拉图主义以及奥古斯丁在此基础上改造而成的基督教哲学,也不仅限于对作为西方古典哲学高峰的黑格尔的"绝对理念"(absolute idea)的启发;用怀特海(Whitehead)的话来说:"如果对欧洲整个哲学传统的特征作一个最稳妥的概括,那就是,它不过是对柏拉图哲学的一系列注脚。"

《理想国》是公认的柏拉图最重要的作品之一，柏拉图通过苏格拉底之口构想了他心目中的共和国理想，包括哲学家国王、三个国民等级的划分以及共同实现的道德和正义等内容。柏拉图认为理想国不应该为"诗"即文学艺术保留位置，选文阐述的理由就是柏拉图的"模仿说"，这是柏拉图美学观点中最重要的部分，也很有助于理解其理念说。

《理想国》第10卷（节选）[①]

苏：确实还有许多其它的理由使我深信，我们在建立这个国家中的做法是完全正确的，特别是（我认为）关于诗歌的做法。

格：什么样的做法？

苏：它绝对拒绝任何模仿。须知，既然我们已经辨别了心灵的三个不同的组成部分[②]，我认为拒绝模仿如今就显得有更明摆着的理由了。

---

① 选自柏拉图：《理想国》，郭斌、张竹明译，商务印书馆，1986年。选文始于第10卷开头，中间未再有删节。对阅读理解有帮助的译注保留，略有副改并重排顺序，若未特别说明，均为原书译注。根据原文，苏格拉底和友人格劳孔在参加献祭的归途中遇见另几个相识者，被邀至他们家中展开对话。这一部分的对话者只有二人，苏为苏格拉底，格为格劳孔。——编者
② 在之前的论述中苏格拉底说灵魂由理性、意志和情感（reason, emotion and desire）组成。——编者

格：请你解释一下。

苏：噢，让我们私下里说说，——你是不会把我的话泄露给悲剧诗人或别的任何模仿者的——这种艺术对于所有没有预先受到警告不知道它的危害性的那些听众的心灵，看来是有腐蚀性的。

格：请你再解释得深入些。

苏：我不得不直说了。虽然我从小就对荷马怀有一定的敬爱之心，不愿意说他的不是。因为他看来是所有这些美的悲剧诗人的祖师爷呢。但是，不管怎么说，我们一定不能把对个人的尊敬看得高于真理，我必须（如我所说的）讲出自己的心里话。

格：你一定得说出心里话。

苏：那么请听我说，或者竟回答我的问题更好。

格：你问吧。

苏：你能告诉我，模仿一般地说是什么吗？须知，我自己也不太清楚，它的目的何在。

格：那我就更不懂了！

苏：其实你比我懂些也没什么可奇怪的，既然视力差的人看东西比视力好的人清楚也是常事。

格：说得是。不过在你面前，我即使看得见什么，也是不大可能急切地想告诉你的。你还是自己看吧！

苏：那么下面我们还是用惯常的程序来开始讨论问题，好吗？在凡是我们能用同一名称称呼多数事物的场合，我认为我们总是假定它们只有一个形式或理念的。你明白吗？

格：我明白。

苏：那么现在让我们随便举出某一类的许多东西，例如说有许多的床或桌子。

格：当然可以。

苏：但是概括这许多家具的理念我看只有两个：一个是床的理念，一个是桌子的理念。

格：是的。

苏：又，我们也总是说制造床或桌子的工匠注视着理念或形式分别地制造出我们使用的桌子或床来；关于其它用物也是如此。是吗？至于理念或形式本身则不是任何匠人能制造得出的，这是肯定的。是吗？

格：当然。

苏：但是现在请考虑一下，下述这种工匠你给他取个什么名称呢？

格：什么样的匠人？

苏：一种万能的匠人：他能制作一切东西——各行各业的匠人所造的各种东西。

格：你这是在说一种灵巧得实在惊人的人。

苏：请略等一等。事实上马上你也会像我这么讲的。须知，这同一个匠人不仅能制作一切用具，他还能制作一切植物、动物，以及他自身。此外他还能制造地、天、诸神、天体和冥间的一切呢。

格：真是一个神奇极了的智者啊！

苏：你不信？请问，你是根本不信有这种匠人吗？或者，你是不是认为，这种万能的工匠在一种意义上说是能有的，在另一种意义上说是不能有的呢？或者请问，你知不知道，你自己也能"在某种意义上"制作出所有这些东西？

格：在什么意义上？

苏：这不难，方法很多，也很快。如果你愿意拿一面镜子到处照的话，你就能最快地做到这一点。你就能很快地制作出太阳和天空中的一切，很快地制作出大地和你自己，以及别的动物、用具、植物和所有我们刚才谈到的那些东西。

格：是的。但这是影子，不是真实存在的东西呀！

苏：很好，你这话正巧对我们的论证很有帮助。因为我认为画家也属于这一类的制作者。是吗？

格：当然是的。

苏：但是我想你会说，他的"制作"不是真的制作。然而画家也"在某种意义上"制作一张床。是吗？

格：是的，他也是制作床的影子。

苏：又，造床的木匠怎么样？你刚才不是说，他造的不是我们承认其为真正的床或床的本质的形式或理念，而只是一张具体特殊的床而已吗？

格：是的，我是这么说的。

苏：那么，如果他不能制造事物的本质，那么他就不能制造实在，而只能制造一种像实在（并不真是实在）的东西。是吗？如果有人说，造床的木匠或其他任何手艺人造出的东西是完全意义上的存在，这话就很可能是错的。是吗？

格：无论如何，这终究不大可能是善于进行我们这种论证法的人的观点。

苏：因此，如果有人说这种东西①也不过是一种和真实比较起来的暗淡的阴影。这话是不会使我们感到吃惊的。

格：我们是一定不会吃惊的。

苏：那么，我们是不是打算还用刚才这些事例来研究这个摹仿者的本质呢？即，究竟谁是真正的摹仿者？

格：就请这么做吧！

苏：那么下面我们设有三种床，一种是自然的②床，我认为我们大概得说它是神造的。或者，是什么别的造的吗？

格：我认为不是什么别的造的。

苏：其次一种是木匠造的床。

格：是的。

苏：再一种是画家画的床，是吗？

格：就算是吧。

苏：因此，画家、造床匠、神，是这三者造这三种床。

格：是的，这三种人。

苏：神或是自己不愿或是有某种力量迫使他不能制造超过一个的自然床，因而就只造了一个本质的床，真正的床。神从未造过两个或两个以上这样的床，它以后也永远不会再有新的了。

格：为什么？

苏：因为，假定神只制造两张床，就会又有第三张出现，那两个都以它的形式为自己的形式，结果就会这第三个是真正的本

---

① 指前文所举出的例如木匠造的床。
② 即本质的床，床的理念。

质的床，那两个不是了。

格：对。

苏：因此，我认为神由于知道这一点，并且希望自己成为真实的床的真正制造者而不只是一个制造某一特定床的木匠，所以他就只造了唯一的一张自然的床。

格：看来是的。

苏：那么我们把神叫做床之自然的创造者，可以吗？还是叫做什么别的好呢？

格：这个名称是肯定正确的，既然自然的床以及所有其他自然的东西都是神的创造。

苏：木匠怎么样？我们可以把他叫做床的制造者吗？

格：可以。

苏：我们也可以称画家为这类东西的创造者或制造者吗？

格：无论如何不行。

苏：那么你说他是床的什么呢？

格：我觉得，如果我们把画家叫做那两种人所造的东西的模仿者，应该是最合适的。

苏：很好。因此，你把和自然隔着两层的作品的制作者称作模仿者？①

格：正是。

苏：因此，悲剧诗人既然是模仿者，他就像所有其他的模仿

---

① 这是柏拉图的一个著名的不确切的说法。准确地说，画出的床和自然的床之间只隔了木匠造出的床这一层，所以应该说是"对自然的第二层模仿"。以下皆然。——编者

者一样，自然地和王者①或真实隔着两层。

格：看来是这样。

苏：那么，关于模仿者我们已经意见一致了。但是请你告诉我，画家努力模仿的是哪一种事物？你认为是自然中的每一事物本身还是工匠的制作品？

格：工匠的作品。

苏：因此这是事物的真实还是事物的影像？——这是需要进一步明确的。

格：我不明白你的意思。

苏：我的意思如下：例如一张床，你从不同的角度看它，从侧面或从前面或从别的角度看它，它都异于本身吗？或者，它只是样子显得不同，事实上完全没有什么不同，别的事物也莫不如此。是吗？

格：只是样子显得不同，事实上没有任何区别。

苏：那么请研究下面这个问题。画家在作关于每一事物的画时，是在模仿事物实在的本身还是在模仿看上去的样子呢？这是对影像的模仿还是对真实的模仿呢？

格：是对影像的模仿。

苏：因此，模仿术和真实距离是很远的。而这似乎也正是它之所以在只把握了事物的一小部分（而且还是表像的一小部分）时就能制造任何事物的原因。例如，我们说一个画家将给我们画一个鞋匠或木匠或别的什么工匠。虽然他自己对这些技术都一窍

---

① 比喻性用语。"王者"即"最高""真理"之意。

不通，但是，如果他是个优秀的画家的话，只要把他所画的例如木匠的肖像陈列得离观众有一定的距离，他还是能骗过小孩和一些笨人，使他们信以为真的。

格：这话当然对的。

苏：我的朋友，我认为，在所有这类情况下，我们都应该牢记下述这一点。当有人告诉我们说，他遇到过一个人，精通一切技艺，懂得一切只有本行专家才专门懂得的其它事物，没有什么事物他不是懂得比任何别人都清楚的。听到这些话我们必须告诉他说："你是一个头脑简单的人，看来遇到了魔术师或巧于模仿的人，被他骗过了。你之所以以为他是万能的，乃是因为你不能区别知识、无知和模仿。"

格：再对不过了。

苏：那末下面我们必须考察悲剧诗人及其领袖荷马了。既然我们听到有些人说，这些诗人知道一切技艺，知道一切与善恶有关的人事，还知道神事。须知，一般的读者是这样想的：一个优秀的诗人要正确地描述事物，他就必须用知识去创造，否则是不行的。对此我们必须想一想：这种读者是不是碰上了魔术师般的那种模仿者了；受了他们的骗，以致看着他们的作品却不知道这些作品和真实隔着两层，是即使不知真实也容易制造得出的呢（因为他们的作品是影像而不是真实）？或者，是不是一般读者的话还是有点道理的，优秀的诗人对自己描述的事物（许多读者觉得他们描述得很好的）还是有真知的呢？

格：我们一定要考察一下。

苏：那么，如果一个人既能造被模仿的东西，又能造影像，你认为他真会热心献身于制造影像的工作，并以此作为自己的最高生活目标吗？

格：我不这样认为。

苏：我认为，如果他对自己模仿的事物有真知的话，他是一定宁可献身于真的东西而不愿献身于模仿的。他会热心于制造许多出色的真的制品，留下来作为自己身后的纪念。他会宁愿成为一个受称羡的对象，而不会热心于做一个称羡别人的人的。

格：我赞成你的话。能这样做，他的荣誉和利益一定会同样大的。

苏：因此我们不会要求荷马或任何其他诗人给我们解释别的问题；我们不会问起：他们之中有谁是医生而不只是一个模仿医生说话的人，有哪个诗人（无论古时的还是现时的）曾被听说帮助什么病人恢复过健康，象阿斯克勒比斯那样，或者，他们曾传授医术给什么学生，像阿斯克勒比斯传授门徒那样。我们不谈别的技艺，不问他们这方面的问题。我们只谈荷马所想谈论的那些最重大最美好的事情——战争和指挥问题、城邦治理问题和人的教育问题。我们请他回答下述问题肯定是公道的："亲爱的荷马，假定你虽然是我们定义为模仿者的那种影像的制造者，但是离美德方面的真实并不隔开两层，而是只相隔一层，并且能够知道怎样的教育和训练能够使人在公私生活中变好或变坏，那么，请问：有哪一个城邦是因为你而被治理好了的，像斯巴达因为有莱库古，别的许多大小不等的城邦因为有别的立法者那样？有哪一个城邦把自己的大治说成是因为你是他们的优秀立法者，是你给他们造福的？意大利和西西里人曾归功于哈朗德斯，我们归功于梭伦。

有谁曾归功于你？"他荷马能回答得出吗？①

格：我想他是回答不出的。连荷马的崇拜者自己也不曾有人说荷马是一个优秀立法者。

苏：那么，你曾听说过荷马活着的时候有过什么战争是在他指挥或赞划下打胜了的吗？

格：从未听说过。

苏：那么，正如可以期望于一个长于实际工作的智者的，你曾听说过荷马在技艺或其它实务方面有过多项精巧的发明，像米利都的泰勒斯和斯库西亚的阿那哈尔息斯②那样？

格：一项也没听说过。

苏：如果他从未担任过什么公职，那么，你有没有听说过他创建过什么私人学校，在世的时候学生们乐于从游听教，死后将一种荷马楷模传给后人，正像毕达哥拉斯那样？毕达哥拉斯本人曾为此而受到特殊的崇敬，而他的继承者时至今日还把一种生活方式叫做"毕达哥拉斯楷模"，并因此而显得优越。荷马也如此吗？

格：从没听说过这种事。苏格拉底啊，要知道，荷马的学生克里昂夫洛斯作为荷马教育的一个标本，或许甚至比自己的名字③还更可笑呢，如果关于荷马的传说可靠的话。据传说他于荷

---

① 这一段中提到的人名分别是著名的医生和政治家。——编者

② 第奥根尼·拉尔修《名哲言行录》i, 105，传说他是锚和陶轮的发明者。同段中提到的"米利都的泰勒斯"是古希腊最早的哲学流派米利都派的创始人，同时也是一位科学家。——编者

③ "Κρεώφυλος"，从字面上看，意为"吃肉氏族的人"，据说是一位出身开俄斯岛的史诗作家。

马在世时就轻视他。

苏：是有这个传说的。但是，格劳孔啊，如果荷马真能教育人提高人的品德，他确有真知识而不是只有模仿术的话，我想就会有许多青年跟他学习，敬他爱他了。你说是吗？既然阿布德拉的普罗塔戈拉、开奥斯的普洛蒂卡斯和许多别的智者能以私人教学使自己的同时代人深信，人们如果不受智者的教育，就不能管好家务治好国家；他们靠这种智慧赢得了深深的热爱，以致他们的学生只差一点没把他们顶在自己的肩上走路了。同样道理，如果荷马真能帮助自己的同时代人得到美德，人们还能让他（或赫西俄德）流离颠沛，卖唱为生吗？人们会依依难舍，把他看得胜过黄金，强留他住在自己家里的。如果挽留不住，那么，无论他到哪里，人们也会随侍到那里，直到充分地得到了他的教育为止的。你说我的这些想法对吗？

格：苏格拉底啊，我觉得你的话完全对的。

苏：因此我们是不是可以肯定下来：从荷马以来所有的诗人都只是美德或自己制造的其它东西的影像的模仿者，他们完全不知道真实？这正如我们刚才说的，画家本人虽然对鞋匠的手艺一无所知，但是能画出象是鞋匠的人来，只要他们自己以及那些又知道凭形状和颜色判断事物的观众觉得像鞋匠就行了。不是吗？

格：正是的。

苏：同样地，我认为我们要说，诗人虽然除了模仿技巧而外一无所知，但他能以语词为手段出色地描绘各种技术，当他用韵律、音步和曲调无论谈论制鞋、指挥战争还是别的什么时，听众由于和他一样对这些事情一无所知，只知道通过词语认识事物，因而总是认为他描绘得再好没有了。所以这些音乐性的成分所造成的诗的魅力是巨大的；如果去掉了诗的音乐彩色，把它变成了平淡无奇的散文，我想你是知道的，诗人的语言将变成个什么样子。我想你已经注意过这些了。

格：是的，我已经注意过了。

苏：它们就像一些并非生得真美，只是因为年轻而显得好看的面孔，如今青春一过，容华尽失似的。

格：的确象这样。

苏：请再考虑下面这个问题：影像的创造者，亦即模仿者，我们说是全然不知实在而只知事物外表的。是这样吗？

格：是的。

苏：让我们把这个问题说全了，不要半途而废。

格：请继续说下去。

苏：我们说，画家能画马缰和嚼子吧？

格：对。

苏：但是，能制造这些东西的是皮匠和铜匠吧？

格：当然。

苏：画家知道缰绳和嚼子应当是怎样的吗？或许，甚至制造这些东西的皮鞋和铜匠本也不知道，而只有懂得使用这些东西的骑者才知道这一点吧？

格：完全正确。

苏：我们可不可以这样说，这是一个放之一切事物而皆准的道理呢？

格：什么意思？

苏：我意思是说：不论谈到什么事物都有三种技术：使用者的技术、制造者的技术和模仿者的技术，是吧？

格：是的。

苏：于是一切器具、生物和行为的至善、美与正确不都只与使用——作为人与自然创造一切的目的——有关吗？

格：是这样。

苏：因此，完全必然的是：任何事物的使用者乃是对它最有经验的，使用者把使用中看到的该事物的性能好坏通报给制造者。例如吹奏长笛的人报告制造长笛的人，各种长笛在演奏中表现出来的性能如何，并吩咐制造怎样的一种，制造者则按照他的吩咐去制造。

格：当然。

苏：于是，一种人知道并报告关于笛子的优劣，另一种人信任他，照他的要求去制造。

格：是的。

苏：因此，制造者对这种乐器的优劣能有正确的信念（这是在和对乐器有真知的人交流中，在不得不听从他的意见时的信念），而使用者对它则能有知识。

格：的确是的。

苏：模仿者关于自己描画的事物之是否美与正确，能有从经验与使用中得来的真知吗？或者他能有在与有真知的人不可少的交往中因听从了后者关于正确制造的要求之后得到的正确意见吗？

格：都不能有。

苏：那么，模仿者关于自己模仿得优还是劣，就既无知识也无正确意见了。

格：显然是的。

苏：因此诗人作为一种模仿者，关于他所创作的东西的智慧是最美的了①。

格：一点也不是。

苏：他尽管不知道自己创作的东西是优是劣，他还是照样继续模仿下去。看来，他所模仿的东西对于一无所知的群众来说还是显得美的。

格：还能不是这样吗？

苏：看来我们已经充分地取得了如下的一致意见：模仿者对于自己模仿的东西没有什么值得一提的知识。模仿只是一种游戏，是不能当真的。想当悲剧作家的诗人，不论是用抑扬格还是用史诗格写作的，尤其都只能是模仿者。

格：一定是的。

苏：说实在的，模仿不是和隔真理两层的第三级事物相关的吗？

格：是的。

苏：又，模仿是人的哪一部分的能力？

格：我不明白你的意思。

苏：我的意思是说：一个同样大小的东西远看和近看在人的眼睛里显得不一样大。

格：是不一样大的。

苏：同一事物在水里看和不在水里看曲直是不同的。由于同

---

① 这是一句讽刺挖苦的话，应当反过来理解。但是格劳孔回答的态度是认真的。

样的视觉错误同一事物外表面的凹凸看起来也是不同的。并且显然，我们的心灵里有种种诸如此类的混乱。绘画所以能发挥其魅力正是利用了我们天性中的这一弱点，魔术师和许多别的诸如此类的艺人也是利用了我们的这一弱点。

格：真的。

苏：量、数和称不是已被证明为对这些弱点的最幸福的补救行为吗？它们不是可以帮助克服"好像多或少"，"好像大或小"和"好像轻或重"对我们心灵的主宰，代之以数过的数、量过的大小和称过的轻重的主宰的吗？

格：当然。

苏：这些计量活动是心灵理性部分的工作。

格：是这个部分的工作。

苏：但是，当它计量了并指出了某些事物比别的事物"大些"或"小些"或"相等"时，常常又同时看上去好像相反。

格：是的。

苏：但是我们不是说过吗：我们的同一部分对同一事物同时持相反的两种看法是不能容许的？

格：我们的话是对的。

苏：心灵的那个与计量有相反意见的部分，和那个与计量一致的部分不可能是同一个部分。

格：当然不能是。

苏：信赖度量与计算的那个部分应是心灵的最善部分。

格：一定是的。

苏：因此与之相反的那个部分应属于我们心灵的低贱部分。

格：必然的。

苏：因此这就是我们当初说下面这些话时想取得一致的结论。我们当初曾说，绘画以及一般的模仿艺术，在进行自己的工作时是在创造远离真实的作品，是在和我们心灵里的那个远离理性的部分交往，不以健康与真理为目的地在向它学习。

格：一定是的。

苏：因此，模仿术乃是低贱的父母所生的低贱的孩子。

格：看来是的。

苏：这个道理只适用于眼睛看的事物呢，还是也适用于耳朵听的事物，适用于我们所称的诗歌呢？①

格：大概也适用于听方面的事物。

苏：让我们别只相信根据绘画而得出的"大概"，让我们来接着考察一下从事模仿的诗歌所打动的那个心灵部分，看这是心灵的低贱部分还是高贵部分。

格：必须这样。

苏：那么让我们这么说吧：诗的模仿术模仿行为着——或被迫或自愿地——的人，以及，作为这些行为的后果，他们交了好运或恶运（设想的），并感受到了苦或乐。除此而外还有什么别的吗？

格：别无其它了。

苏：在所有这些感受里，人的心灵是统一的呢，或者还是，正如在看的方面，对同一的事物一个人自身内能在同时有分歧和相反的意见那样，在行为方面一个人内部也是能有分裂和自我冲

---

① 古代诗歌的两种主要形式，史诗和悲剧，都是唱的。所以听众都是用耳朵的。

突的呢？不过我想起来了：在这一点上我们现在没有必要再寻求一致了。因为前面讨论时我们已经充分地取得了一致意见：我们的心灵在任何时候都是充满无数这类冲突的。

格：对。

苏：对是对。不过，那时说漏了的，我想现在必须提出来了。

格：漏了什么？

苏：一个优秀的人物，当他不幸交上了恶运，诸如丧了儿子或别的什么心爱的东西时，我们前面不是说过吗，他会比别人容易忍受得住的。

格：无疑的。

苏：现在让我们来考虑这样一个问题：这是因为他不觉得痛苦呢，还是说，他不可能不觉得痛苦，只是因为他对痛苦能有某种节制呢？

格：后一说比较正确。

苏：关于他，现在我请问你这样一个问题：你认为他在哪一种场合更倾向于克制自己的悲痛呢，是当着别人的面还是在独处的时候？

格：在别人面前他克制得多。

苏：但是当他独处时，我想，他就会让自己说出许多怕被人听到的话，做出许多不愿被别人看到的事来的。

格：是这样的。

苏：促使他克制的是理性与法律，怂恿他对悲伤让步的是纯情感本身。不是吗？

格：是的。

苏：在一个人身上同时关于同一事物有两种相反的势力表现出来，我们认为这表明，他身上必定存在着两种成分。

格：当然是的。

苏：其中之一准备在法律指导它的时候听从法律的指引。不是吗？

格：请作进一步的申述。

苏：法律会以某种方式告知：遇到不幸时尽可能保持冷静而不急躁诉苦，是最善的。因为，这类事情的好坏是不得而知的；不作克制也无补于事；人世生活中的事本也没有什么值得太重视的；何况悲痛也只能妨碍我们在这种情况下尽可能快地取得我们所需要的帮助呢！

格：你指的什么帮助呢？

苏：周密地思考所发生的事情呀！就像在（掷骰子时）骰子落下后决定对掷出的点数怎么办那样，根据理性的指示决定下一步的行动应该是最善之道。我们一定不能像小孩子受了伤那样，在啼哭中浪费时间，而不去训练自己心灵养成习惯：尽快地设法治伤救死，以求消除痛苦。

格：这的确是面临不幸时处置不幸的最善之道。

苏：因此我们说，我们的最善部分是愿意遵从理性指导的。

格：显然是的。

苏：因此，我们不是也要说，一味引导我们回忆受苦和只知悲叹而不能充分地得到那种帮助的那个部分，是我们的无理性的无益的部分，是懦弱的伙伴？

格：是的，我们应该这么说。

苏：因此，我们的那个不冷静的部分给模仿提供了大量各式各样的材料。而那个理智的平静的精神状态，因为它几乎是永远不变的，所以是不容易模仿的，模仿起来也是不容易看懂的，尤其不是涌到剧场里来的那一大群杂七杂八的人所容易了解的。因为被模仿的是一种他们所不熟悉的感情。

格：一定的。

苏：很显然，从事模仿的诗人本质上不是模仿心灵的这个善的部分的，他的技巧也不是为了让这个部分高兴的，如果他要赢得广大观众好评的话。他本质上是和暴躁的多变的性格联系的，因为这容易模仿。

格：这是很明显的。

苏：到此，我们已经可以把诗人捉住，把他和画家放在并排了。这是很公正的。因为像画家一样，诗人的创作是真实性很低的；因为像画家一样，他的创作是和心灵的低贱部分打交道的。因此我们完全有理由拒绝让诗人进入治理良好的城邦。因为他的作用在于激励、培育和加强心灵的低贱部分毁坏理性部分，就像在一个城邦里把政治权力交给坏人，让他们去危害好人一样。我们同样要说，模仿的诗人还在每个人的心灵里建立起一个恶的政治制度，通过制造一个远离真实的影像，通过讨好那个不能辨别大和小，把同一事物一会儿说大一会儿又说小的无理性部分。

格：确实是的。

思考题：

1. 你赞同柏拉图关于文学艺术不能表达真理的观点吗？为什么？

2. 你对柏拉图所说文学艺术表达的是人类的卑贱情感这一观点如何评价？

3. 你心目中有没有一个"理想国"？如果有，它是什么样子的？

延伸阅读：

1. 柏拉图：《理想国》，郭斌和、张竹明译，北京：商务印书馆，1986年。

2. 柏拉图：《柏拉图五大对话集》，郭斌和、景昌极译，商务印书馆，1934年。

二　柏拉图《大希庇阿斯篇》选读

古希腊人很早就形成了自觉的审美意识,《大希庇阿斯篇》即是表现这种审美意识的重要文献。在《大希庇阿斯篇》中,柏拉图以"苏格拉底式的幽默"教导我们怎样理解美,他首先给美下定义,其方法是通过各种日常生活中的具体事物来进行,并对之进行了分析,结果显示此路不通。在对话中他首先提出:美是一位年轻的小姐,美是一匹母马,美是一把竖琴,美是一个汤罐,甚至美是恰当、效用,美是善的父亲的观点,继而又指出美与善既然不同,善不能是美,美也不能是善,甚至美也不能是快感,等等。最终美的本质是什么仍然没有好的答案,只好得出"美是难的"这句谚语。

在《大希庇阿斯篇》中柏拉图反反复复追问:"我问的是美本身,这美本身把它的特质传给一件东西,才使那件东西成其为美。""这美本身,加到任何一件事物上面,就使那件事物成其为美,不管它是一块石头,一块木头,一个人,一个神,一个动作,还是一门学问。"柏拉图通过苏格拉底与希庇阿斯的对话,试图区分"美的事物"和"美"本身。认识美的事物并不难,但认识这些事物之所以美的原因,或者说认识"美"本身,却是很难的。

这种特别的论述方式，典型地代表了柏拉图的思维方式，即事物的性质是对其"理式"的分有。这种对美本质的追问，已经非常接近现代美学家对美的考量。

在分析中美的功能主义的观点，即认为成功制作出的汤罐是美的汤罐的观点遭到了拒斥；正如赫拉克利特所说，最美的猿猴毕竟也没有人美。各种各样的建议提出了，又被否定了，尽管在那种美在于有益，在于通过视与听而获得快乐的思想中可获得部分真理，但最终还是无奈地得出"美是难的"。实际上，美本身是一种单一的性质，它不是分析的对象，只能是一种价值引导。

《大希庇阿斯篇》（节选）[①]

对话人：苏格拉底　　希庇阿斯

苏：只要老天允许，你朗诵大作时，我一定来听。不过谈到文章问题，你提醒了我须先要向你请教的一点。近来在一个讨论会里，我指责某些东西丑，赞扬某些东西美，被和我对话的人问得无辞以对。他带一点讥讽的口吻问我："苏格拉底，你怎样才知道什么是美，什么是丑，你能替美下一个定义么？"我由于愚笨，不能给他一个圆满的答复。会谈之后，我自怨自责，决定了以后如果碰见你们中间一个有才能的人，必得请教他，把这问题彻底

[①] 选自柏拉图：《柏拉图文艺对话集》，朱光潜译，北京：商务印书馆，2013年。该篇所有注释均来自原书。——编者

弄清楚，然后再去找我的论敌，再和他做一番论战。今天你来得正好，就请你把什么是美给我解释明白，希望你回答我的问题时要尽量精确，免得我再输一次，让我丢脸。你对于这个问题一定知道非常透彻，它在你所精通的学问中不过是一个小枝节。

希：苏格拉底，这问题小得很，小得不足道，我敢说。

苏：愈小我就愈易学习，以后对付一个论敌，也就愈有把握了。

希：对付一切的论敌都行，苏格拉底，否则我的学问就很平庸浅薄了。

苏：你的话真叫我开心，希庇阿斯，好像我的论敌没有打就输了。我想设身处在我的论敌的地位，你回答，我站在他的地位反驳，这样我可以学你应战，你看这个办法没有什么不方便吧？我有一个老习惯，爱提出反驳。如果你不觉得有什么不方便，我想自己来和你对辩，这样办，可以对问题了解更清楚些。

希：你就来对辩吧。那都是一样，我再告诉你，这问题简单得很；比这难得多的问题，我都可以教你怎样应战，教你可以把一切反驳者都不放在眼里。

苏：哈，老天，你的话真开心！你既然答应了，我就尽我的能力扮演我的论敌，向你提问题。你如果向这位论敌朗诵你刚才告诉我的那篇讨论优美的事业的文章，他听你诵完之后，一定要依他的习惯，先盘问你美本身究竟是什么，他会这样说："厄利斯的客人，有正义的人之所以是有正义的，是不是由于正义？"[①] 希

---

① 有了"正义"这么一个品质，个别的人得到这个品质，才成其为有"正义"的。正义是共相，个别的人有正义是殊相。

庇阿斯，现在就请你回答吧，假想盘问你的是那位论敌。

希：我回答，那是由于正义。

苏：那么，正义是一个真实的东西？

希：当然。

苏：有学问的人之所以有学问，是由于学问；一切善的东西之所以善，是由于善？

希：那是很明显的。

苏：学问和善这些东西都是真实的，否则它们就不能发生效果，是不是？

希：它们都是真实的，毫无疑问。

苏：美的东西之所以美，是否也由于美？

希：是的，由于美。

苏：美也是一个真实的东西？

希：很真实，这有什么难题？

苏：我们的论敌现在就要问了："客人，请告诉我什么是美？"

希：我想他问的意思是：什么东西是美的？

苏：我想不是这个意思，希庇阿斯，他要问美是什么。

希：这两个问题有什么分别呢？

苏：你看不出吗？

希：我看不出一点分别。

苏：我想你对这分别知道很多，只是你不肯说。不管怎样，他问的不是：什么东西是美的？而是：什么是美？请你想一想。

希：我懂了，我来告诉他什么是美，叫他无法反驳。什么是美，你记清楚，苏格拉底，美就是一位漂亮小姐。

苏：狗呀①，回答的美妙！如果我对我的论敌这样回答，要针对他所提的问题做正确的回答，不怕遭到反驳吗？

希：你怎么会遭到反驳，如果你的意见就是一般人的意见，你的听众都认为你说的有理？

苏：姑且承认听众这样说。但是请准许我，希庇阿斯，把你刚才说的那句话作为我说的，我的论敌要这样问我，"苏格拉底，请答复这个问题：如果你说凡是美的那些东西真正是美，是否有一个美本身存在，才叫那些东西美呢？"我就要回答他说，一个漂亮的年轻小姐的美，就是使一切东西成其为美的。你以为何如？

希：你以为他敢否认你所说的那年轻小姐美吗？如果他敢否认，他不成为笑柄吗？

苏：他当然敢，我的学问渊博的朋友，我对这一点很有把握。至于说他会成为笑柄。那要看讨论的结果如何。他会怎样说，我倒不妨告诉你。

希：说吧。

苏：他会这样向我说："你真妙！苏格拉底，但是一匹漂亮的母马不也可以是美的，既然神在一个预言里都称赞过它？"你看怎样回答，希庇阿斯？一匹母马是美的时候，能不承认它有美吗？怎样能说美的东西没有美呢？

希：你说的对，苏格拉底，神说母马很美，是很有道理的。我们的厄利斯就有很多的漂亮的母马②。

---

① 希腊人发誓，为避免用宙斯大神的名字，用寻常动物来代替。
② 希庇阿斯是厄利斯人，厄利斯是希腊南部一个城邦，以产马著名。

苏：好，他会说，"一个美的竖琴有没有美？"你看我们该不该承认，希庇阿斯？

希：该承认。

苏：他还会一直问下去，我知道他的脾气，所以敢这样肯定。他要问："亲爱的朋友，一个美的汤罐怎样？它不是一个美的东西吗？"

希：这太不像话了，苏格拉底，这位论敌是什么样一个人，敢在正经的谈话里提起这些不三不四的东西？他一定是一个粗俗汉！

苏：他就是这样的人，希庇阿斯，没有受过好教育，粗鄙得很，除掉真理，什么也不关心。可是还得回答他的问题。我的临时的愚见是这样，假定是一个好陶工制造的汤罐，打磨得很光，做得很圆，烧得很透，像有两个耳柄的装二十公升的那种①，它们确是很美的；我回答他说，假如他所指的是这种汤罐，那就要承认它是美的。怎样能不承认美的东西有美呢？

希：不可能否认，苏格拉底。

苏：他会说："那么，依你看，一个美的汤罐也有美了？"

希：我的看法是这样：像这种东西若是做得好，当然也有它的美，不过这种美总不能比一匹母马，一位年轻小姐或是其他真正美的东西的美。

苏：就让你这么说吧，希庇阿斯，如果我懂得不错，我该这样回答他："朋友，赫剌克立特②说过，最美的猴子比起人来还是

---

① 原文是"六康稽"。康稽是希腊的量名，每康稽约合三个半公升。
② 赫剌克立特是公元前5世纪初希腊大哲学家，主张火为万物之源，世界常在流动的。

丑,你没有明白这句话的真理,而且你也忘记,依学问渊博的希庇阿斯的看法,最美的汤罐比起年轻小姐来还是丑。"你看是不是应该这样回答?

希：一点不错,苏格拉底,答得顶好。

苏：他一定这样反驳："苏格拉底,请问你,年轻小姐比起神仙,不也像汤罐比起年轻小姐吗？比起神仙,最美的年轻小姐不也就显得丑吗？你提起赫剌克立特,他不也说过,在学问方面,在美方面,在一切方面,人类中学问最渊博的比起神来,不过是一个猴子吗？"我们该不该承认,最美的年轻小姐比起女神也还是丑呢？

希：这是无可反驳的。

苏：如果我们承认这一点,他就会笑我们,又这样问我："苏格拉底你还记得我的问题么？"我回答说："你问我美本身是什么。"他又会问："对这个问题,你指出一种美来回答,而这种美,依你自己说,却又美又丑,好像美也可以,丑也可以,是不是？"那样我就非承认不可了。好朋友,你教我怎样回答他？

希：就用我们刚才所说过的话,人比起神就不美,承认他说的对。

苏：他就要再向我说："苏格拉底,如果我原先提的问题是：什么东西可美可丑？你的回答就很正确。但是我问的是美本身,这美本身把它的特质传给一件东西,才使那件东西成其为美,你总以为这美本身就是一个年轻小姐,一匹母马,或一个竖琴吗？"

希：对了,苏格拉底,如果他所问的是那个,回答就再容易不过了。他想知道凡是东西加上了它,得它点缀,就显得美的那种美是什么。他一定是个傻瓜，对美完全是门外汉。告诉他，他所问的那种美不是别的，就是黄金，他就会无话可说，不再反驳你了。因为谁也知道，一件东西纵然本来是丑的，只要镶上黄金，就得到一种点缀，使它显得美了。

苏：你不知道我的那位论敌，希庇阿斯，他爱吹毛求疵，最不容易应付。

希：管他的脾气怎样！面对着真理，他不能不接受，否则就成为笑柄了。

苏：他不但不接受我的答复，还会和我开玩笑，这样问我："你瞎了眼睛吗？把菲狄阿斯[①]当作一个凡庸的雕刻家？"我想应该回答他说，没有这回事。

希：你是对的，苏格拉底。

苏：当然。但是我既承认了菲狄阿斯是一个大艺术家，他就要问下去："你以为菲狄阿斯不知道你所说的那种美吗？"我问他："你为什么这样说？"他会回答："他雕刻雅典娜的像，没有用金做她的眼或面孔，也没有用金做她的手足，虽然依你的看法，要使她显得更美些，就非用金不可。他用的却是象牙，显然他犯了错误，是由于不知道金子镶上任何东西就可以使它美了。"希庇阿斯，怎样回答他？

希：很容易回答，我们可以说，菲狄阿斯并没有错，因为我认为象牙也是美的。

苏：他就会说："他雕两个眼球子却不用象牙，用的是云石，

---

① 菲狄阿斯是希腊的最大的雕刻家，公元前5世纪人，雅典娜女神像是他的杰作之一。

使云石和象牙配合得很恰当。美的石头是否也就是美呢？"我们该不该承认，希庇阿斯？

希：如果使用得恰当，石头当然也美。

苏：用得不恰当，它就会丑？我们是否也要承认这一点？

希：应该承认，不恰当就丑。

苏：他会问我："学问渊博的苏格拉底，那么，象牙和黄金也是一样，用得恰当，就使东西美，用得不恰当，就使它丑，是不是？"我们是否要反驳，还是承认他对呢？

希：承认他对，我们可以说，使每件东西美的就是恰当。

苏：他会问我："要煮好蔬菜，哪个最恰当，美人呢，还是我们刚才所说的汤罐呢？一个金汤匙和一个木汤匙，又是哪个最恰当呢？"

希：苏格拉底，这是什么样一个人！你肯把他的名字告诉我么？

苏：就是告诉你，你还是不知道他。

希：至少我知道他是简直没有受过教育的。

苏：他简直讨人嫌，希庇阿斯！不管怎样，我们怎么回答他呢？对于蔬菜和汤罐，哪一种汤匙最恰当呢？木制的不是比较恰当么？它可以叫汤有香味，不致打破罐子，泼掉汤，把火弄灭，叫客人有一样美味而吃不上口；若是用金汤匙，就难免有这些危险。所以依我看，木汤匙比较恰当。你是否反对这个看法？

希：它当然比较恰当。不过我不高兴和提出这样问题的人讨论。

苏：你很对，朋友。这种粗话实在不配让像你这样一个人听，你穿得这样好，全希腊都钦佩你的学问。至于我咧。我倒不介意和这种人接触。所以我求你为着我的益处，预先教我怎样回辩。

他会问我:"木汤匙既然比金汤匙恰当,而你自己既然又承认,恰当的要比不恰当的较美,那么,木汤匙就必然比金汤匙较美了,是不是了?"希庇阿斯,你看有什么办法可以否认木汤匙比金汤匙较美呢?

希:你要我说出你该给美下什么样定义,免得你再听他胡说八道吗?

苏:对的,不过先请你告诉我怎样回答他的问题:木汤匙和金汤匙哪种最恰当,最美?

希:如果你高兴,回答他说木汤匙最恰当,最美。

苏:现在要请你把你的话说明白一点。如果我回答他说过美就是黄金,现在又承认木汤匙比金汤匙美,我们好像看不出金在哪方面比木美了。不过就现在说,你看什么才是美呢?

希:我就要告诉你。如果我懂的不错,你所要知道的是一种美,从来对任何人不会以任何方式显得是丑?

苏:一点也不错,这回你很正确地抓住我的意思了。

希:听我来说,如果他再反驳,那就算我糊涂了。

苏:老天呀,请你快点说出来。

希:我说,对于一切人,无论古今,一个凡人所能有的最高的美就是家里钱多,身体好,全希腊人都尊敬,长命到老,自己替父母举行过隆重的丧礼,死后又由子女替自己举行隆重的丧礼。

苏:呵,呵!希庇阿斯,这番话真高妙,非你说不出来!凭着赫拉天后,我钦佩你,这样好心好意地尽你的力量来替我解围。但是我们的论敌却毫不动心,他要嘲笑我们,大大的嘲笑我们,我敢说。

希：那是无理的嘲笑，苏格拉底。如果他没有话反驳而只嘲笑，那是他自己丢人，听众们会嘲笑他。

苏：你也许说的对，可是我怕你的回答还不仅引起他的嘲笑。

希：还会引起什么？

苏：他身边也许碰巧带了一个棍子，如果我跑得不够快，他一定要打我。

希：什么？这家伙是你的主人吗？他能打你不要上法庭判罪吗？雅典就没有王法了吗？公民们就可以互相殴打，不管王法吗？

苏：怕的倒不是这些。

希：那么，他打你打得不对，就该受惩罚。

苏：不是那样，希庇阿斯，并非打得不对，如果我拿你的话来回答他，我相信他就很有理由可以打我。

希：苏格拉底，听你说出这样话，我倒也很相信他很有理由可以打你！

苏：我可不可以告诉你，我为什么认为刚才那番回答该挨棍子？你也要不分青红皂白就打我吗？你肯不肯听我来说？

希：若是我不准你说话，我就罪该万死了。你有什么说的？

苏：让我来说明，还是用刚才那个办法，就是站在我的论敌的地位来说话，免得使他一定要向我说的那些冒昧唐突的话看来像是我向你说的。他会问我："苏格拉底，你唱了这一大串赞歌①，所答非所问，若是打你一顿，算不算冤枉？"我回答说："这话从何说来？"他会说："你问我从何说来？你忘记了我的问题吗？我

---

① 赞歌指上文希庇阿斯所说的"钱多身体好受尊敬"那段话。

问的是美本身,这美本身,加到任何一件事物上面,就使那件事物成其为美,不管它是一块石头,一块木头,一个人,一个神,一个动作,还是一门学问。我提到美本身,是一个个字说得很清楚响亮的,我并没有想到听我说话的人是一块顽石,既没有耳朵,又没有脑筋!"你别生气,希庇阿斯,如果这时候我被他吓唬倒了,向他说:"可是给我替美下这样定义的是希庇阿斯呀!我向他提的问题正和你所提的一模一样,问的正是不拘那一种时境的美。"你怎么说?你愿不愿我这样回答他?

希:像我所给它的定义,美是而且将来也还是对于一切人都是美的,这是无可辩驳的。

苏:我的论敌会问:"美是否永远美呢?"美应该是永远美吧?

希:当然。

苏:现在是美的在过去也常是美的?

希:是的。

苏:他会问我:"依厄利斯的客人看,对于阿喀琉斯来说,美是否就是随着他的祖先葬下地呢?对于他的祖先埃阿科斯①,对于一切其他神明之胄的英雄们,对于神们自己,美是否也是如此呢?"

希:你说的是什么怪话?真该死!你那位论敌所提的问题太无礼了②!

苏:你要他怎样呢?对这问题回答"是",是否就比较有礼呢?

---

① 阿喀琉斯在特洛亚战争中战死,所以葬在异国。他的祖先埃阿科斯据说是天神宙斯的儿子,死后做了阴间三判官之一。

② "太无礼"原文有"大不敬""渎神"的意思。因为苏格拉底提到神和英雄。

希：也许。

苏：他会说："也许，你说在任何时对于任何人，美就是自己葬父母，子孙葬自己，你这番话也许就也是无礼。"要不然，就要把赫剌克勒斯①以及我们刚才所提名的那些人作为例外，是不是？

希：我向来没有指神们呀！

苏：看来像也没有指英雄们？

希：没有指英雄们，他们是神们的子孙。

苏：此外一切人都包括在你的定义里？

希：一点不错。

苏：那么，依你的看法，对于像坦塔罗斯，达达诺斯，仄托斯那样的一个人是有罪的，不敬的，可耻的事；对于像珀罗普斯以及是和他出身相似的那样人却是美的②？

希：我的看法是这样。

苏：他就会说："从此所得出的结论就和你的原来意思相反了，自己葬了祖先，以后又让子孙葬自己，这一件事有时候对于某些人是不光荣的，因此，把这件事看成在一切时境都是美的，比起我们从前所举的年轻小姐和汤罐的例，同样犯着时而美时而丑的毛病，而且更滑稽可笑。苏格拉底，你显然对我老是不能答得恰如所问，我的问题是：美是什么？"亲爱的朋友，如果我依你的话去回答他，他要向我说的讨嫌的话就大致如此，并不见得无理。

---

① 赫剌克勒斯是希腊神话中最大的力士，也是宙斯的儿子。
② 据希腊神话，坦塔罗斯，达达诺斯，仄托斯都是宙斯的儿子，珀罗普斯是坦塔罗斯的儿子，宙斯的孙子。这句话的意思是说：自己葬父母，子孙葬自己，这件事对于神和英雄有时光荣，有时不光荣。

他向我说话，通常是用这样的口吻；有时他好像怜惜我笨拙无知，对他所提的问题自己提出一个答案，向我提出一个美的定义，或是我们所讨论的其他事物的定义。

希：他怎样说，说给我听听，苏格拉底。

苏：他向我说："苏格拉底，你真是一个奇怪的思辨者，别再给这种回答吧，它太简单，太容易反驳了。再回头把先前你所提的而我们批判过的那些美的定义，挑一个出来看看。我们说过：黄金在用得恰当时就美，用得不恰当时就丑，其他事物也是如此。现在就来看看这'恰当'观念，看看什么才是恰当，恰当是否就是美的本质。"每次他向我这样谈论，我都无辞反驳。只好承认他对。希庇阿斯，你看美是否就是恰当的？

希：这和我的看法完全一样，苏格拉底。

苏：还得把它研究一番，免得又弄错了。

希：我们来研究吧。

苏：姑且这样来看：什么才是恰当？它加在一个事物上面，还是使它真正美呢？还是只使它在外表上显得美呢？还是这两种都不是呢？

希：我以为所谓恰当，是使一个事物在外表上显得美的。举例来说，相貌不扬的人穿起合式的衣服，外表就好看起来了。

苏：如果恰当只使一个事物在外表上显得比它实际美，它就会只是一种错觉的美，因此，它不能是我们所要寻求的那种美，希庇阿斯；因为我们所要寻求的美是有了它，美的事物才成其为美，犹如大的事物之所以成其为大，是由于它们比起其他事物有一种质量方面的优越，有了这种优越，不管它们在外表上什么样，它们就必然是大的。美也是如此，它应该是一切美的事物有了它就成其为美的那个品质，不管它们在外表上什么样，我们所要寻求的就是这种美。这种美不能是你所说的恰当，因为依你所说的，恰当使事物在外表上显得比它们实际美，所以隐瞒了真正的本质。我们所要下定义的，像我刚才说过的，就是使事物真正成其为美的，不管外表美不美。如果我们要想发见美是什么，我们就要找这个使事物真正成其为美的。

希：但是恰当使一切有了它的事物不但有外表美，而且有实际美，苏格拉底。

苏：那么，实际美的事物在外表上就不能不美，因为它们必然具备使它们在外表上显得美的那种品质，是不是？

希：当然。

苏：那么，希庇阿斯，我们是否承认一切事物，包括制度习俗在内，如果在实际上真正美，就会在任何时代都被舆论一致公认其为美呢？还是恰恰与此相反，无论在人与人，或国与国之中，最不容易得到人们赏识，最容易引起辩论和争执的就是美这问题呢？

希：第二个假定是对的，苏格拉底，美最不容易赏识。

苏：如果实际离不开外表——这是当然的——如果承认恰当就是美本身，而且能使事物在实际上和在外表上都美，美就不应该不易赏识了。因此①，恰当这个品质如果是使事物在实际上成其为美的，它就恰是我们所要寻求的那种美，但是也就不会是使事物在外表上成其为美的。反之，如果它是使事物在外表上成其

---

① 因为美不易赏识，实际美和外表美并不是一回事。

美的，它就不会是我们所寻求的那种美。我们所要寻求的美是使事物在实际上成其为美的。一个原因不能同时产生两种结果，如果一件东西使事物同时在实际上和外表上美（或具有其他品质），它就不会是非此不可的唯一原因。所以恰当或是只能产生实际美，或是只能产生外表美，在这两个看法中我们只能选一个。

希：我宁愿采取恰当产生外表美的看法。

苏：哎哟，美又从我们手里溜脱了，希庇阿斯，简直没有机会可以认识它了，因为照刚才所说的，恰当并不就是美。

希：呃，倒是真的，苏格拉底，这却出乎我意料之外。

苏：无论如何，我们还不能放松它。我看我们还有希望可以抓住美的真正的本质。

希：一定有希望，苏格拉底，而且不难达到。只要让我有一点时间一个人来想一想，我就可以给你一个再精确不过的答案。

苏：请做一点好事，别尽在希望，希庇阿斯。你看这讨厌的问题已经给我们很多的麻烦了，当心提防着不让它发脾气，一霎就溜走不回来。但是这只是我的过虑，对于你，这问题是非常容易解决的，只要你一个人去清清静静地想一想。不过还是请你别走，当着我的面来解决这问题；并且如果你情愿，和我一道来研究。如果我们找到了答案，大家都好；如果找不到，我就活该认输，你就可以离开我好去破这个谜语。并且在一块儿解决还有这一点便利，就是我不会去麻烦你，追问你一个人找到的答案究竟是什么样。我提出一个美的定义，你看它如何，我说——请你专心听着，别让我说废话——我说，在我们看，美就是有用的。我是这样想起来的，我们所认为美的眼睛不是看不见东西的眼睛，而是看得很清楚，可以让我们用它们的。你看对不对？

希：对。

苏：不仅眼睛，整个身体也是如此，如果它适宜于赛跑和角斗，我们就认为它美。在动物中，我们说一匹马，一只公鸡或一只野鸡美，说器皿美，说海陆交通工具，商船和战船美，我们说乐器和其他技艺的器具美，甚至于说制度习俗美，都是根据一个原则：我们研究每一件东西的本质，制造和现状，如果它有用，我们就说它美，说它美只是看它有用，在某些情境可以帮助达到某种目的；如果它毫无用处，我们就说它丑。你是否也这样看，希庇阿斯？

希：我也这样看。

苏：我们可否就肯定凡是有用的就是顶美的呢？

希：我们可以这样肯定，苏格拉底。

苏：一件东西有用，是就它能发生效果来说，不能发生效果就是无用，是不是？

希：一点不错。

苏：效能就是美的，无效能就是丑的，是不是？

希：当然。许多事情可以证明这一点，尤其是政治。在国家里发挥政治的效能就是一件最美的事，无效能就是顶可耻的。

苏：你说的顶对。凭老天爷，如果这是对的，知识就是最美的，无知就是最丑的，是不是？

希：你这话是什么意思，苏格拉底？

苏：别忙，好朋友，想起这话的意义，我又有些骇怕了。

希：又有什么可骇怕的，苏格拉底？这回你的思路很正确了。

苏：我倒愿如此。但是请帮我想一想这个问题：一个人对于一件事既没有知识，又没有能力，他能否去做它？

希：没有能力做就是不能做，那是很显然的。

苏：凡是做错了的，凡是在行为或作品中做的不好，尽管他们原来想做好的，也总算是做了，若是他们对于所做的没有能力，他们就不会把它做出来，是不是？

希：当然。

苏：可是人们之所以能做一件事，是因为他们的能力而不是因为他们的无能力。

希：不是因为无能力。

苏：所以要做一件事，就要有能力。

希：不错。

苏：但是所有的人们从幼小时起，所做的就是坏事多于好事。想做好而做不到。

希：真是这样。

苏：那么，这种做坏事的能力，这种虽是有用而用于坏目的的事情，我们叫它们美还是叫它们丑呢？

希：当然是丑的，苏格拉底。

苏：因此，有能力的和有用的就不能是美本身了？

希：能力应该用于做好事，有用应该是对好事有用。

苏：那么，有能力的和有用的就是美的那个看法就留不住了。我们心里原来所要说的其实是：有能力的和有用的，就它们实现某一个好目的来说，就是美的。

希：我是这样想。

苏：这就等于说，有益的就是美的，是不是？

希：当然。

苏：所以美的身体，美的制度，知识以及我们刚才所提到的许多其他东西，之所以成其为美，是因为它们都是有益的？

希：显然如此。

苏：因此，我们认为美和益是一回事。

希：毫无疑问。

苏：所谓有益的就是产生好结果的？

希：是。

苏：产生结果的叫作原因，是不是？

希：当然。

苏：那么，美是好（善）的原因？

希：是。

苏：但是原因和结果不能是一回事，希庇阿斯，因为原因不能是原因的原因。想一想，我们不是已经承认原因是产生结果的吗？

希：是。

苏：结果是一种产品，不是一个生产者？

希：的确。

苏：产品和生产者不同？

希：不同。

苏：所以原因不能产生原因，原因只产生由它而来的结果。

希：很对。

苏：所以如果美是好（善）的原因，好（善）就是美所产生的。我们追求智慧以及其他美的东西，好像就是为着这个缘故。因为它们所产生的结果就是善,而善是值得追求的。因此,我们的结论应该是:美是善的父亲。

希:好的很,你说的真好,苏格拉底。

苏:还有同样好的话咧:父亲不是儿子,儿子不是父亲。

希:一点不错。

苏:原因不是结果,结果也不是原因。

希:那是无可辩驳的。

苏:那么,亲爱的朋友,美不就是善,善也不就是美。我们的推理是否必然要生出这样一个结论呢?

希:凭宙斯,我看不出有旁的结论。

苏:我们是否甘心承认美不善而善不美呢?

希:凭宙斯,我却不甘心承认这样话。

苏:好的很,希庇阿斯!就我来说,在我们所提议的答案之中,这是最不圆满的一个。

希:我也是这样想。

苏:那么,我恐怕我们的美就是有用的,有益的,有能力产生善的那一套理论实在都是很错误的,而且比起我们原来的美就是漂亮的年轻小姐或其他所提到的东西那些理论,还更荒谬可笑。

希:真是这样。

苏:就我来说,我真不知道怎样办才好,我头脑弄昏了。希庇阿斯,你可想出了什么意思?

希:暂时却没有想出什么。但是我已经说过了,让我想一想,我一定可以想得出来。

苏:但是我急于要知道,不能等你去想。对了,我觉得我找到了一点线索。请注意一下,假如我们说,凡是产生快感的——不是任何一种快感,而是从眼见耳闻来的快感——就是美的,你看有没有反对的理由?希庇阿斯,凡是美的人,颜色,图画和雕刻都经过视觉产生快感,而美的声音,各种音乐,诗文和故事也产生类似的快感,这是无可辩驳的。如果我们回答那位固执的论敌说,"美就是由视觉和听觉产生的快感",他就不能再固执了。你看对不对?

希:在我看,苏格拉底,这是一个很好的美的定义。

苏:可是还得想一想,如果我们认为美的是习俗制度,我们能否说它们的美是由视听所生的快感来的呢?这里不是有点差别吗?

希:苏格拉底,我们的论敌也许见不出这个差别。

苏:狗呀,至少我自己的那位论敌会见出,希庇阿斯,在他面前比在任何人面前,想错了或说错了,都使我更觉得羞耻。

希:这是什么人?

苏:这就是苏弗若尼斯的儿子,苏格拉底,就是他不容许我随便作一句未经证实的肯定,或是强不知以为知。

希:说句老实话,既然你把你的看法说出了,我也可以说,我也认为制度是有点差别,不是由视觉听觉产生的快感。

苏:别忙,希庇阿斯,正在相信逃脱困难了,我恐怕我们又像刚才一样,又遇到同样的困难。

希:这话怎样说,苏格拉底?

苏:我且来说明我的意思,不管它有没有价值。关于习俗制度的印象也许还是从听觉和视觉来的。姑且把这一层放下不管,把美看作起于这种感觉的那个理论还另有困难。我的论敌或旁人也许要追问我们:"为什么把美限于你们所说的那种快感?为什么否认其他感觉——例如饮食色欲之类快感——之中有美?这些感觉不也是很愉快吗?你们以为视觉和听觉以外就不能有快感吗?"希庇阿斯,你看怎样回答?

希:我们毫不迟疑地回答,这一切感觉都可以有很大的快感。

苏:他就会问:"这些感觉既然和其他感觉一样产生快感,为什么否认它们美?为什么不让它们有这一个品质呢?"我们回答:"因为我们如果说味和香不仅愉快,而且美,人人都会拿我们做笑柄。至于色欲,人人虽然承认它发生很大的快感,但是都以为它是丑的,所以满足它的人们都瞒着人去做,不肯公开。"对这番话我们的论敌会回答说:"我看你们不敢说这些感觉是美的,只是怕大众反对。但是我所要问你的并不是大众看美是什么样,而是美究竟是什么样。"我们就只有拿刚才那番话来回答说:"美只起于听觉和视觉所生的那种快感。"希庇阿斯,你是维持这个说法,还是改正我们的答案呢?

希:应该维持我们的说法,苏格拉底,不能更改。

苏:他会说:"好,美既然是从听觉和视觉来的快感,凡是不属于这类快感的显然就不能算美了?"我们是否同意呢?

希:同意。

苏:他会说:"听觉的快感是否同时由视觉和听觉产生,视觉的快感是否也是如此?"我们说,不然,这两种原因之一所产生的快感不能同时由这两种原因在一起来产生。我想你的意思也是如此,我们所肯定的是这两种快感每种是美,所以两种都是美。是不是应该这样回答他?

希：当然。

苏：他就会说："那么，一种快感和另一种快感的差别是否在它们的愉快性上面？问题并不在这一种快感比另一种快感大或小，强或弱，而在它们的差别是否在一种是快感而另一种不是快感。"我们不以为差别在此，是不是？

希：是的。

苏：他会说："那么，你们在各种快感中单选出视听这两种来，就不能因为它们是快感。是不是因为你们在这两种快感中看出一种特质是其他快感所没有的，你们才说它们美呢？视觉的快感显然不能只因为是由视觉产生的就成其所为美，如果是这样，听觉的快感就没有成其为美的理由，因为不是由视觉产生的。"我们对这话是否同意？

希：同意。

苏："同理，听觉的快感也不能只为是由听觉来的就成其为美，如果是这样，视觉的快感也就没有成其为美的理由，因为不是由听觉产生的。"希庇阿斯，我们是否承认这人说的对呢？

希：很对。

苏：他就会说："可是你们说，视觉和听觉的快感就是美？"我们要承认说过这样话。

希：不错。

苏："那么，视觉和听觉的快感应该有一个共同性质，由于有这个共同性质，单是视觉的快感或听觉的快感因而美，两种快感合在一起来说，也因而美。若是没有这个共同性质，它们或分或合，都不能成其为美了。"请你把我当作那人，来回答这问题。

希：我回答说，我看他的话是对的。

苏：一种性质是这两种快感所共同的，而就每种快感单独来说，却没有这种性质，这种性质能否是原因，使它们成其为美呢？

希：你这话怎样说，苏格拉底？两种东西分开来各所没有的性质，合起来如何就能公有那个性质呢？

苏：你以为这是不可能的吗？

希：我不能思议这样的东西的性质。

苏：说的很好，希庇阿斯。就我来说，我觉得我窥见一种东西，像你所认为不可能的。不过我看的不清楚。

希：不能有这样的东西，苏格拉底，你一定看错了。

苏：可是我确实望见一些影像。但是我不敢自信，因为这些影像既然不能让你看见；你是什么样人，我是什么样人，你凭你的学问赚的钱比当代任何人都多，而我却从来没有赚过一文钱。不过我颇怀疑你是否在认真说话，是否在欺哄我来开玩笑，因为这些影像在我面前显得既活跃而又众多。

希：苏格拉底，你有一个方法来测验我是否在开玩笑，那就是，对我说明你以为你看见的究竟是什么样，你就会发现你所说的话荒诞无稽了。你永远不可能发见一个性质不是你或我单独所没有的，却是你和我所共同有的。

苏：你这话是什么意思，希庇阿斯？你也许是对的，可是我不懂得。无论如何，我姑且说明我的想法。在我看，我从来没有而现在也没有的一种性质，就你说，也是你从来没有而现在也没有的，却可以由你和我两人共有。反过来说，我们两人所共有的，可以是我或你单独所没有的。

希：你像一个占卜家在说话，比刚才更玄。想一想，如果我们俩都公正，不是你公正我也公正？同理，如果我们俩都不公正，或是身体都好，不是你如此我也如此？反过来说，如果你是病了，受了伤，挨了打，或是遭遇另一件事，而我也正是如此，不是我们俩都是如此么？再举例子来说，假如我们俩都是金，银，或象牙，或者说，都是高贵的，有学问的，受人尊敬的，老的或少的，或是具有人性的任何其他属性，那么，你和我分开来说，不是各具有这些属性吗？

苏：当然。

希：苏格拉底，你和你的对话人们，你们这批人看事物，向来不能统观全局。你们把美或真实界其他部分分析开，让它孤立起来，于是把它敲敲，看它的声音是真是假。就是因为这个缘故，你们捉摸不住各种本质融贯周流的那个伟大真实界。在目前，你就犯了这个严重的错误，以至于想入非非，以为一种性质可以属于二而不属于二之中各一，反之，属于二之中各一的可以不属于二。你们老是这样，没有逻辑，没有方法，没有常识，没有理解！

苏：我们确实如此，希庇阿斯，像谚语所说的，一个人能什么样就是什么样，不是愿什么样就是什么样。幸好你的警告不断地使我们明白。我现在可不可以在等待你的忠告的时候，就我们这批人的荒谬再给你一个例证呢？我可不可以把我们对这问题的意见说给你听听呢？

希：你不用说，我就知道你要说什么，苏格拉底，因为我对于凡是说话的人们每一个都看得清清楚楚。不过你还是可以说下去，只要你高兴。

苏：我倒是高兴要说。在向你领教以前，亲爱的朋友，我们这批人荒谬得很，相信在你和我两人之中，每个人是一个，因此就不是我们俩在一起时那样的，因为在一起我们是两个，不是一个。我们的荒谬看法就是如此。现在，我们从你所听到的是这样：如果在一起我们是两个，我们俩中间每一个人就绝对必然也是两个；如果分开来每一个人是一个，两人在一起也就是一个。依希庇阿斯先生所说的十全十美的本质论，结论就不能不如此，全体什么样，部分也就什么样；部分什么样，全体也就什么样。希庇阿斯，你算是把我说服了，我再也无话可说了。不过我还想请教一句，好提醒我的记忆：你和我两个人是不是一个，我们每一个人是不是两个？

希：你这是什么话，苏格拉底？

苏：我这话就是我这话。请告诉我：我们俩之中每一个人是不是一个？"是一个"这个属性是不是每一个人的特征？

希：毫无疑问地，是。

苏：如果每一个人是一个，他就不成双，你当然明白单位不成双吧？

希：当然。

苏：我们俩，由两个单位组成的，就不成双吗？

希：没有这个道理，苏格拉底。

苏：因此，我们俩是双数，对不对？

希：很对。

苏：从我们俩是双数，可否得到我们每一个人是双数的结论？

希：当然不能。

苏：那么，一双不必定有一个的性质，一个不必定有一双的性质，这不是正和你原来所说的相反吗？

希：在这一个事例中倒是不必定，但是在我原来所说的那些事例中却都是必定的。

苏：那就够了，希庇阿斯，我们姑且说，这一个事例是像我们所说的，其他事例却不然。如果你还记得我们讨论的出发点，你该记得我原来说的是：在视觉和听觉所产生的快感中，美并不由于这两种快感中某一种所特有，而两种合在一起所没有的那种性质；它也不由于这两种快感合在一起所公有，而其中任何一种快感所没有的那种性质；所需要的那种性质必须同时属于全体，又属于部分，因为你承认过，这两种快感分开来是美，合在一起也是美，就是说，美在部分，也在全体。从此我推到一个结论：如果这两种快感都美，那美是由于这种有，另一种也有的那种性质，不是由于只有这种有，而另一种却没有的那种性质。现在我还是这样看。再请问你一次：如果视觉和听觉的两种快感都美，就合在一起来说可以，就分开来说也可以——那么，使它们成其为美的那种性质是否同时在全体（两种合在一起），也在部分（两种分开）？

希：当然。

苏：使它们成其为美的是否就是它们每一种是快感，两种合在一起也还是快感那个事实？快感既是美的原因，它能使视听两种快感美，为什么就不能使其他各种快感也同样美，既然它们同样是快感？

希：我还记得这番话。

苏：但是我们宣布过，这两种快感之所以成其为美，是由于它们由视觉和听觉产生的。

希：我们是这样说的。

苏：请看我的推理是否正确。如果我记得不错，我们说过美就是快感，不是一切快感，而是由视听来的快感。

希：不错。

苏：但是"由视听来的"这个性质只属于两种合在一起，不属于单独的某一种，因为像我们刚才所见到的，单独一个不是由双组成的，而双却是由单独的部分组成的。是不是？

希：一点也不错。

苏：使每一个成其为美的就不能是不属于每一个的："成双"这个性质却不属于每一个。所以在我们的设论中，双就其为双来说，可以称为美，而单独的每一个却可以不美。这个推理线索不是很谨严么？

希：看来它是很谨严的。

苏：那么，我们可不可以就说：美的是双，每部分却不然？

希：你看有没有可以反驳这个结论的？

苏：我看到的反驳在此：在你所列举的那些事例中，某些事物有某些性质，而这些性质，我们常见到，属于全体的也就属于部分，属于部分的也就属于全体。是不是？

希：是。

苏：在我所举的事例中却不然，其中之一就是一双和一个的例。对不对？

希：很对。

苏：那么，希庇阿斯，在这两类事例中，美属于哪一类？属于你所说的那一类吧？你说过，如果我强壮你也强壮，我们俩就都强壮，如果你公正我也公正，我们俩就都公正；如果我们俩都公正，就是你公正我也公正；同理，如果你美我也美，我们俩就都美，如果我们俩都美，就是你美我也美。但是此外还另有一个可能，美可能像数目。我们说过，全体是双，部分可成双可不成双；反之，部分是分数，全体可以是分数可以是整数，由此例推，我想到许多其他事例。在这两类事例中我们把美放在哪一类呢？我不知道你是否和我一样想，依我想，如果说我们俩都美而两人之中却有一个不美，或是说你美我也美，而我们俩却不美，这一类的话未免太荒谬了。你的看法如何？

希：我的看法就是你的看法，苏格拉底。

苏：那就更好了，因为我们用不着再讨论下去了。美既然属于我们所说的那一类，视觉和听觉的快感就不是美本身了。因为如果这快感以美赋予视觉和听觉的印象，它所赋予美的就只能是视听两种感觉合在一起，而不能单是视觉或单是听觉。可是你已经和我承认过，这个结论是不能成立的。

希：我们确是这样承认过。

苏：这个结论既然不能成立，美就不能是视觉和听觉所生的快感了。

希：这是不错的。

苏：我们的论敌会说："你的路既然走错了，再从头走起吧。你把这两种快感看作美，把其他快感都不看作美，使它们成其为美的究竟是什么呢？"希庇阿斯，我想我们只能这样回答：这两种快感，无论合在一起说，或是分开来说，都是最纯洁无疵的，最好的快感。你还知道有什么其他性质，使它们显得与众不同么？

希：不知其他，它们真是最好的快感。

苏：他就会说："那么，依你们看，美就是有益的快感了？"我要回答是，你怎样想？

希：我和你同意。

苏：他还要说："所谓有益的就是产生善的。可是我们刚才已经看到，原因和结果是两回事，你现在的看法不是又回到原路吗？美与善既然不同，善不能就是美，美也不能就是善。"希庇阿斯，如果我们聪明、最好就完全承认他这话，因为真理所在，不承认是在所不许的。

希：但是说句真话，苏格拉底，你看这一番讨论怎样？我还要维持我原来所说的，这种讨论只是支离破碎的咬文嚼字。美没有什么别的，只要能在评议员，议会，或是要办交涉的大官员之前，发出一篇美妙的能说服人的议论，到了退席时赚了一笔大钱，既可以自己享受，又可以周济亲友，那就是美。这才是值得我们下工夫的事业，不是你们的那种琐屑的强词夺理的勾当。你应该丢开这种勾当，不要老是胡说八道，让人家把你看作傻瓜。

苏：我的亲爱的希庇阿斯，你是一位幸福的人，你知道一个人所宜做的事业，而且把那事业做得顶好，据你自己说。我哩，好像不知道遭了什么天谴，永远在迟疑不定中东西乱窜。我把我的疑惑摆出来让你们学问渊博的先生们看时，我的话还没有说完，就被你们臭骂一顿，你们说，像你自己刚才所说的，我所关心的问题都是些荒谬的，琐屑的，没有意思的。受了你们的教训的启发之后，我也跟你们一样说，一个人最好是有本领在评议员或一个议会之前，发出一篇好议论，产生一种有利的结果，我这样说时又遭我的周围一些人们痛骂，尤其是老和我讨论，老要反驳我的那位论敌。这人其实不是别人，是我的一个至亲骨肉，和我住在一座房子里。我一回到家里，他一听到我说起刚才那番话，他就问我知道不知道羞耻，去讲各种生活方式的美，连这美的本质是什么都还茫然无知。这人向我说："你既然不知道什么才是美，你怎么能判断一篇文章或其他作品是好是坏？在这样蒙昧无知的状态中，你以为生胜于死么？"你看我两面受敌，又受你们的骂，又受这人的骂。但是忍受这些责骂也许对于我是必要的；它们对于我当然有益。至少是从我和你们俩的讨论中，希庇阿斯，我得到了一个益处，那就是更清楚地了解一句谚语："美是难的。"

思考题：

1. 美是什么？试着给出你的答案。

2. 伏尔泰说："如果问魔鬼，他会告诉你美就是一对角。"试分析这句话。

延伸阅读：

1. 柏拉图：《柏拉图文艺对话集》，朱光潜译，北京：商务印书馆，2013年。

2. G. R. F. 费拉里编:《柏拉图〈理想国〉剑桥指南》,陈高华等译,北京:北京大学出版社,2013年。

3. 约翰·E. 彼得曼:《最伟大的思想家:柏拉图》,胡自信译,北京:中华书局,2014年。

三　亚里士多德《形而上学》选读

亚里士多德（Aristotle，前384—前322）是古希腊继柏拉图之后一位百科全书式的伟大思想家，他所涉及的研究领域几乎涵盖了当时已有的全部学科，被黑格尔称为"人类的导师"，被马克思誉为古希腊哲学家中"最博学的人"。他流传下来的主要的著作有《工具论》《形而上学》《物理学》《动物志》《论灵魂》《尼各马可伦理学》《政治学》《修辞学》和《诗学》等。

前384年，亚里士多德诞生于爱琴海北部哈尔基狄凯半岛斯塔吉拉城的一个马其顿御医家庭。从前366年到前347年，他在雅典柏拉图的阿卡德米学院学习。前343年，他受到马其顿国王腓力二世的邀请，担任王子亚历山大的老师。前335年，他回到雅典并创办吕克昂学园。前323年，亚历山大逝世后，他离开雅典，回到母亲的故乡埃维亚岛的哈尔基斯，一年后，因病辞世。

亚里士多德去世后，吕克昂学园的第十一代继承人罗得岛的安德罗尼柯在整理他的全部遗稿时，把他关于存在的本原或终极原因等经验以外对象的著作编纂成册，排在研究事物具体形态变化的《物理学》一书之后，取名《物理学以后诸篇》，中文译为《形而上学》。

亚里士多德基本的哲学思想，就收录在他的《形而上学》中。它是西方思想传统中最重要的经典文本。《形而上学》共十四卷，第一卷是全书的序言。亚里士多德以"求知是人类的本性"开篇，描述了人类获得知识的进展过程，即从"感觉"开始，经过"记忆""经验"和"技术"，最后才能获得有关事物原理与原因的哲学知识。接着，他创立了自己的"四因说"：质料因、形式因、动力因和目的因。他认为质料是事物的原料，形式是事物内在的或本质的结构方式，动力促使事物发展变化，而目的是事物变化发展所要达到的目标。然后，他根据"四因说"的观点总结和批评了以前的哲学家关于事物原理与原因的主要观点，从而得出结论，从泰勒斯到柏拉图的这些哲学家对于这一根本问题的探究都没有超越他的四因说理论。这里，亚里士多德实际上摒弃了柏拉图在事物之外寻找事物本质和原型的观点，提出事物的本质实际在事物之内，具有朴素的唯物主义和辩证法思想。

《形而上学》(节选)[1]

章一

求知是人类的本性。我们乐于使用我们的感觉就是一个说明；即使并无实用，人们总爱好感觉，而在诸感觉中，尤重视觉。无论我们将有所作为，或竟是无所作为，较之其它感觉，我们都特爱观看。理由是：能使我们识知事物，并显明事物之间的许多差别，此于五官之中，以得于视觉者为多。

动物在本性上赋有感觉的官能，有些动物从感觉产生记忆，有些则不产生记忆。这样，前者就比那些不能记忆的更明敏而适宜于学习。那些不能听声音的，虽也明敏，可是不能受教诲；譬如蜜蜂，及其它相似的种属；除记忆以外，又具备听觉的那些动物，就可加以教诲。

除了人类，动物凭现象与记忆而生活着，很少相关联的经验；但人类还凭技术与理智而生活。现在，人从记忆积累经验；同一事物的屡次记忆最后产生这一经验的潜能。经验很象知识与技术，但实际是人类由经验得到知识与技术；浦罗[2]说："经验造就技术，无经验就凭机遇"。从经验所得许多要点使人产生对一类事物的普遍判断，而技术就由此兴起。作成这样一个判断：加里亚沾染

---

[1] 选自亚里士多德：《形而上学》，吴寿彭译，北京：商务印书馆，1959年。为便于阅读，对原文译注进行了必要取舍和删改并重新排序，如无特别说明，均为原译注。——编者

[2] 浦罗（Polus）是柏拉图《乔治亚篇》中对话人物之一。——编者

过这种病，于他有益，苏格拉底与其他许多病例也如此，这是经验；但作成这样一个判断：所有具备某一类型体质的人沾染过这种病，例如粘液质的或胆液质的人因病发烧，都于他有益，——这是技术。

在业务上看，似乎经验并不低于技术，甚至于有经验的人较之有理论而无经验的人更为成功。理由是：经验为个别知识，技术为普遍知识，而业务与生产都是有关个别事物的；因为医师并不为"人"治病，他只为"加里亚"或"苏格拉底"或其他各有姓名的治病，而这些恰巧都是"人"。倘有理论而无经验，认识普遍事理而不知其中所涵个别事物，这样的医师常是治不好病的；因为他所要诊治的恰真是些"个别的人"。我们认为知识与理解属于技术，不属于经验，我们认为技术家较之经验家更聪明（智慧由普遍认识产生，不从个别认识得来）；前者知其原因，后者则不知。凭经验的，知事物之所然而不知其所以然，技术家则兼知其所以然之故。我们也认为每一行业中的大匠师应更受尊敬，他们比之一般工匠知道得更真切，也更聪明，他们知道自己一举足一投手的原因（我们认为一般工匠凭习惯而动作，——与非生物的动作相似，如火之燃烧——趁着自然趋向，进行各自的机能活动，对于自己的动作是不知其所以然的）；所以我们说他较聪明，并不是因为他们敏于动作而是因为他们具有理论，懂得原因。一般说来，这可算是人们有无理论的标记，知其所以然者能教授他人，不知其所以然者不能执教；所以，与经验相比较，技术才是真知识；技术家能教人，只凭经验的人则不能。

又，我们不以官能的感觉为智慧；当然这些给我们以个别事物的最重要认识。但官感总不能告诉我们任何事物所以然之故——例如火何为而热；他们只说火是热的。

当初，谁发明了超越世人官能的任何技术，就为世人所称羡；这不仅因为这些发明有实用价值，世人所钦佩的正在他较别人敏慧而优胜。迨技术发明日渐增多，有些丰富了生活必需品，有些则增加了人类的娱乐；后一类发明家又自然地被认为较前一类更敏慧，因为这些知识不以实用为目的。在所有这些发明相继建立以后，又出现了既不为生活所必需，也不以人世快乐为目的的一些知识，这些知识最先出现于人们开始有闲暇的地方。数学所以先兴于埃及，就因为那里的僧侣阶级特许有闲暇。

我们在"伦理学"中曾已讲过技术与知识与各种官感的分别；这里所要讨论的主题是大家用来阐释事物的原因与原理的所谓智慧；因此，如上所述，有经验的人较之只有些官感的人为富于智慧，技术家又较之经验家，大匠师又较之工匠为富于智慧，而理论部门的知识比之生产部门更应是较高的智慧。这样，明显地，智慧就是有关某些原理与原因的知识。

章二

因为我们正在寻求这门知识，我们必须研究"智慧"〈索非亚〉是那一类原因与原理的知识。如果注意到我们对于"哲人"的诠释，这便可有较明白的答案。我们先假定：哲人知道一切可知的事物，虽于每一事物的细节未必全知道；谁能懂得众人所难知的事物我们也称他有智慧（感觉既人人所同有而易得，这就不算智慧）；又，谁能更擅于并更真切的教授各门知识之原因，谁也就该是更富于智慧；为这门学术本身而探求的知识总是较之为其应用而探求的知识更近于智慧，高级学术也较之次级学术更近于智慧；哲人应该施为，不应被施为，他不应听从他人，智慧较少的人应该听从他。

这些就是我们关于智慧与哲人的诠释。这样，博学的特征必须属之具备最高级普遍知识的人；因为如有一物不明，就不能说是普遍。而最普遍的就是人类所最难知的；因为它们离感觉最远。最精确的学术是那些特重基本原理的学术；而所包涵原理愈少的学术又比那些包涵更多辅加原理的学术为更精确，例如算术与几何〈度量〉。研究原因的学术较之不问原因的学术更为有益；只有那些能识万物原因的人能教诲我们。知识与理解的追索，在最可知事物中，所可获得的也必最多（凡为求知而求知的人，自然选取最真实的也就是最可知的知识）；原理与原因是最可知的；明白了原理与原因，其它一切由此可得明白，若凭次级学术，这就不会搞明白的。凡能得知每一事物所必至的终极者，这些学术必然优于那些次级学术；这终极目的，个别而论就是一事物的"本善"，一般而论就是全宇宙的"至善"。上述各项均当归于同一学术；这必是一门研究原理与原因的学术；所谓"善"亦即"终极"，本为诸因之一。

就从早期哲学家的历史来看，也可以明白，这类学术不是一门制造学术。古今来人们开始哲理探索，都应起于对自然万物的惊异；他们先是惊异于种种迷惑的现象，逐渐积累一点一滴的解释，对一些较重大的问题，例如日月与星的运行以及宇宙之创生，作成说明。一个有所迷惑与惊异的人,每自愧愚蠢(因此神话所编录的全是怪异,凡爱好神话的人也是爱好智慧的人);他们探索哲理只是为想脱出愚蠢,显然,他们为求知而从事学术,并无任何实用的目的。这个可由事实为之证明:这类学术研究的开始,都在人生的必需品以及使人快乐安适的种种事物几乎全都获得了以后。这样,显然,我们不为任何其它利益而找寻智慧;只因人本自由,为自己的生存而生存,不为别人的生存而生存,所以我们认取哲学为唯一的自由学术而深加探索,这正是为学术自身而成立的唯一学术。

要获得这样的知识也许是超乎人类的能力;从许多方面想,人类的本性是缧绁①之中。照雪蒙尼得②的话,"自然的秘密只许神知道",人类应安分于人间的知识,不宜上窥天机。如诗人之语良有不谬,则神祇亦复怀妒,是故人之以此智慧(泄漏天机)胜者,辄遭遇不幸。然神祇未必妒(古谚有云:诗人多谎)③,而且人间也没有较这一门更为光荣的学术。因为最神圣的学术也是最光荣的,这学术必然在两方面均属神圣。于神最合适的学术正应是一门神圣的学术,任何讨论神圣事物的学术也必是神圣的;而哲学确正如此:(1)神原被认为是万物的原因,也被认为是世间第一原理。

---

① 亚蒙尼(Ammonius)解释:人类多欲,形役于日常所需,成为自己生活的奴隶,因此不复能寻求理智。
② 雪蒙尼得(Simonides,公元前556—前468),启奥人。可参看希勒(Hiller)编"残篇"3。
③ 语出苏伦(Solon),见希勒编"残篇"26,又赖茨与希那特温合编"希腊古谚"卷一,371。

（2）这样的一门学术或则是神所独有；或则是神能超乎人类而所知独多。所有其它学术，较之哲学确为更切实用，但任何学术均不比哲学为更佳。

可是，在某一含义上，修习这一门学术的结果恰与我们上述探索的初意相反。所有的人都从对万象的惊异为开端，如傀儡自行，如冬至与夏至，如"正方形的对角线不能用边来计量"等，说是世上有一事物，即便引用最小的单位还是不能加以计量，这对于所有未明其故的人正是可惊异的。然而实际恰正相反，依照古谚所谓"再思为得"，人能明事物之故，而后不为事物所惑；对于一个几何学者，如果对角线成为可计量的，那才是世间怪事。

这里已陈述了我们所探索的学术是何性质，以及全部研究所必须达到的是何标准。

章三

显然，我们应须求取原因的知识，因为我们只能在认明一事物的基本原因后才能说知道了这事物。原因则可分为四项而予以列举。其一为本体亦即怎是①，（"为什么"既旨在求得界说最后或最初的一个"为什么"，这就指明了一个原因与原理）〈本因〉；另一是物质②或底层〈物因〉；其三为动变的来源〈动因〉；其四相反

---

① "是"："本体"。"怎是"：事物之所以成是者。——编者
② 物质：原义为（1）树木，（2）多数为树林，（3）引伸其义为木材，（4）继续衍生之字义为制造用的材料，（5）最后转成一般物质。须注意亚氏常引用此字代表一切事物之底层，较吾人习用之"物质"一词其义尤广。

于动变者，为目的与本善，因为这是一切创生与动变的终极〈极因〉。我们曾已在"物学"中充分地研究了这些原因，现在让我们唤起曾经攻研"真理"而论证"实是"的诸先哲，为我们学习的一助。他们也谈到某些原理与原因；懂得他们的观点，这于我们今日的探索自属有益，而由那些旧说进而求取新解，或可借以辩明我们所持的理论确当无误。

初期哲学家大都认为万物唯一的原理就在物质本性。万物始所从来，与其终所从入者，其属性变化不已，而本体常如，他们因而称之为元素，并以元素为万物原理，所以他们认为万物成坏，实无成坏，这一类实是毕竟万古常在；譬如我们说苏格拉底美而文明，其所为美与文明者，可先有而后失，并不常在，然苏格拉底则常在。正复如此他们就说事物或生或灭而实无生灭；因为那些组成一切事物的实是——无论为一〈元素〉或为若干〈元素〉——在万物成坏中，依然如故。

可是他们对于这些原理的性质与项目，所想并不一致。这类学说的创始者泰勒斯说"水为万物之原"（为此故，他宣称大地是安置在水上的），大概他从这些事实得其命意：如一切种籽皆滋生于润湿，一切事物皆营养于润湿，而水实为润湿之源。他也可以从这样的事实得其命意：如由湿生热，更由湿来保持热度的现象（凡所从来的事由就是万物的原理）。

有些人认为去今甚久的古哲，他们在编成诸神的记载中，也有类此的宇宙观念；他们以海神奥启安与德修斯为创世的父母，而叙述诸神往往指水为誓，并假之名号曰"斯德赫"[①]。事物最古

[①] 希腊神话中地狱中河名，或译"恨水"。

老的最受尊敬，而凡为大家所指誓的又应当是最神圣的事物。这种关于自然的解释，究从远古何时起始，殊难论定，但我们可以确言泰勒斯曾这样的指陈了世界第一原因。一般都不以希波①之列入这一学派为合宜，因为希波的思想是琐碎的。

阿那克西米尼与第欧根尼论为气先于水，气实万物原始的基体；而梅大邦丁的希巴索和爱非斯的赫拉克利特则以火为先。恩培多克勒主于四元素并为物始，（以土加于上述三者），他说四元素或聚或散，或增或减，以成万物的形形色色，而它们本身则出于一，入于一，古今一如，常存不变。②

克拉左美奈的阿那克萨哥拉，虽较恩培多克勒年长，为学则后于恩氏，其言曰原理为数无穷（非一非四）；他认为万物各以其组成部分之聚散为生灭，万物皆如水火，水火各由"相似的微分"所积成，故生灭只是许多微分的聚散，而各各微分则永恒存在。③

从这些事实说来，人们将谓万物的唯一原因就只是物质；但学术进步，大家开拓了新境界，他们不得不对这些主题再作研究。就算万物真由一元素或几元素（物质）演变生灭而成宇宙万有，

---

① 希波，传为毕达哥拉斯弟子，或列于自然学派，彼亦有水为物原之说。
② 参考第尔士（Diels）编："先苏格拉底残篇"，（以下简称"先苏格拉底"或"残篇"）17。又菩纳脱（Burnet）"早期希腊哲学"108—109页。此节所述希腊旧说以水、气、火、土为四元素。与中国五行相比，希腊人因金属可熔为液体，并入水元素中；又将木入火元素中；而另立了气（即风）这一行。
③ 参看第尔士编"残篇"4。又"说天"302a 28，及"成坏论"314a 24。均涉及阿那克萨哥拉之说。其义试以毛发为例：一毛发应为许多微分之毛发生聚而成，其消灭也仍解散为许多微分毛发；追另一生物摄取诸微分，便又成一新毛发。参看本书1056b 28—30，1063b 28。

可是试问生灭何由而起，其故何在？这物质"底层"本身不能使自己演变；木材与青铜都不能自变，木材不能自成床，青铜不能自造象，这演变的原因只能求之于另一事物。找寻这个，就是找寻我们所说的第二原因①——动因。那些初作这类探索的人们，说宇宙"底层"出于一因，②颇为自得；有些人则虽已由这第二原因引起考虑，而却又象未能找到，而仍还执持于全宇宙在成坏论上是一个不变的"元一"；于其它演化而论，亦复如此。③（这种原始信念为初期哲学家共通的思想）。这就是他们所特有的观点。凡专主宇宙为元一的人们，除了巴门尼德以外，都未能找到这另一类原因，巴门尼德亦仅说在某种含义上，原因不只一，可有二。④但那些主于多元素的人⑤比较可能涉及这第二原因，他们于冷热，于土水，均一例的作为元素；他们就认为火是能动的，而水、土等则列于被动类中。

即便在杂说繁兴的时代，人们就已觉得这些思想还未足阐明万物的创生，为了真理还得再探索我们上述的其次一项原因。事物在方生方存之际，或达其善，或成其美，总不能径指如火如土以及其它类此之元素为使那些事物成其善美之原因，宇宙也不曾照这些思想家的想法而演化；若说或善或美，并无所因，而只是

---

① 亚氏常将动因列为第三原因。这里因跟着上文述各家所主物因，列为第二。
② 指米利都自然学派泰勒斯（Thales，约公元前624—前547），阿那克西米尼（Anaximenes，约公元前585—前525）与赫拉克利特（Heraclitus，约公元前530—前470）。
③ 指埃利亚学派（Eleatics）巴门尼德（Parmenides）等。
④ 参看第尔士编"残篇"8。
⑤ 似指恩培多克勒（Empedocles，约公元前490—前430）。

些自发与偶然景象，这也不似真理。于是有人起来说，这由于"理性"①——在动物中是这样，在全宇宙也一样。万物的秩序与安排皆出于这个原因，这么，他比他前人的虚谈确乎较为明朗。我们知道这明朗的主张出于阿那克萨哥拉，但据说克拉左美奈的赫尔摩底谟②更早发表过这种主张。这主张说明了这一原理：事物所由成其善美的原因，正是事物所由始起动变的原因。

章四

人们或可推想希萧特，或其他如巴门尼德，是第一个找寻"情欲"这样一事物为现存万物的一个原理：因为希萧特在叙述宇宙创生时这样说：——

"爱神是她计划成功的第一个神祇"。

希萧特又说：

"最初是混沌

其次是宽胸的大地，……

在诸神中爱神位在前列"。③

---

① 指阿那克萨哥拉（Anaxagoras）；参看"残篇"12。又参看柏拉图"斐多"（Phaedo）97B，98B。

② 赫尔摩底谟（Hermotimus）生卒年月不详，传为毕达哥拉斯（Pythagoras）师傅。

③ 见希萧特（Hesiod）"原神"（Theogony）116—120。

这暗示在现存万物中最先必须有一个引致动变的原因，而后事物得以结集。这些思想家们谁先提出这个道理，让我们以后再加考定。但大家可以看到自然间种种形式往往包涵着相对的性质——不仅有齐整与美丽，还有杂乱与丑陋，而坏的事物常多于好的，不漂亮的常多于漂亮的，——于是另一个思想家引进了"友"与"斗"作为这两系列不同素质的各别原因。我们倘跟踪恩培多克勒①的观点，了彻其嗫嚅的词意，照他的实义来解释事物，则我们当可确言友〈爱〉为众善之因，而斗〈憎〉乃众恶之因。这样，我们若说恩培多克勒提出了（或是第一个提出了）"众善出于本善，众恶出于本恶"的善恶二因为世间第一原理，当不为误。

我们在"论自然"②中所曾辩明的四因之二，——物因与动因——这些思想家虽已有所领会，却还是阴晦而不透彻的；那些论辩象未经训练的拳术家之行动，他们绕转对手的周遭，有时出击，也表现了好身手，但总不能算高明的拳术，这些思想家也与此相似，于他们自己所说的道理未必湛熟；因为，他们一般并不引用，或者只在有限的范围内引用，自己所说的原因。阿那克萨哥拉引用了"理性"作为创世的机括，可是他平常总不用理性而用别的原因来解答问题，只在辞穷语尽，无可奈何的时候，他才提示"理性"。③恩培多克勒于自己所主张的原因，虽或引用稍广，

---

① "物学"卷四中亦述及恩培多克勒的两仪思想。参看第尔士编"残篇"17, 25。恩培多克勒之"友爱"异于上文希萧特所举"情爱"，而与柏拉图"会语"所畅论之"友爱"相同，兼有仁爱、情爱、友爱之意。

② "论自然"即"物学"，指卷二章三与七。

③ 参看柏拉图"斐多"98BC，"法律"967B-D。

亦不充分，而且在引用时也不能免于抵牾。至少，他曾在好些地方将"友"用作事物离散的原因，将"斗"用作事物结合的原因。如说宇宙万物由憎斗而解体，还原为各个元素，那么从另一方面看来，火即由此而重复集结在一起了，其它元素亦然；它们倘又因友爱而重聚为万物时，那几个元素集团该又分散到各物中去了。

　　与他的前人比较，恩培多克勒该是第一个将动因分为相异而相对的两个来源。他也是第一个主于物质元素有四；可是他实际上，往往将四元素当作两元素，把火列在一边，土、气、水作为同类性质，列在相反的一边。我们可以在研究他的诗句①时，看到他这些意绪。这一位哲学家所讲的原理就是这样，其数则或为四或为二。

　　留基伯与他的同门德谟克利特以"空"与"实"为元素，他们举"实"为"是"，举"空"为"无是"：他们并谓是即不离于无是，故当空不逾实，实不逾空；②他们以此为万有的物因。那些以万物出于同一底层物质的变化的人认为"疏"与"密"为变化之本，他们同样认为在元素上的诸差异引致其它各种的质变。他们说这些差异有三：形状，秩序，位置。他们说一切"实是"只因韵律，接触③，与趋向三者之异遂成千差万别；韵律即形状，接触即秩序，趋向即位置；例如Ａ与Ｎ形状相异，ＡＮ与ＮＡ秩序相异，Ｚ与

---

① 参看"残篇"62。
② 留基伯（Leucippus，盛年约公元前460）与德谟克利特（Democritus，约公元前460—前370）之空实论大意如此：如一立体六面，六面内为实，其外为空。
③ 亚斯克来比注释谓非雅典文，为德谟克利特的阿布德拉（Abdera）方言，义为"相互触及"。

N位置相异。至于动变的问题——事物从何而生动变？如何以成动变？——这些思想家，和其他的人一样，疏懒地略去了。

关于这两因，早期哲学家的研究似乎就发展到这里。

章五

在这些哲学家以前及同时，素以数学领先的所谓毕达哥拉斯学派不但促进了数学研究，而且是沉浸在数学之中的，他们认为"数"乃万物之原。在自然诸原理中第一是"数"理，他们见到许多事物的生成与存在，与其归之于火，或土或水，毋宁归之于数。数值之变可以成"道义"，可以成"魂魄"，可以成"理性"，可以成"机会"——相似地，万物皆可以数来说明。他们又见到了音律的变化与比例可由数来计算，——因此，他们想到自然间万物似乎莫不可由数范成，数遂为自然间的第一义；他们认为数的要素即万物的要素，而全宇宙也是一数，并应是一个乐调。他们将事物之可以数与音律为表征者收集起来，加以编排，使宇宙的各部分符合于一个完整秩序；在那里发现有罅隙，他们就为之补缀，俾能自圆其说。例如10被认为是数之全终，宇宙的全数亦应为10，天体之总数亦应为10，但可见的天体却只有9个，于是他们造为"对地"——第十个天体——来凑足成数。① 我们曾在别篇②

---

① "只有九个天体"谓日、月、五星、地球及恒星天。"对地"为毕达哥拉斯学派所想象之另一天体，绕宇宙中心之火而旋转，与地球相背向，以为地球之平衡。

② 除本书卷N末章等外，亚氏曾专论毕达哥拉斯数理者，有"说天"卷二，章十三。"别篇"或指失传之专篇"论毕达哥拉斯教义"。

更详明地讨论过这些问题。

我们重温这些思想家的目的是想看一看他们所举诸原理与我们所说诸原因或有所符合。这些思想家，明显地，认为数就是宇宙万有之物质，其变化其常态皆出于数；而数的要素则为"奇""偶"，奇数有限，偶数无限；"元一"衍于奇偶（元一可为奇，亦可成偶），① 而列数出于元一；如前所述，全宇宙为数的一个系列。

这学派中另有些人说原理有十，分成两系列②：

有限　奇　一　右　男　静　直　明　善　正
无限　偶　众　左　女　动　曲　暗　恶　斜

阿尔克迈恩似乎也曾有同样的想法，或是他得之于那些人，或是那些人得之于他；总之他们的学说相似，他说人事辄不单行，世道时见双致，例如白与黑，甘与苦，善与恶，大与小。但他的"对成"与毕达哥拉斯学派又稍有不同，他的对成随手可以拈来，不象毕达哥拉斯学派有肯定的数目与内容。

从这两学派，我们得知"对成"为事物之原理；至于对成的节目则我们应向各个学派分别请教。可是这些原理怎样能与我们所述诸因相贯通，则他们并未说明；似乎他们将这些要素归属于物质；

---

① 亚历山大、色乌·斯米尔奴（Alexander, Theo Smyrnaeus）解为奇数加一则成偶，偶数加一则成奇。希司（Heath）："亚氏著作中之数理"解为单双者一与二，皆出于一。

② 蔡勒（Zeller）考证此对成行列出于菲洛赖乌（Philolaus）。

照他们所说，凭此类要素为内含成分就可以组合而范造本体。

从这些旧说，我们已可充分认取古人所云"自然为多元素所成"的真义；但也有些人把"宇宙拟为一个实是"，他们〈主一论者〉立说有高卑，而各家所说与自然实际现象相符合的程度也不同。我们在这里研究自然诸因时，当不能详论他们的观点，他们所说实是之为一，并不以"一"创造"实是"，这与有些自然哲学家既以实是为一而又把一当作物质来创造实是者有异，他们立说不同于那些人；自然哲学家附加有"变"，他们则说"宇宙不变"。我们现在的研究，只作简要的介绍就够了：巴门尼德之所谓一者似乎只是"一于定义"而已；梅里苏则"一于物质"，因此巴氏谓一有限，而梅氏谓一无限。齐诺芬尼（据说他是巴氏老师）原是一元论的创始人，于此并没有明确的论述，那后起两家的宗旨似乎他也并未深知，可是论及全宇宙时，他说"一于神"。我们现在于略嫌疏阔的齐诺芬尼与梅里苏两家存而不论；惟巴门尼德在好多方面颇有精义。他宣称"是以外便无非是"，存在之为存在者必一，这就不会有不存在者存在（这些我们已在"物学"中说得较为详明）；但在见到我们官感世界非一的现象与他"自然之定义必一"的主张有所扞格时，他又提出了两因两理，名之曰热与冷，即火与地；于此两者，他把热归属于"是"冷归属于"非是"。

从现在与我们列座共论的这些古哲处，我们已获益匪浅了。

这些古哲，一部分以物质为世间第一原理，如水如火，以及类此者皆属实体；这部分人或谓实体只一，或谓非止一种，至于其意专主物质则大家相同。另一部分人则于物因之外又举出了动因；这部分人或谓动因只一，或谓动因有二。

于是，直到意大利学派以及此后的学派止，哲学家们对这些问题的讨论还是晦涩的，只是实际上他们也引用了两因——两因之一是动变的来源。这来源或一或二。但毕达哥拉斯学派也曾说到世间具有两理的意思，又辅加了他们所特有的道理，认为有限与无限不是火或地或类此诸元素之属性，"无限"与"元一"正是他们所谓事物之本体：这就是"数"成为万物之本体的根据。他们就这样说明这一问题；他们开始说明事物之怎是而为之制订定义，但将问题处理得太简单了。他们所制定义既每嫌肤浅，在思想上也未免草率；他们意谓诠释事物的定义中，其第一项目就可作为事物的本体，犹如人们因为"二"是用来指示"倍"的第一个数目，就将"二"当作"倍"。但"倍"与"二"实在不同；它们倘属相同，则一物便可成为多物了。——这样引申的结论，他们真也做了出来。从这些先哲与其后继者我们所能学到的有这么多。

章六

在上列学术诸体系之后，来了柏拉图的哲学，他虽则大体上步趋于这些思想家，却又与意大利学派颇有不同。在青年期，他最初与克拉底鲁相熟识，因此娴习了赫拉克利特诸教义（一切可感觉事物永远在流变之中，对于事物的认识是不可能的），在他晚年还执持着这些观点。苏格拉底正忙着谈论伦理问题，他遗忘了作一整体的自然世界，却想在伦理问题中求得普遍真理；他开始用心于为事物觅取定义。柏拉图接受了他的教诲，但他主张将问题从可感觉事物移到另一类实是上去——因为感性事物既然变动不居，就无可捉摸，那能为之定义，一切通则也不会从这里制出。这另一类事物，他名之曰"意第亚"〈意式〉ιδέα，凡可感觉事物皆从于意式，亦复系于意式：许多事物凡同参一意式者，其名亦同。但这"参"字是新鲜的；毕达哥拉斯学派说：事物之存在，"效"于"数"；柏拉图更其名而别为之说曰：事物之存在，"参"于"意式"。至于怎样能对通式或"参"或"效"，他们留给大家去捉摸。

他说在可感觉事物与通式以外，还有数理对象，数理对象具有中间性，它们异于可感觉事物者为常存而不变，异于通式者为每一通式各独成一体，而数理事物则往往许多相似。

通式既为其它一切事物之因，他因而认为通式之要素即一切事物之要素。"大与小"之参于一者，由是产生了数，故数之物因为"大与小"，其式因为"一"。他同意毕达哥拉斯学派所说元一是本体，不作其它实是的云谓，也同意他们所说数是一切事物所由成实的原因；但在涉及"无限"时，他不以无限〈无定〉为一个单纯原理，而用"大与小"为之构成，并举示有所谓"未定之两"——关于这一点他是特殊的。他认为数离开可感觉事物而独立存在，这也与他们相异，毕达哥拉斯学派认为事物即数。他将一与数从事物分离开来，又引入了通式，这些与毕达哥拉斯学派分歧之处大抵由于他对事物定义的研究引起的（早期思想家全不运用辩证法）；他将"一"以外的另一原理，作为"未定之两"，是因为他相信除了素数以外，各数均可由"两"作为可塑材料，随意制成。

事实并不如此；这不是一个健全的理论。他们使通式只一次创成，而许多事物可由物质制出，然而我们所见到的则是一桌由一物质制成，那制桌的虽只一人，却于每桌各应用了桌式而制出许多桌来。牡牝的关系也类此；牝一次受精，一次怀孕，而牡则使许多牝受孕；这些可与那些原理相比拟。

柏拉图对于这些问题就这样主张；照上述各节，显然他只取两因，本因与物因。通式为其它一切事物所由成其为事物之怎是，而元一则为通式所由成其为通式之怎是〈本因〉；这也明白了，通式之于可感觉事物以及元一之于通式，其所涵拟的底层物质〈物因〉是什么，这就是"大与小"这个"两"。还有，他也象他的前辈，如恩培多克勒与阿那克萨哥拉一样，分别以善因与恶因配属于两项要理。

章七

我们简略地重叙了前人所说的原理与实是，以及他们的大旨；我们虽已获益良多，但他们所言原理或原因，在我们的"物学"中都已指明，他们虽各有所涉及，内容还都是浮泛的。有些人以物质为基本原理，而对这些物质又各有不同的观点，有些人主张物质只有一种，有些人则认为不止一种，有些人认为物质具有实体，有些人则认为是非实体的；如各举其实例，这就是柏拉图所谓"大与小"，意大利学派所谓"无限"，恩培多克勒所谓"四元素"（火，地，水，气），阿那克萨哥拉所谓"相似微分"组成无尽事物。于这种原因，这些，皆各有所见；还有那些人以气为主，以火为主，或以水为主的，以及另一些人，应以某种较火为密，较气犹稀的物质为主（有些人曾说明基本元素应是这样）。他们也各有所领会。

这些思想家只把握了这一个原因；但另外一些人提到了动变的来源，例如有人以友与斗，或理性，或情爱为基本原理。

于"怎是"，或本体实是，没有人做过清楚的说明。相信通式的人于此有所暗示；他们不以通式为可感觉事物的物质，不以元一为通式的物质，也不以通式为动变的来源，他们认为一个通式如当它为动变之源，毋宁作为静持之源，这就使通式成为其它一切事物的怎是而元一则成为通式的怎是。

动作与变化以及运动之所缘起，他们虽则也推求其故，却并不明认到这应是自然本体中的一因。主于理性，主于友爱的人将这些归之于善类；他们认取动变由此开始，可是他们没有认见事物之所由生成与存在正为此故。同样，那些人说元一或存在是善，说这是本体的原因，他们并不说本体正是为了善而生成与存在的。所以他们同时又象知道又象不知道善是事物的一个原因；他们只说事物具有善的属性，并未确认善正是那事物成实的极因。

那么，所有这些思想家既不能另出新因，这应该证知我们所陈四因为确当而且无可复加了。凡有所询求于事物之原因，宜必并求此四因，或于四因中偏取其某因。让我们接着考察各家议论的得失以及他们在有关第一原理这问题上各说所可引起的疑难。

思考题：

1. 亚里士多德"形而上学"的内涵是什么？
2. 亚里士多德的"四因说"的主要内容是什么？

延伸阅读：

1. 亚里士多德：《形而上学》，吴寿彭译，北京：商务印书馆，1981年。

2. 亚里士多德：《亚里士多德全集》，苗力田主编，北京：中国人民大学出版社，1997年。

3. 汪子嵩：《亚里士多德关于本体论的学说》，北京：人民出版社，1997年。

4. 托马斯·阿奎那：《亚里士多德十讲》，苏隆编译，北京：中国言实出版社，2003年。

5. 黄颂杰、章雪富：《古希腊哲学》，北京：人民出版社，2009年。

四　亚里士多德《政治学》选读

由于建立了古代世界非常独特的奴隶主城邦民主制度,古希腊人很早就产生了对政治的热情,也产生了非常丰富的政治思想。苏格拉底关心的人的合适的生存,柏拉图对理想城邦的设想,其核心都是政治思想。而亚里士多德的《政治学》(前325)无疑是古希腊政治思想的集大成者:它总结了此前古希腊哲学家的政治思想,对当时古希腊各种城邦政治实践进行了全面的实证考察,形成了相当完整、系统的政治理论体系,使政治学成为一门有着严格规范性的知识类型,《政治学》也成为西方历史上政治科学的奠基之作。

《政治学》的核心思想建立在人追求善的生活的基础上,而善的生活只能在人与人共同生活的社会环境中实现,因而就其本性而言,人是政治的动物。由此出发,亚里士多德探讨了城邦的起源、政体的演变、不同政体的性质和利弊、公民的责任和权利等问题。《政治学》的许多思想对后世西方政治文明的发展产生了重大的影响。

下面选文分别来自《政治学》的卷一、卷二。卷一主要讨论了城邦的起源,卷二主要分析了政体的类型及其优劣。

《政治学》(节选)[1]

卷一

章一 我们见到每一个城邦(城市)各是某一种类的社会团体[2],一切社会团体的建立,其目的总是为了完成某些善业——所有人类的每一种作为,在他们自己看来,其本意总是在求取某一善果。既然一切社会团体都以善业为目的,那么我们也可说社会团体中最高而包含最广的一种,它所求的善业也一定是最高而最广的:这种至高而广涵的社会团体就是所谓"城邦",即政治社团(城市社团)。

有人说城邦政治家和君王或家长或奴隶主相同,这种说法是谬误的。主张这种说法的人认为这类人物所不同的不在品种方面的相异,只在其所治理的人民在数量上有多寡之别而已。这样,奴隶主所关顾的只限于少许人数,关顾到人数稍多的则为家长;至于城邦政治家或君王,那就得关顾到更多的人数。依这种说法,

---

[1] 选自亚里士多德:《政治学》,吴寿彭译,北京:商务印书馆,1965年。选文中的注释如无特别说明,均取自原书。——编者

[2] 社会团体,可以作为"二人以上群众所组成的'团体'"(参看《尼伦》卷五章八 1133^a16)。组成这种团体的分子可以是不相等的人们,如主奴(本书卷一章六),也可以是相等的人们(卷七章八)。平等人之间的团体可以物资相通,由卖买而构成经济团体(《尼伦》 1131^a18),或由夫妇构成家庭,也可以凭共同目的,作共同活动而构成政治团体,如城邦(本书卷一章二等,《尼伦》卷八章十一等)。家庭无需契约,组成政治团体则应有契约(宪法)(《尼伦》 1161^b13)。城邦是行业和职能相异的分子的组合,在这种组合中,一定有统治和被统治两类人(本书卷一等)。

一个大家庭和一个小城邦之间就没有实际上的差异；政治家和君王的分别也仅仅在这么一点：君王以个人掌握国家的全权，而政治家则凭城邦政制的规章加以治理，依照这种规章，全邦人民轮番为统治者和被统治者［城邦政治家就仅仅在当值的年月执掌政权］①。

这些说法实际上是不正确的；我们可以凭借向来应用的［分析］方法阐明这个问题。恰好像在其它学术方面一样，应该分析一个组合物为非组合的单纯元素——这就得把它分析到无可再分析的最小分子——，我们在政治学的研究中，也要分析出每一城邦所由组成的各个要素而一一加以考察。由于这种分析，我们就能比较清楚地阐明上述各社会团体及其人物之间的差异，并由此辨明，对于上述题旨，是否可以得出一些有条理的论断。

章二 这样，我们如果对任何事物，对政治或其它各问题，追溯其原始而明白其发生的端绪，我们就可获得最明朗的认识。最初，互相依存的两个生物必须结合，雌雄（男女）不能单独延续其种类，这就得先成为配偶，——人类和一般动物以及植物相同②，都要使自己遗留形性相肖的后嗣，所以配偶出于生理的自然，并不由于意志（思虑）的结合。接着还得有统治者和被统治者的结合，使两者互相维系而得到共同保全。凡是赋有理智而遇事能操

---

① 原文简赅，未能充分表达辞意的，汉文增加［］，凡所增括弧内语都是原文已含蓄的意义，依据各家诠释加以添补。而以《纽曼（W. L. Newman）校注本》的注释为主。

② 亚氏对植物雌雄的分别虽有这种意见，但在他的著作中未见到实证；参看《论动物的生殖》卷一章二 731^{a}1、卷二章— 732^{a}11。

持远见的，往往成为统治的主人；凡是具有体力而能担任由他人凭远见所安排的劳务的，也就自然地成为被统治者，而处于奴隶从属的地位：在这里，主奴两者也具有共同的利害。[我们应该注意，]女人和奴隶天然有别。自然的创造女儿绝不像铁匠的铸造德尔斐小刀^①，使它能够具有多方面的用途；自然对每一事物各赋予一个目的；只有专用而不混杂使用的事物才能有造诣最精当的形性。可是，在野蛮民族中，[反乎自然，]女人处于和奴隶相同的地位——实际上那里并没有真正够得上主治的人物，男女结合只是一个女奴配上了另一个男奴而已。所以诗人们说：

"野蛮人应该由希腊人为之治理。"^②

在诗人们看来，野蛮民族天然都是奴隶。由于男女同主奴这两种关系的结合，首先就组成"家庭"。希西沃图^③的名句的确是真切的，他说：

先营家室，以安其妻，

---

① "德尔斐小刀"，雅典那俄：《硕学燕语》（Athenaeus, Deipnosophistate），133C，说德尔斐人擅铸小刀以治理牺牲，并用于烹饪。这类小刀可兼作宰牲、剥皮、出骨之用。依欧里庇得的悲剧《埃勒羯拉》（Euripides, Electra）743—769 行，通常须用三种刃具：宰杀用"尖刀"，剥皮用"刮刀"，出骨用"大刮刀"（参看戈脱林：《德尔斐小刀》10 页）。希西溪：《辞书》（Hesychius, Lexicon）解释这种用具为有刀和匙的复合工具。

② 诗句见欧里庇得的悲剧《伊菲琪尼在奥尼斯》1266 行。

③ 一般通译为"赫西俄德"。——编者

爰畜牡牛，以曳其犁。①

这里次于妻室所说到的牛，在穷苦家庭中就相当于奴隶。家庭就成为人类满足日常生活需要而建立的社会的基本形式；因此嘉隆达斯对组成一个家庭的人们，称之为"食橱伴侣"，克里特的厄庇米尼特则又称之为"刍槽伴侣"，其次一种形式的团体——为了适应更广大的生活需要而由若干家庭联合组成的初级形式——便是"村坊"。村坊最自然的形式是由一个家庭繁殖而衍生的聚落；因此，有些人就称聚居的村人为"同乳子女"，或称这样的聚落为"子孙村"。希腊古代各城市原来都由君王加以统率，而各野蛮民族至今还保持着王权，其渊源就在这里。家庭常常由亲属中的老人主持，各家所繁衍的村坊同样地也由年辈最高的长老统率，君王正是家长和村长的发展。这种原始的家属关系，荷马关于古代散布世界的〔圆眼巨人族的〕聚落曾经说：

"人各统率着他的儿女和妻子。"

古先的人既一般地受治于君王而且现在有些民族仍是这样，有些人就推想群神也得由一个君王（大神）来管理。人们原来用人的模样塑造着神的形象，那么凭人类生活来设想群神的社会组织也就极为自然了。

等到由若干村坊组合而为"城市（城邦）"，社会就进化到高

---

① 引自赫西俄德的《工作与时日》。——编者

级而完备的境界，在这种社会团体以内，人类的生活可以获得完全的自给自足；我们也可以这样说：城邦的长成出于人类"生活"的发展，而其实际的存在却是为了"优良的生活"。早期各级社会团体都是自然地生长起来的，一切城邦既然都是这一生长过程的完成，也该是自然的产物。这又是社会团体发展的终点。无论是一个人或一匹马或一个家庭，当它生长完成以后，我们就见到了它的自然本性；每一自然事物生长的目的就在显明其本性［我们在城邦这个终点也见到了社会的本性］。又事物的终点，或其极因，必然达至至善，那么，现在这个完全自足的城邦正该是［自然所趋向的］至善的社会团体了。

由此可以明白城邦出于自然的演化，而人类自然是趋向于城邦生活的动物（人类在本性上，也正是一个政治动物）。凡人由于本性或由于偶然而不归属于任何城邦的，他如果不是一个鄙夫，那就是一位超人，这种"出族、法外、失去坛火（无家无邦）的人"，荷马曾卑视为自然的弃物。这种在本性上孤独的人物往往成为好战的人；他那离群的情况就恰恰像棋局中的一个闲子。

作为动物而论，人类为什么比蜂类或其它群居动物所结合的团体达到更高的政治组织，原因也是明显的。照我们的理论，自然不造无用的事物；而在各种动物中，独有人类具备言语的机能。声音可以表白悲欢，一般动物都具有发声的机能：它们凭这种机能可将各自的哀乐互相传达。至于一事物的是否有利或有害，以及事物的是否合乎正义或不合正义，这就得凭借言语来为之说明。人类所不同于其它动物的特性就在他对善恶和是否合乎正义以及其它类似观念的辨认［这些都由言语为之互相传达］，而家庭和城邦的结合正是这类义理的结合。

我们现在就进而论述城邦，城邦[虽在发生程序上后于个人和家庭]，在本性上则先于个人和家庭。就本性来说，全体必然先于部分；以身体为例，如全身毁伤，则手足也就不成其为手足，脱离了身体的手足同石制的手足无异，这些手足无从发挥其手足的实用，只在含糊的名义上大家仍旧称之为手足而已。我们确认自然生成的城邦先于个人，就因为[个人只是城邦的组成部分，]每一个隔离的个人都不足以自给其生活，必须共同集合于城邦这个整体[才能大家满足其需要]。凡隔离而自外于城邦的人——或是为世俗所鄙弃而无法获得人类社会组合的便利或因高傲自满而鄙弃世俗的组合的人——他如果不是一只野兽，那就是一位神祇。人类生来就有合群的性情，所以能不期而共趋于这样高级（政治）的组合，然而最先设想和缔造这类团体的人们正应该受到后世的敬仰，把他们的功德看作人间莫大的恩惠。人类由于志趋善良而有所成就，成为最优良的动物，如果不讲礼法、违背正义，他就堕落为最恶劣的动物。悖德（不义）而又武装起来，势必引致世间莫大的祸害；人类恰正生而具备[他所特有的]武装[例如言语机能]，这些装备本来应由人类的智虑和善德加以运用，可是，这也未尝不可被运用来逞其狂妄或济其罪恶。于是失德的人就会淫凶纵肆，贪婪无度，下流而为最肮脏最残暴的野兽。城邦以正义为原则。由正义衍生的礼法，可凭以判断[人间的]是非曲直，正义恰正是树立社会秩序的基础。

卷二

章一 这里，我们打算阐明，政治团体在具备了相当的物质条件以后，什么形式才是最好而又可能实现人们所设想的优良生活的体制。因此我们必须考察其它各家的政体的[理想]形式[不以我们的理想为限]；我们应该全面研究大家所公认为治理良好的各城邦中业已实施有效的各种体制，以及那些声誉素著的思想家们的任何理想型式。我们这种研究希望使[实际的和理想的]各种政体的合乎道义而有益的各方面能够明示世人；也愿意世人知道我们的素志，不在于显露才华，自炫智慧，这里只是由于我们对列国的史迹和现况以及各家的高论既洞见其中的纰缪，不能不为之辨明而已。

我们应当从这个论题的自然起点开始。[人们在进行政治组合时，各人该把哪些事物归社团公有？]政治社团的组合方式，在下列三者中必居其一：（1）所有的公民必须把所有一切东西完全归公，或（2）完全不归公，或（3）一部分归公，另一部分仍归私有。既然是一个政治组合，竟然完全没有一些公有的东西，这当然是不可能的：每一城邦的建立，其政治体制必须把某些东西加以组合，至少是每一分子的住所应该在大家共同的境界以内。称为一个"同邦公民"（同城市民），就隶属于同一城邦，隶属于同一城邦也就是共同住居于一个地区。但我们还得在第一和第三两个方式之间有所选择。一个优良的城邦是否应该尽可能地把一切东西划归公有？或者公有的东西要有所局限，某些东西就不该公有？倘使按照第一方式，则公民们就可把子女归公育，妻子归公有，财产归公管。柏拉图在《理想国》中所述苏格拉底的主张就认为这些都必须归公。那么，我们应该保持现状［保持家庭和私有财产］，还是应该遵从《理想国》中所倡议的新规约呢？

章二 建立公妻的社会自然要发生许多纠纷，其中，有两个主要的症结。苏格拉底认为必须建立这种社会的目的［是要消除私心，保证城邦的大公（统一），但他］所根据的理由实际上都是不充分的。又，他为了要达到他的目的而采取的手段，虽然在他所设想的城邦中好像是必需的，实际上却是不可施行的；关于立论的根据以及这些理想如何才得实现，他并未作出应有的详细说明。苏格拉底在政治上所立的前提，可以概括成这样的原则："整个城邦的一切应该尽可能地求其划一，愈一致愈好。"可是一个尽量趋向整体化（划一）的城邦最后一定不成其为一个城邦。城邦的本质就是许多分子的集合，倘使以"单一"为归趋，即它将先成为一个家庭，继而成为一个个人；就单一论，则显然家庭胜于城邦，个人又胜于家庭。这样的划一化既然就是城邦本质的消亡，那么，即使这是可能的，我们也不应该求其实现。

又，城邦不仅是许多人的［数量的］组合；组织在它里面的许多人又该是不同的品类，完全类似的人们是组织不成一个城邦的。城邦不同于军事联盟。为了互相支援，城邦因形势所趋而订结的联盟就是以数量取胜的；加盟各邦在本质上相类似，但一邦加上另一邦，就像在天秤上的这一边加了另一重物，势必压倒那另一边了。［组成一个城邦的分子却必须是品类相异的人们，各以所能和所得，通工易事，互相补益，这才能使全邦的人过渡到较高级的生活。〕就这方面说，城邦也不同于民族（部落）；一个民族要是不使它的族人散居各村而像阿卡地亚那样〔结为联盟〕，这就好像一个战斗团体，由于人数增多而加强。正因为它是由不同品类的要素组织起来的，所以城邦确实成为"一"整体〔不同于民族或军事联盟的成为同类事物的"一"积聚〕。

〔不同品类的人们各尽自己的功能来有所贡献于社会，也从别人对社会的贡献中取得应有的报偿，〕我曾经在《伦理学》中说明的这种通工等偿的原则，正是城邦增进福利的基础。这种原则即使在〔品类相同，如〕自由人和自由人间同等公民的组合内也可以见到。他们不能同时做统治者，必须按年或按其它规定时期，或按其它轮流的程序，交替执政。这样，如果以行业为喻，则公民就好像鞋匠和木匠对调了职务，同一个人就不能老做鞋匠或木匠。就技术作业而论，当然以坚守本行为贵，而恒心恒业的愿望要是也适用于政治，那么，就可以让某些人好像鞋匠的终身不离线革，木工的终身不离斧斤那样，终身作为统治者从事治理工作。可是，由于全体公民都天赋有平等的地位，政治上这种恒业就不可能施行，而且依据公正的原则——无论从政是一件好事或是一件坏事——，正也应该让全体公民大家参与政治；安排好执政者轮流退休，并使他在退休以后和其它同等的自由人处于同等的地位，这就不失为一个通情达理的办法了。在同一期间，一部分人主治，另部分人受治，经过轮替，则同一人就好像是更换了一个品类。而且那些在同一期间执政的人们所任政务也各不相同。〔从这种情况也可以证明一个城邦体系必须由不同的品类组成。〕

上述各个事例可以显明，那些思想家所拟的以划一求完整，实际上不合于城邦的本性，他们那种城邦所希望达到的最高成就实际上是城邦的消亡。但每一事物所希望的应该是生存而不是消亡。我们还可用另一观点来说明，城邦的过度划一决不是一个良好政策。家庭作为一个团体，比一个个人可以达到较高度的自给，城邦同家庭相比也是这样。这也只有组织得足够大［而繁复］，达到高度自给的城邦才可称为真正的城邦。如果以自给程度愈高作为社会愈进步的标志，那么我们就宁愿城邦［一天一天趋于繁复而］一天一天脱离简朴（划一）了。

章三 苏格拉底给一个完整的城邦的划一性所拟订的标志是全体的人们，在同时，［对同一事物］说这是"我的"或"不是我的"；纵然政治团体以统一为至善，苏格拉底这样的公式也不适于用作城邦整体的统一标志。这里的"全"可以有两重意义。［这可以是一个一个人的总数合而为全，也可以是集体地不分彼此之为全。］苏格拉底在企求城邦的划一性时毋宁要每一个人各别地都这样说。让各人各别地对同一人说这是"我的妻"或"我的儿"；各人各别地对同一事物说这是我的财产。也就是，让全体的人们一一这样地说。实际上的"全"应该具有另一种意义，以"全体"作为一个"我"，然后那一个妻或儿才能集体地被称为"我的"；就个别而言，这已没有［"我"，也没有］"我的"了。就财物而说也是这样，大家都说这笔财物是"我的"，但这已是集体的［公］我，不再是各别的［私］我了。在这里用"全"字，显然有所谬误。这个字同与之相似的"两""奇""偶"三字①一样，由于意义双关，都可以引起逻辑上的疑惑。这里，我们可以结论说，"全体的人们对同一事物说'这是我的，'"[如果作为各别的陈述，]诚然是好事，但这并不符合实际情况，另一方面[如果作为集体的陈述，]这也未必真能导致整个城邦的洽和。

这种倡议不仅不能导致众人的洽和，实际上还会引起损害。凡是属于最多数人的公共事物常常是最少受人照顾的事物，人们关怀着自己的所有，而忽视公共的事物；对于公共的一切，他至多只留心到其中对他个人多少有些相关的事物。人们要是认为某一事物已有别人在执管，他就不再去注意了，在他自己想来，这不是他对那一事物特别疏忽；在家庭中，情况正是这样，成群的婢仆往往不如少数侍从为得力。[依柏拉图所述苏格拉底的制度，]每个公民将有一千个儿子：可是这些儿子不是各别公民的儿子，每个公民应该是任何儿子的父亲，每个儿子也应该是所有各个父亲的儿子，结果是任何父亲都不管任何儿子。

又，每一公民，当他向一个健美的小孩或一个丑陋的婴儿说你是"我的"儿子时，实际只是在某一分数上的措辞，这分数由全体公民的总数来推算；他的本意并不是说这孩儿全部是"我的"。当他在说"我的"时，"某"一其它公民也可以对那孩儿说你是"我的"，这个"我"或"某"，为数可能是整千或其它数目，全城邦公民的这一总数，在当时，他是心中有数的。实际上，[就这分

---

① "两"，可以是集体的一个两，也可以是各别的两个一。"奇"，可以是一集体的奇数或一奇一偶拼凑的奇数。"偶"，可以是一集体的偶数或两奇拼凑的偶数。

数而言，]他还是不能无疑的，[在柏拉图的制度中]他不能确知谁曾经为他诞育过一个婴儿，出世的婴儿是否成活也是不知道的。两千人或一万人各在二千分之一或万分之一的意义上说这个孩儿是"我的"，或者依照现在各城邦的习惯各人按原意各称自己的孩儿为"我的"；两种制度，究以何者为佳呢？依照常规，同样一个人，某人称他为儿子，另一人则称他为亲兄弟或堂兄弟，又一人即称他为表兄弟或戚属，这样或亲或姻，或姻亲的姻亲，[越远一些就越疏一些而]至最后的某些人就称他为同宗或同族。人们宁愿是某一人的嫡堂兄弟，不乐于成为[柏拉图式]那样的儿子。实际上，就是在柏拉图的制度中，有些公民也可能有机会知道谁是他的兄弟或儿子或父亲，谁是他的母亲。凭亲子相肖的[遗传]通例，人们一定会找出亲属关系的表征。某些地理学家的记载曾经说起世上的确有这样的事实：上利比亚某处的居民妇女属于公有，可是那里所育子女都以容貌相似为根据各各归属其生父。有些女人以及有些雌性动物——例如牝马和牝牛——于此特别显著，生子必定像她的丈夫或生驹和犊必定像它所配的牡马和牡牛；称为"贞妻"的法尔萨罗牝马就是一个良好的实例。

章四 倡议这种社会制度的人们还会遭遇到其它不易答复的诘难。举例来说，譬如有意或无意的伤害、杀人、吵架和诽谤，所有这些罪行如果发生在非亲属之间，人们看得较轻，如果加到父母或近亲身上，就成为伤天害理的罪恶。人们既不知道相互的亲属关系，这种罪恶就容易发生，而在犯这种罪行之后，由于这个社会原本没有伦常，礼法也就不能以逆伦（渎神）来加重科罚。柏拉图（苏格拉底）既然使全邦所有青年都成为前辈公民共有的儿子并禁止前辈和后辈间发生肉欲行为，但他却并不禁止前辈同后辈相好，成为腻友，这也是谬误的。过度亲昵的行为，即使没有肉欲也都是不正当的，要是在父子兄弟间见到这些行为，这就十分可憎厌了［而在没有伦常的社会中，这些当然是容易发生的］。

章六 柏拉图在他比较晚出的著作《法律篇》①中所包含的疑难和上述相同或大略相同；对于这一篇内所拟的政体，我们仍需给予简括的评论。又，［《法律篇》的辩析较为详细，而］在《理想国》中，他只举出少数几个论题，例如妇孺的公有、财产的公有以及政制中治权的安排。在政治组织中，人民只分成两个部分——其一为农民，另一为战士；在后一个部分中又选拔出第三部分作为城邦的议事和统治团体。但苏格拉底［在那篇对话中，］对农民和工匠是否参与政事，是否也须执盾矛而服兵役，并未说明。他的确说到了属于卫国阶级的妇女应该参加战争并接受像男人一样的［文化和军事］教育。全篇其余的章节特别详述卫国公民的训练，并常常涉及题外的许多闲话。

至于《法律篇》则以法律为主题，关于政体就说得不多。这里，他原来说要另外设计一种比较切实而易于为现存各邦所采用的政体，可是，思绪的发展曼衍而无涯际，因此后篇中的政体又往往

---

① 《理想国》为柏拉图中年的作品，他在六十岁后两度（公元前367年和前361年）投身于叙拉古现实政治，历经患难，而稍稍故弄玄想。《法律篇》十二卷，在晚年成书，降低了自己的理想标准，草拟了第二个模范城邦。该书在柏拉图卒年即流传于世。

追踪着前篇的玄想。除了公妇和公产两者而外,他所拟前后两种城邦的政治结构大体相同,教育也相同;两邦的公民都不操贱业,不亲杂务,赋有人生充分的自由;两邦都有会餐制度。仅有的分别是在一邦中妇女也得参加到会餐的餐桌上来,而战士的人数则已增加到五千人,但在前一理想国中战士原定一以千人为度。

所有《苏格拉底各对话》(柏拉图各篇文章)都是新鲜的,优雅而富于创见,具有高明沉着的研究精神。但万物总不能达到尽善和全美。[这里也是有缺憾的,]例如所拟五千闲人,这个数目就应该仔细审量一番。这样巨大的人数都得受他人的给养,才能维持其从政从军的闲暇,加上与之相适应的妇女和婢仆以及其它附属人众,这又得有几倍的五千,供应这样巨大的人数,城邦的土地面积就须像巴比伦或与之相仿的地区了。作为理想,固然人人可以各抒所见;但完全不可能实现的理想,这就近乎妄诞了。

《法律篇》曾说,制订法律时,立法家应注意到国境的大小和境内的居民这两个要素。但一个城邦的政治生活既不能同四邻隔离,立法家也不可遗忘邻邦关系这个问题。譬如说,一个城邦所备的武装应该不仅可以保证境内的安全,还须有时用到境外。这一类[偏重实务和军事的]生活,虽对个人或邦国的一般事业说来,都不足重视,可是一个城邦总该保持足够的力量,才可在进攻或退守的时刻,都能使敌国有所畏惧。

又,财产的数量[以及军备的实际需要]也应加以考虑。苏格拉底说到每人财产的数量应以"足够维持其素朴(节制)的生活为度"。我们可研究一下,对于这个数量,是否可以另作较明确的叙述?这样的叙述是含糊的,有如人们随意说"生活优良",这只是一些不着边际的笼统语言。而且所谓"素朴的生活"实际上竟然可能是穷困的生活。比较清楚的叙述（界说）应该是"以足够维持其素朴（节制）而宽裕（自由）的生活"为度。让这两个词联合起来，划出我们应用财富的边际——两者如果分开，宽裕（自由）将不期而流于奢侈，素朴（节制）又将不期而陷于寒酸。人们在处理财富上表现过弱（吝啬）或过强（纵滥）的精神都是不适宜的，这里惟有既素朴而又宽裕，才是合适的品性。

还有一个疑难是他既规定了全城邦区划地产为总数有定量的若干丘亩，进行平均的分配，对于公民的总数却未作相应的限额。对于婴儿的出生数也未作节制的规定，他估计某些多子的家庭出嗣另些无后的家庭，就可以平衡人口，使不离于原有的定额；在他看来，现时若干城邦人口的自然情况曾历经几代而未见重大的变迁。但在这个拟想的城邦中，人口应维持得更为稳定；在现时的各城邦中，财产可以自由分割和转移，增殖的人口不致乏食，但在那个拟想的城邦，各份产业既已划定，就不可再行分割，超额的子女，不论多少，都无处可以另得财产。从事限制产业的份数就毋宁设法限制人口，防止出生数超过必需的平衡数；计算婴儿死亡和婚后不育的或然率，就可以作出繁殖率的限数。繁殖如无限制，势必导致贫穷，——现时恰恰有许多城邦疏忽了限制繁殖这个问题；——跟着贫穷，又导致内乱和盗贼。古代立法家科林斯人斐登主张在开国时，产业的份数相等于公民的人数，这些数额应该作为定制，勿使增减；至于各份产业当初或大或小则可以不必计较。但在《法律篇》中的政策恰恰与之相反。关于这一方面，怎样才能改进的意见，我们留待以后另行讨论。

《法律篇》中还有一个疏漏。他对于统治者和被统治者间的区别说得颇不明白；他只做了一个譬喻：两者间的关系应该像经线和纬线，用不同的毛来纺绩。还有一个疏漏是他容许人们的财物可增加到原有数额的五倍，但他没有说明何以在地产方面却又不容许作相应的增加。又，他所拟农舍的安排也是可疑的；他规定每一公民［在各自的份地上］有两幢分离的房屋。生活于两幢房屋中对于家务和田亩的管理并没有什么好处。

他所拟的整个政体既不是民主（平民）政体也不是寡头政体，而趋向于那种称为共和政体的中间型式，这种政体中的公民以具有重装备的甲兵为限。这种政体倘使作为大多数城邦可以采行的制度而言，那是没有谬误的，但他把它作为仅次于他所初拟的理想城邦，这就不相宜了：如果仍从理想的高尚处立法，那么人们也许宁愿采取拉根尼（斯巴达）的宪法或其它较近于贵族政体的型式。的确有些思想家认为理想的政体应该是混合了各种政体的政体；因此，他们就推崇斯巴达式的制度。这些思想家都把斯巴达政体看作君主政体（一长制）、寡头（少数制）和民主（多数制）政体三者的混合组织［但他们对于三者的解释却又各不相同］。有些人认为斯巴达的二王代表君主政体，其长老会议则代表寡头政体，至于埃伏尔（监察）政体既由民间选任，则监察会议便代表民主政体。可是，另些人又认为监察会议实际表现为僭主政治；只在斯巴达式的日常生活习惯以及会餐制度中，才显见他们的政体具有民主精神。在《法律篇》中，论辩的主旨却认为民主政体和僭主政体的两合组织是最优良的政体——这种制度，人们或者宁愿把它列入最恶劣的政体中，或者竟不算它是一种政体。凡能包含较多要素的总是较完善的政体；所以那些混合多种政体的思想应该是比较切合于事理。又，《法律篇》中所陈述的政体实际缺乏君主政体的要素，他专重寡头和民主两要素而且是偏向于寡头政体那一方面的。这在他所拟行政人员的选任方法上可以明显地看到。行政人员先由票选方式选举出好几倍的名单，然后进行抽签作最后的决定，这的确是民主制度而兼有寡头政体的方式。但另外两种办法则又是寡头（财阀）性质的：其一，法律强迫较富有的公民必需出席公民大会，选举行政人员，并参加其它政治权利和义务，对于其他公民则听任自便；其二，［由选举规章的细节看来，］他的用意就在使较富有阶级获得较多的行政位置而最高级的职官都须由资财最富饶的人们充任。选举议事人员的方法也是寡头性质的。的确全体公民都必须参加选举。但在预选过程中，普遍的强制规定只局部施行：在选举头等资财级的预选人若干名时，强制全体公民一律参加，选举二等资财级的同数预选人时也是这样；但至第三等级的预选时，第四等级的公民就不强迫他们出席选举，至第四等级的预选时，第三第四等级的公民都不加强迫。于是，他（柏拉图）规定全体公民从全部预选人名单中选出每一资财级同等数目的议员。这样，许多平民由于自便，将不去参加选举，而最富于资财和较高等级的选举人就造成了议事会中的多数。

这些辩析以及此后我在考察各邦最优良政体时行将继续论到的各种事例可以证明理想的善政不应该是君主政体（一长制）和民主政体（多数制）的混合。选任行政人员的预选和复选两重手续① 也含有缺点；某些人，即使为数不多，如果联合起来，他们就可以操纵选举。我们对于《法律篇》在政体方面所见到的［缺点］，就是这些。

思考题：

1. 为什么亚里士多德把人定义为"政治动物"？
2. 亚里士多德《政治学》中把政治体制分成了几种类型？他怎么评价这些政体的利弊？他心目中的理想政体是什么？

延伸阅读：

1. 亚里士多德：《政治学》，吴寿彭译，北京：商务印书馆，2009年。
2. 亚里士多德：《尼各马可伦理学》，廖申白译，北京：商务印书馆，2003年。
3. 乔纳森·巴恩斯编：《剑桥亚里士多德研究指南》，廖申白等译，北京：北京师范大学出版社，2013年。
4. 乔纳森·巴恩斯：《牛津通识读本：亚里士多德的世界》，史正永、韩守利译，南京：译林出版社，2010年。

---

① 柏拉图：《法律篇》卷六所拟行政人员（执政）选举程序：预选人三百名由全体公民曾经在适龄后服过骑兵或步兵军役的男子用记名票选举。预选得中的名单经公告一个月后，再由全体公民复选一百人，这一百人再经公告，再行复选，举出三十七人为执政。

五 西塞罗论文选读

马库斯·图利乌斯·西塞罗（Marcus Tullius Cicero，前106—前43），古罗马重要的演说家、律师、政治家和哲学家。出生于罗马东南一个小市镇阿尔皮努姆中骑士阶层的一个富裕家庭，青年时代即投身法律和政治，其后曾担任罗马共和国的执政官。他的一生伴随着罗马共和国的衰落，参与了当时许多重大的政治事件。他的政治目标是捍卫罗马共和国，认为罗马上层集团应该提高他们的道德水准，将对个人道德和社会稳定的考虑置于对名誉、财富和权力的争夺之上，并将之立法推广至普通人。

他的著作基本分为三类，第一类是哲学作品，大部分采用柏拉图或亚里士多德的对话体，包括《论演说家》《论共和国》《论法》等。如同大多数同时代知识分子一样，他认为哲学以希腊为重。他一方面将古希腊的哲学著作译为拉丁文，包括发明拉丁文词汇去解释希腊哲学术语；另一方面他也利用罗马历史，以提供某些范例并解释哲学上的疑问。此外，他还用拉丁文概述了古希腊主要哲学流派的观点，包括怀疑论、逍遥学派、斯多葛派和伊壁鸠鲁派，并在人生的不同阶段教授过这些哲学流派的观点。曾有一段时期他常被视为古典时代最伟大的哲学家之一，并被广泛阅读。其中最著名的例子即是奥古斯丁宣称，正是西塞罗的《荷尔顿西乌斯》使他摆脱了有罪的生活，并转向哲学和上帝。但因其哲学思想缺乏原创性，一般并不被看作具有独特意义的哲学家。第二类包括他作为律师和讲演者的演讲，为我们提供了很多他关于罗马文化、政治、社会和思想的看法。第三类是他的书信，包括与他亲近的朋友、兄弟甚至恺撒的通信。很难讲哪一类代表着西塞罗的主要成就，且其观点没有形成一个内在的整体，但值得注意的是它们都有一个共同的政治目标。

西塞罗在语言文体和演说上形成了自己独特的风格。他的演说词独具修辞程式，结构匀称，词汇丰富，句法讲究，被称为"西塞罗式的句法"，对拉丁语和拉丁语散文的发展有一定的影响。

西塞罗是古罗马哲学和文学的典范，他的文化活动同其政治生涯紧密地结合在一起，同时影响到后世西方政治活动和文化创造的方式。诉诸理性和言辞影响公众，成为后世西方政治运行的基本形式之一。而知识分子介入社会生活、参与政治活动，也是西方知识和实践连接的一种常规方式。西塞罗的语言和风格，对后世也产生了深远影响。直至十八世纪启蒙运动前，西塞罗的文章都是西方人文化教养的主要材料。

选文是西塞罗四篇《反喀提林演说》中的第一篇①。这四篇演说是拉丁文献中脍炙人口之作，几乎被收入每一部拉丁文选之中。其中第一篇是前63年11月8日西塞罗在朱比特·斯塔托尔神殿

---

① 撒路斯提乌斯：《喀提林阴谋　朱古达战争》，王以铸、崔妙因译，北京：商务印书馆，1996年，第156—171页。

召集的元老院紧急会议上发表的演说。

反喀提林第一演说[1]

（在元老院发表）

（1）喀提林，到底你还要把我们的耐性滥用到什么时候？你的丧心病狂的行为还要把我们玩弄到多久？你的肆无忌惮的作风将要嚣张到什么程度？帕拉提乌姆[2]夜间的守卫根本不在你眼

---

[1] 喀提林于公元前66年未能当选执政官，政治失意。公元前63年他计划刺杀执政官西塞罗和其他对他有敌意的元老，并作了11月6日进行政治叛乱的计划。这阴谋被西塞罗发现。两天后在元老院的会议上，喀提林仍然照常出席。西塞罗当众究责他，发表了这一篇在历史上著名的演说。——编者

后世一般所说的四篇反喀提林的演说严格说来只有第一篇是真正针对喀提林本人的。按西塞罗在给阿提库斯（他的友人和他的演说的出版者）的信里就这四篇演说作了如下的说明（Ad Atticum, 2, I, 3）；"第七篇（按即第一演说，余类推。——引者）是我在驱逐喀提林时发表的；第八篇是第二天在喀提林逃跑后我对人民发表的；第九篇是在阿洛布罗吉斯人揭发的那天我在人民的集会上发表的；第十篇是十二月五日我在元老院发表的。"按公元前63年11月6日喀提林在莱卡家中召开秘密会议，拟订了放火和掠夺的计划。他在会上指出执政官西塞罗是阻碍计划实现的主要人物。于是路奇乌斯·瓦尔恭泰乌斯和盖乌斯·科尔涅利乌斯自告奋勇想在第二天早上以问候西塞罗为名把他刺死。但西塞罗通过内线知道了这个计划而对此采取了预防措施。11月8日西塞罗在朱比特·司塔托尔（意为阻止溃逃的朱比特）神殿召集了元老院全体会议。由于喀提林也参加了这次会议，西塞罗就当面发表了这篇著名的演说。喀提林在会上为自己作了辩护，但是受到在场元老们的大声呵斥，因此他气愤地离开了元老院。就在当天夜里，外面传说他去了马赛利亚（马赛），实际上他去了埃特路里亚。——中译者

[2] 帕拉提乌姆（Palatium）是罗马的一座略呈方形的小丘。罗马城最早便建立在这里。此时这里成了人们喜爱的居住区，西塞罗和喀提林的住宅都在这里。——中译者

里；到处都有的巡逻①根本不在你眼里；人民的惊恐根本不在你眼里；所有正直的人的结合②根本不在你眼里；元老院在这一防守坚强的地点开会③根本不在你眼里；难道所有在场的人脸上的表情也根本不在你眼里？你不知道你的计划已经暴露？你没有看到，由于在场各位元老都已知道了这件事，而你的阴谋已紧紧地被制服住？你以为在我们当中还有谁不知道昨天夜里你干了什么，前天夜里你干了什么，你在什么地方，你集合了哪些人，你制订了什么计划？这是什么时代！什么风尚！④这些事元老院都知道，执政官也看到了。可是这个人还活着。我不是说过吗，还活着！而且，更有甚者，他还来到元老院参加国家大事的讨论，用目光挑选和标定我们当中每一个将来要遭到杀害的对象。但是，我们这些勇敢的人如果能够避免遭受这个人的愤怒屠杀，那看来我们确实就完成了对共和国应尽的义务。喀提林，你早就应该根据执政官的命令被处死了。很久以来你一直阴谋加到我们所有人身上的灭身之祸，正应该落到你本人的头上。那位杰出的人物、最高司

---

① 这些巡逻的人员是根据元老院的命令在城内各处设置的，一般由营造官、保民官和财务官负责。——中译者
② 元老院开会时往往有许多骑士和其他公民站在元老院会场的外面表示支持或关注。——中译者
③ 选择这里开会是为了保证会议的安全，朱比特·斯塔托尔神殿在罗马广场上首，在圣路（Via Sacra）最高处近旁，传统认为它是罗慕路斯在同萨比人作战时发愿修建的，但实际修建时间则是在公元前294年。——英译者注，有补充。
④ O tempera! o mores! 原文已成为格言。——中译者

祭普布利乌斯·斯奇比奥尽管他只是一介公民①却杀死了只是稍稍动摇了共和国基础的提贝里乌斯·格拉古②，而我们身为执政官的人能容忍喀提林一心想用杀人放火的行径把整个世界毁掉吗？盖乌斯·赛尔维利乌斯·阿哈拉曾亲手杀死那想搞变革的司普里乌斯·梅利乌斯③，但这些前例年代过于久远，我不想再提它们了。过去在我们国家有过，确实有过这样的勇敢行为，这就是勇敢的人们惩办背叛祖国的公民较之对于不共戴天的敌人更加严厉。喀提林，我们手里有元老院的一项强有力的和严厉的命令④来对付你。共和国并不缺少这些位元老的同意和支持。但是，让我老实告诉你，缺少的是我们这些执政官！

（2）元老院过去曾发布命令⑤，要执政官路奇乌斯·欧披米乌斯设法"采取措施不使共和国遭受任何损害"。一夜也不能拖延。

---

① 普布利乌斯·斯奇比奥·纳西卡在公元前133年任最高司祭，这个职位不是民政官吏——如执政官——也不是军人，所以说是一介公民。——英译本注，有补充。
② 提贝里乌斯·格拉古（公元前162—公元前133）在公元前133年曾以保民官身分建议民主的土地改革以维护贫苦农民的利益，这一建议触怒了富人，但还是被通过并交付一委员会加以施行。但格拉古谋求第二年继续当选时，在选举中被以纳西卡为首的一群元老杀害。——中译者
③ 公元前439年发生饥馑时，骑士梅利乌斯因廉价出售粮食而被怀疑收买人心而图谋不轨。由于他没有迅速到独裁官肯齐那图斯那里去回答他提出的指责，就被骑兵长官（magister equitum）阿哈拉杀害了。——英译本注，有补充。
④ 即senatus consultum ultimum，元老院这种最后的决定把独裁的权力授予执政官。——中译者
⑤ 元老院曾授权公元前121年度执政官路奇乌斯·欧披米乌斯对付盖乌斯·格拉古。——中译者

盖乌斯·格拉古①的父亲、祖父和祖先都是声名赫赫的人物，但是他只是由于有叛国的某些嫌疑而被杀死。担任过执政官的玛尔库斯·富尔维乌斯②和他的孩子也被杀死了。元老院的类似的一项命令③把国家委托给了执政官盖乌斯·马略和路奇乌斯·瓦列里乌斯。为了惩处保民官路奇乌斯·撒图尔尼努斯和行政长官盖乌斯·赛尔维利乌斯，国家的死刑和报复行动曾经不得不拖延过一天吗④？但是现在我们却容许我们的权威的锋芒变钝已经长达20天之久了。要知道，我们手里有这一类的元老院的命令。但是它却只是被塞到文件堆里，就好像是刀剑插在鞘里一样。根据元老院的这一命令，喀提林，你应当立刻被处决。可是现在你还活着，而且你活着对于你的厚颜无耻的行为不但不悔改反而变本加厉。元老们，我希望做一个仁慈的人。当共和国面临如此巨大危险的时候，我希望我没有疏于职守的表现，但是现在我却要谴责我自己的无所作为和疏忽！在意大利的埃特路里亚地方的隘路里，罗马人民的敌人的一座营地已经建立起来，他们的人数一天天地

---

① 盖乌斯·格拉古（公元前133—公元前121）是提贝里乌斯之弟，也因推行民主改革而被贵族派所杀害。——中译者
② 玛尔库斯·富尔维乌斯是格拉古改革派的领袖人物之一。公元前125年他担任执政官时曾建议把选举权给予一般意大利人，但未获通过。——中译者
③ 公元前100年元老院发布的ultimum decretum。——英译本注，有补充。
④ 路奇乌斯·阿普列乌斯·撒图尔尼努斯和盖乌斯·赛尔维利乌斯·格劳奇亚都是马略当权时期民主派的领袖人物。公元前100年竞选公元前99年度执政官时曾发生暴力事件，候选人之一美米乌斯被杀害，元老院发布ultimum decretum之后，撒图尔尼努斯和格劳奇亚均在随后发生的激烈冲突中被杀害，这显然是元老贵族所同意安排的。——中译者

增加；但是你们却看着那个营地的统帅和敌人的头目在城里、甚至在元老院里日复一日地干着阴谋从罗马城内部摧毁共和国的勾当。喀提林，如果我下令逮捕你，把你处决，我想我不得不感到担心的并不是所有正派的人会说我行动得过于迟缓，而是有人会说我的做法过于残酷！① 但是，由于某种特殊的原因，我还不能使我自己做我早就应当做的事情。不过最后你还是会被处死的，那时将不会有任何人如此卑鄙，如此堕落，如此像你本人，乃至不承认这样做是公正的。只要有任何一个活着的人竟敢为你辩护，你就将会活下去，就像你今天这样地活下去，但是我要安置许多能干的保卫人员把你包围起来，以便使你不能对共和国有所伤害。许多人的眼睛和耳朵会监视着你，尽管你本人也许不知道，其实他们一直是这样做的。

（3）喀提林，如果黑夜不能用它的黑暗掩盖你们的罪恶的集会，如果一家私人的住宅不能用它的墙壁挡住你的阴谋的声音，如果它们都昭然若揭，如果一切都暴露在人们的面前，那么在这里再观望下去这对你有什么好处？现在放弃你那邪恶的计划吧，听我的劝告，忘掉你那杀人放火的勾当吧！你现在正在从四面八方被包围，你的全部计划在我们眼里比光天化日还要清楚。现在你可以同我一道回想一下这些事情。你记不记得，10月21日我在元老院里说过，盖乌斯·曼利乌斯、你的胆大妄为的计划的这个工具和奴仆在一个特定的日子将会武装起来，而那个日子

---

① 我认为这里指的是恺撒，因为这时西塞罗和恺撒在盖乌斯·腊比里乌斯的问题上以及如何对待喀提林一派的问题上出现了分歧和对立。——中译者

就是 10 月 27 日？喀提林，我如此肯定地指出如此严重，如此凶残，如此难于置信的勾当，难道是我错了吗？不仅如此，远为使人吃惊的是那个日期，那个日期我说错了吗？在元老院里我还说过，你又把杀害重要人物的日子推迟到 10 月 28 日，不过那时国家的许多首要人物已经逃离罗马，这倒不是为了求得活命而是为了挫败你的计划。就在那一天，你本人受到我的卫士和我的先见之明的包围，因而无法对共和国有任何冒犯的行动，这一点你能否认吗？虽然，当时你曾扬言，尽管其他人都离开了，你仍然要把我们这些留下来的人杀掉才甘心。当你认为通过一次夜袭，实际上会占领普列涅斯特①的时候，难道你不知道这个移民地已经按照我的命令由我的卫士、我的士兵和我的警卫队伍给防守起来了么？无论你做什么，无论你策划什么，无论你想什么，我都能听到和看到并且了解得清清楚楚。

（4）现在和我一道回忆一下前天夜里的情况吧。这样你就可以看到，我在保卫共和国的安全方面的警惕性完全有力量制服你想颠覆祖国的勾当。我要说的是，在前天夜里你来到了镰刀匠街——我要说得更明确些——也就是这条街上的玛尔库斯·莱卡的家里；你的许多同样丧心病狂、同样邪恶的同谋者也来到了同一个地方。这事你是不敢抵赖的，你敢吗？你怎么不讲话啊？如果你真敢否认，我就把真凭实据拿出来定你的罪。告诉你，在元

---

① 普列涅斯特（今天的帕列斯特里那）在罗马东南约 37 公里，公元前 90 年之后它是一个自治市。由于它在军事上处于要冲的地点，内战时期它是马略派的主要据点。所以苏拉后来清洗了该城，把它变成一个军事移民地。——中译者

老院这里我就看到一些和你狼狈为奸的人。不朽的诸神在上！我们究竟是在什么地方？我们这里是怎样一个共和国？我们是生活在怎样一个城市里？就在这里，就在我们这些人中间，元老们，就在整个世界这个最神圣最威严的元老院里，就有人阴谋杀害我们所有的人，阴谋摧毁这座城市，甚至阴谋摧毁整个世界！我作为执政官看到了这些人，我还同他们商讨国家大事，而且对于按罪应当引颈受戮的那些人，我甚至没有用言语伤害他们！在那一夜于是你就来到莱卡家里，喀提林，你分配意大利的各个部分，你决定你想要每个人到什么地方去，你选择你要留在罗马的人以及和你一道离开罗马的人，你布置了罗马城内要放火的地点，你断言你自己很快就要离开，你说你所以稍事耽搁是因为我还活着。于是就找到了使你不必再为此操心的罗马骑士，并且他们保证说就在那天夜里天亮之前把我杀死在我的床上。几乎在你们的会议尚未结束的时候，我就知道了所有这些事情；于是我便用更多的卫士保卫和加强防护我的住宅，我早上不许你派来向我问候的人进来见我，因为正是那些人确实来了，但他们在那个时刻到来的事情我已经预先告诉了许多知名人士。

（5）既然情况是这样，喀提林，到你曾打算去的地方去，到底还是离开罗马吧；城门都是开着的，走你的吧！你和曼利乌斯共有的营地已在等候你这位统帅，而且等得时间太久了。把所有你在这里的友人也都带走吧，如果不是全部的话，那么就尽可能多地带走吧。这样罗马城也就干净了。只要在我们之间有一道墙隔着，我就不至于在心里感到十分害怕了。你现在不能再和我们呆在一起了；这种情况我不能忍耐，我不能容许，我不能答应！

在这里，应当大大地感谢不朽的诸神，特别是朱比特·斯塔托尔，罗马城的最古老的守卫者，因为我们已经多次逃脱了共和国的如此邪恶、如此可怖、如此讨厌的灾难。共和国的安全不应当总是受到一个人的危害。当我还是当选执政官①的时候，喀提林，你就阴谋陷害我，但我不是由公家的卫士而是通过自己的高度警惕来保卫自己的。而在前一次执政官选举时，你又想在玛尔斯广场②上杀害我和你的竞争者，但在那时，借助于我的友人的力量和保护，在没有引起任何公开骚乱的情况下，我挫败了你的邪恶的企图。总之，不管你对我进行多少次的威胁，我都用我自己的力量挫败你，虽然我知道，我的死亡会给国家带来巨大的灾难。现在你竟然公开对国家图谋不轨，你竟要摧毁和破坏不朽诸神的神殿、城市的住宅、全体公民的生命乃至整个意大利。因此，由于我还不敢做最重要并且最适合于执政官的统治大权和我们的传统的事情，我便做这样一件就严厉的程度而论比较宽大并且对公众的安全来说也比较有益的事情。要知道，如果我下令把你处死，参加你的阴谋的其余的人依旧会留在共和国内。但是如果你离开这里，像我很久以来一直敦促你做的那样，那么这座城市便可以清除大量有害于国家的舱底污水③，这就是你的那些同谋者。怎么样，喀提林？你不会犹豫观望，不按照我的命令做你自己已

---

① 当选执政官是当选为第二年的执政官，实际上尚未就职的执政官。——中译者
② 玛尔斯广场是罗马的献给玛尔斯神的一处开阔的平地，位于第伯河、平奇乌斯山、卡皮托利努斯山和克维里那利斯山之间。百人团民会在这里进行高级官吏的选举。——中译者
③ 古代罗马的作家喜欢把国家比作一只船。——中译者

经要做的事情吧？这是执政官命令国家的一个敌人离开城市。你问我："这是不是流放？"我没有发出这样的命令，但是如果你询问我的看法，那我倾向于此。

（6）喀提林，现在在这个城里还有什么能叫你开心的事情呢？在这里，除了你的阴谋的同伙之外，没有一个人不怕你，没有一个人不恨你。哪一种可耻的污点没有在你的私生活上留下印记？在私人事务方面哪一种耻辱不和你的丑名有瓜葛？什么淫荡的东西你的眼睛没有看过？什么罪行你的双手没有干过？什么腐化堕落的东西你全身没有沾染过？哪个被你的堕落的勾引所陷害的青年没有从你手里得到他犯罪的武器或是燃起他的情欲的火把[①]？难道不是这样吗？最近你又谋害了你的前妻，为的是把另一个女人接到你的家里，这难道不是在这一罪行上面又加上了另一令人难以置信的罪行吗？对这一点我并不加以描述，我倒是喜欢对它保持缄默，否则人们就会认为，这样一个罪大恶极的行为竟会在这个国家发生或者竟然逃脱了应有的惩处。我也不去谈你荡尽了自己的财产的事情，到这个月的 13 日[②] 你是会感到这件事对你的压力的。我所谈的那些事情都和你私人的秽行丑闻没有关系，都不干系到你的肮脏麻烦的个人事务，而是同国家的最高利益以及同我们所有人的生命和安全有关。当你了解到所有在场的这些人

[①] 撒路斯提乌斯：《喀提林阴谋》第 14 章便指出，喀提林特别喜欢拉拢青年人，用各种办法投其所好，使他们死心塌地地投靠自己。——中译者

[②] 一个月的第 1 天（salends）以及第 13 天或第 15 天（Ides）按规定是还债或开出账单（在未能还债的情况下）的日子。——英译本

都知道,在雷比达和图路斯担任执政官的那一年①的最后一日,你带着武器去参加人民大会②;所有在场的这些人都知道,你曾纠合一个匪帮想杀害执政官和国内的首要公民;并且在场的这些人都知道,根本不是你那一方面的怜悯之情或恐惧之心,而是罗马人民的好运才制止了你的罪行和丧心病狂的行为;当你了解到这些情况的时候,喀提林,这光天化日或是这吹动的清风能使你感到高兴吗?但是我不去谈那些罪行,因为那是人们都晓得的,并且从那时以来又干出了许多罪行:——当我还是当选执政官的时候,有多少次你曾试图杀死我并且在我成为执政官之后又有多少次!有多少次我只是轻轻地移动一下身子或者像人们所说的一闪身而躲过了你刺过来的、看来似乎无法躲避的凶器!你什么也没有得到,你什么也没有成就,可是你依然不停止尝试和希望。那匕首有多少次已经从你的手里刺了出来,又有多少次它不知道为什么掉了下来并露出了马脚!但你依然一天也放不开它。既然你认为你一定要把匕首刺到一位执政官身体里面去,我不知道你用什么祭仪使它成为神圣的东西并把它献给诸神!

(7)但是现在你过的是什么生活?要知道,我将要用这样的方式和你谈话,以便使人们感到,我的主导的情绪并不是憎恨——虽然我应当是这样的情绪——而是你完全配不上的怜悯。你是不一会儿之前才来到了元老院的。在所有你的许多朋友和亲属当中有谁向你打招呼?如果在人们的记忆当中没有任何一个人

---

① 公元前66年。——中译者
② 罗马公民在城内携带武器是非法的。——英译本

曾受到过这样的对待的话，那么当你受到沉默这一具有极深刻含意的宣判的巨大压力的时候，难道你还等待人们用言语对你进行谴责吗？在你来到元老院的时候，所有你附近的位子都空了，所有那些往往被你定为杀害对象的、担任过执政官的元老在你一就座就离开了你那一区的座位，让它们空在那里没有人坐，对于这一事实你是什么看法，你认为你应当抱着怎样的感情来承受这种情况？赫邱利斯在上，如果我的奴隶害怕我就像你的同胞公民害怕你那样，我想我就非得离开我的家不可了。你不认为你应当离开罗马么？如果我认为我甚至是不公正地受到本国公民的严重怀疑并且我的同胞公民又是如此地讨厌我，那么我便宁肯避开我的同胞公民而不愿看到所有人敌视的目光。由于你自己心里明白你的罪行，所以你知道所有的人对你的憎恨是正当的，是你早就应当得到的。难道你还不想从你曾经伤害过其思想感情的那些人的目光下和面前避开么？如果你的双亲恨你、怕你并且你无论怎样也不能得到他们的谅解的话，我想你就应当躲到他们看不见的什么地方去。现在你的祖国，我们所有的人的母亲都恨你、怕你，并且认定：长时期以来你心里想的只有一件事，就是把你的祖国摧毁。难道你不尊敬她的权威，不服从她的判决，也不害怕她的力量？喀提林，祖国是这样地同你谈话，她虽然保持沉默，却好像是对你说："这些年来，除了由于你的缘故之外，没有发生过任何犯罪行为；除去你之外，没有发生过任何暴行；只有你杀害过许多公民，蹂躏和掠夺过联盟者，但是没有受到惩处而仍然逍遥法外。你能够不仅不把法律和法庭放在眼里，甚至还扰乱和破坏它们。尽管对于先前那些罪行我不应采取容忍态度，但我还是把它们尽量地忍耐下来了。可是目前，正是由于你一个人的缘故，我却完全陷入恐惧之中，乃至最轻微的声音也会引起我的恐惧，喀提林，而且看来任何谋害我的计划都同你那不能容忍的罪恶勾当有关系。因此，走开吧，不要使我感到这样的恐惧了。如果说我害怕得有道理，但我却不会惊慌失措；如果我害怕得没有道理，那到头来我是会不再感到害怕的。"

（8）如果我们的祖国对你讲这样的话，像我刚才所说的，即使她不能动用武力，难道她不应当得到她请求的东西么？你自愿受到监管，又说什么为了躲避嫌疑你愿意住到玛尼乌斯·列庇都斯家里去，这有什么用处？当他不愿意接纳你的时候，你竟敢甚至到我这里来，要我在我家里保护你！我对你的答复也是，有你和我一道住在我家里我决不可能是安全的，因为我们都住在一个城墙之内，这样我也就处在巨大的危险之中。然后你又到行政长官克温图斯·梅特路斯家里去。当他拒绝你的时候，你又去找你的吃喝玩乐的朋友、那位最出众的人物①玛尔库斯·梅特路斯②；这当然是因为你认为他能最用心地保护你，能最警觉地提防着别人，又能奋不顾身地保卫你。但是你想想看，一个自己已经认为有资格被监管起来的人，他距离监狱和枷锁还能有多远呢？

既然情况是这样，喀提林，如果你不能在这里心安理得地终老一世，为什么你还不立刻到别的什么地方去，在孤单的流放生

---

① virum optimun，这是一句反话。——中译者
② 此人可能是在公元前 51 年担任执政官的那个人，西塞罗曾有为他辩护的演说；有人认为此人应当是克温图斯·梅特路斯·涅波斯。公元前 62 年他任保民官时曾发动反对西塞罗的非法行为的运动。他是公元前 57 年度的执政官。——中译者

活里度过余生,这样也可以免遭许多正当的、早就应当加给你的惩处!你说,把这件事交给元老院处理吧;因为是你提出了这样的要求,而如果元老院决定要放逐你的话,你说你是愿意服从的。但是我不想把这件事交给元老院,因为这同我一贯的作法有抵触,不过我仍然愿意提出这样一个办法来,好叫你知道这些元老对你是怎样的看法。离开这个城市吧,喀提林,使国家摆脱恐惧吧。如果你希望得到亡命处分的话,那么就去亡命吧。怎么啦,喀提林?你还在等什么?难道你根本没有注意到这些人的沉默么?他们是都同意的;他们都不讲话。当你看到他们是用沉默表示他们的意愿的时候,为什么你还要等待他们讲话呢?但是如果我对那位杰出的青年普布利乌斯·赛斯提乌斯[①]讲同样的这些话,如果我对最勇敢的人物玛尔库斯·玛尔凯路斯[②]讲同样的这些话,那么元老院就可以极为正当地就在这座神殿之中对我执政官施加严厉的制裁。但是,就你的情况而言,喀提林,当他们一言不发的时候,他们就表示同意了。他们的默许就是一道命令。他们通过沉默高声呼叫。不仅对于在座的元老们来说是这样的情况——老实说,在你眼里,他们的威信是贵重的,可他们的性命又是最不值钱的——就是对于站在元老院四周的那些最可尊敬的和崇高的

---

① 普布利乌斯·赛斯提乌斯公元前63年在西塞罗领导下任财务官,他在西塞罗反对喀提林的斗争中帮过他的忙。后来又积极活动使西塞罗从流放中返回罗马。——中译者
② 可能是后来(公元前51年)任执政官的那个玛尔凯路斯,持反对恺撒的立场。——中译者

骑士①以及其他勇敢的公民来说也是这样的情况。你可以看到他们那一群人②,你可以感觉得到他们的热情,并且就在刚才,你还听得到他们呼叫的声音。长时期以来,我好不容易才使你不受他们的暴力和武器的伤害;如果你要离开长期以来你一直想摧毁的一切,我是会很容易说服他们把你一直送到城门口的。

(9)可是,为什么我还要讲话呢?就好像还有什么东西能打动你,就好像你竟然可以振作起来,就好像你考虑过逃走,就好像你曾有过任何亡命的念头似的!但愿不朽的诸神会使你产生这类的想法!然而我仍然会看到,如果你在听到我的话后害怕了,因而接受劝告去亡命,那将会有极大的一阵恶感在等待着我,即使不是在当前——因为人们对你的罪行记忆犹新——以后肯定是会发生的。假如你的堕落只限于是私人的事情并且和共和国的危险没有关系,那也是完全值得的吧。不过你不得再为非作歹,你应当畏惧法律的惩罚,你应当服从国家的需要,这件事是不用问的。要知道,喀提林,你并不是由于知耻而不再干不光采的事情,由于恐惧而不敢铤而走险,由于理智而不陷入丧心病狂的那种人。因此,正像我时常说的那样,离开吧,如果你想激起人们对我的仇恨,激起对你的敌人——你是这样称呼我的——的仇恨的话,那就立刻亡命去吧!如果你这样做的话,我将很难承受人们的指责;如果你按照执政官的命令去亡命的话,我将难以承受大量憎

---

① 西塞罗是骑士等级的家庭出身,所以谈到骑士,他总不忘记加上一些美妙的形容词语。——中译者

② 从会场大门向外望去可以看到站在外面的人群。——中译者

恨情绪的重担。但是如果你偏偏要使我受到称赞和取得荣誉,那么就把那一帮作恶多端的匪徒带走,你自己也到曼利乌斯那里去,把伤风败俗的分子煽动起来,把你自己从好人中间分出来,向你的祖国开战,陶醉在亵渎神灵的掠夺行径之中吧。这样,看来就好像你的离开并不是被我驱赶到陌生人那里去,而是被请去和你的那一帮人联合起来了。但是为什么我还要你这样做呢,因为我知道,你已经把一些人先派了出去带着武器在弗茹姆·奥列利乌姆①那里等候你。我还知道,你和曼利乌斯已作了安排并确定了一个日子,并且你还把一只银鹰②送了去,而我相信这个银鹰将是所有你的那一帮人毁灭的诱因,是对他们的不祥的朕兆。可是你在自己家里却还把这只银鹰放在一个罪恶的神龛③里。每当你出去杀人时不是习惯于对它膜拜一番么,从它的祭坛那里你不是常常为了屠杀公民而举起亵渎神灵的右手么,因此你怎么可能在比较长久的时期里同这个东西分开呢?

(10)那么最后你还是到你那无法控制的和穷凶极恶的贪欲早就一直在催促你去的地方吧。确实这样做不但不会给你带来悲伤,反而会使你感到某种难以置信的欢喜。因为你的本性使得你如此丧心病狂,你自己的意愿把你训练成这样,命运也注定你成

---

① 弗茹姆·奥列利乌姆(Forum Aurelium)是罗马以北约30公里的一个村落,在奥列利亚大道(Via Aurelia)上,当天夜里喀提林就是从这条道路离开罗马的。——中译者
② 马略规定银鹰为军团的标记(相当军旗),据说这里所说的银鹰还是马略的军队的旧物,在军营,银鹰被安放在神龛里。——中译者
③ 普通罗马家庭都有一个奉祀家神(lares)的神龛,喀提林把神鹰放到里面,表示对它的重视。——中译者

为这个样子。你决不会期望和平,甚至不会期望战争,除非那是一场邪恶不义的战争。你从没有任何财产,也没有任何前途的那些人当中纠合了一批歹徒。在他们这些人中间,你能有什么高兴,有什么愉快,有什么欢乐?而当着在你这样多的朋友中间你连一个正直的人也听不到看不到的时候,你又怎么能在放荡中高兴得起来?人们谈论的你的那些"劳苦"①对于你所追求的那样一种生活的确是一种很好的锻炼;躺在什么都不覆盖的土地上,这不仅可以伺伏你的放纵淫欲的对象,而且可以行凶作恶。能不睡觉的本领不仅使你能在丈夫仍安眠的时候加害于他们,而且还能阴谋盗窃和平公民的财物。你有机会来表现你那有名的能忍受饥饿、寒冷和一切匮乏的能力。但很快地你就会知道,正是这些本领毁了你。当我使你不能取得执政官职位的时候,我做到的就是这些;宁肯要你只能以一个亡命者的身分向国家发动进攻,也不叫你以一位执政官的身分来折磨国家;而你卑鄙地策划的行径也只能称为强盗行径而不能叫战争。

(11)现在,元老们,我可以恳请我的祖国不再提出几乎是正当的抱怨了,请你们注意听我将要讲的话并且把它深深地记在心上。要知道,如果对我来说比我的生命还要珍贵的我的祖国,如果整个意大利,如果整个共和国对我这样说:"玛尔库斯·图利乌斯②,你在干什么?正如你已经发现的,这个人是国家的一个敌

---

① 撒路斯提乌斯:《喀提林阴谋》(第5章)便提到说,他有着钢筋铁骨一样的体魄,经受得起常人绝对不能忍受的寒冷、饥饿和长时间的不眠。——中译者

② 这是一种比较郑重的称呼,通常只用西塞罗来称呼就可以了。——中译者

人；正如你看到的，他将要带头发动一场战争；正如你知道的，在敌人的营地里人们正在等待他把统帅的职务担当起来：他是罪魁祸首，是阴谋的头目，是他把奴隶和罪犯集合到一起——这样一个人你却把他放走，而且放走的方式使人觉得他好像不是被你逐出罗马，而是有意放纵他来攻打罗马的！为什么你不下命令给他带上镣铐，把他拖去处死，给他以最严厉的惩处？请问是什么使你不这样做？是我们祖先的惯例么？但是在罗马这里，往往甚至普通公民都曾经处死过危害国家的人啊。是人们制订的有关处罚罗马公民的法律么？但是在罗马这里，背叛了国家的人是决不会享有公民权的。或者是你害怕后世的人们对你的憎恨？如果由于你害怕人们对你的厌恶或其他不管是什么危险而你却忽视了你的公民同胞的安全，这倒是你对罗马人民的一个很好的回报！要知道，正是罗马人民把你这样一个只凭借本身的事业，而不是你的祖先的功勋的人，这样早地通过一级一级的官职而提升到最高的地位！① 但是，如果对于人们的厌恶有任何恐惧的话，那么刚正与严厉引起的厌恶决不比懒散与怯懦引起的厌恶更加可怕，也许当意大利将要受到战争的蹂躏，当各个城市将要受到掠夺，当房屋将要被烧掉的时候，你才不认为自己将会被厌恶的大火烧掉？"

---

① 西塞罗出身骑士等级的家庭，人们曾嘲笑他是一个政治上的暴发户，因为他是他的家族里第一个取得元老地位的人。罗马执政官的职位过去实际上是被垄断在有着担任过显要职位的祖先的若干贵族豪门手里，而祖先无名的人要想担任执政官是十分困难的，能做到这一点的被称为"新人"（novus homo）。马略和西塞罗便都是"新人"。西塞罗生于公元前106年，从公元前75年担任财务官到公元前63年已做到执政官，论年龄算是比较早的。——英译本注，有补充。

（12）对于共和国以及对于抱有同样想法的人们的极为郑重的意见，我要简单地作如下的答复："元老们，如果我认为把喀提林处死是最上策的话，那么我本人是不会叫这个剑奴①多活一个钟头的！因为如果我们最崇高的人和最著名的公民并没有因为使撒图尔尼努斯、格拉古兄弟和弗拉库斯②以及古时许多人流血而受到玷污却反而受到尊敬的话，那我肯定是不会担心由于处死这个谋害公民的人而后来会有任何厌恶的情绪加到我的身上的。而且，如果我的确受到厌恶情绪的严重威胁，则我仍然始终不渝地相信，通过正义行动而招致的厌恶是一种光荣，而不是厌恶。可是，在元老院这里却有一些人，或者是看不到正在威胁着我们的灾难，或者是装作看不到这些灾难。他们提出的温和措施助长了喀提林的希望，他们由于不相信阴谋的存在，从而加强了势力日益扩大的阴谋。在他们的影响下，许多无知的人和坏人都会说，如果我惩办了喀提林，我的行为就是残酷和专横的。现在我知道，如果他到现在他正打算去的曼利乌斯的营地去，任何人也不会愚蠢到看不出这是一项已经安排好的阴谋，任何人也不会堕落到否认这一阴谋。但是，如果只处决了这一个人，我知道国家的这场病可

---

① 西塞罗把贵族出身的喀提林称为不被罗马主人当人看待的剑奴，这是对喀提林的极大蔑视，因为不过10年前的奴隶起义的领袖斯巴达克就是一名剑奴。——中译者

② 按撒图尔尼努斯是公元前100年被马略杀死的（参见拙译《古代罗马史》，三联书店，1957年版，第516—522页）；格拉古兄弟是分别在公元前133年和公元前121年被杀死的，罪名是想僭取非法的权力（参见同上书，第1部分，第20章《格拉古运动》）；路奇乌斯·瓦列里乌斯·弗拉库斯是公元前86年度（和秦纳）的执政官，同年他奉命去东方接替苏拉进行反米特拉达特斯的战争，但是和他的副帅芬布里亚发生争吵，结果在比提尼亚行军时被芬布里亚杀死（公元前85年）。——英译本注，有改动。

以暂时地得到抑制，但是并不能完全消除。但是如果他自己离开，如果他把他的一群朋友带走并且把现在从四面八方收罗来的其他败类都集合在同一个地方，则不仅是在国内蔓延的这一疾病，甚至一切邪恶事物的根源和种子也将会被根除和摧毁了。

（13）元老们，很久以来我们便在阴谋的这些危险和陷阱中间生活和活动。但是所有这些罪行和这种由来已久的愤怒和无法无天、胆大妄为的状况却在我担任执政官的时期里以一种有点不寻常的方式爆发出来。如果在这一大群强盗当中，只除掉这一个人，看来也许我们只在一个短时期里能以摆脱忧虑和恐惧。但是危险依然存在着并且它将深藏在国家的血脉和脏腑之中。正有如得了重病并且给高烧搞得坐卧不宁的人往往在喝了冷水之后，开始似乎减轻一些，但随后这病却反而比先前要沉重、厉害得多，共和国的病也是这样。通过惩办这个人，它的病虽然可以缓解，但是只要其余的人还活着，这病是会变得更加沉重的。因此让这个邪恶的人走开吧。让他们自己和好人分开，让他们集合在一个地方吧。而最后，就像我常说的那样，让一道城墙把他们和我们隔开吧。让他们不要再在执政官自己的家里伺伏执政官，不要再站在市行政长官①的法庭的四周，不要再手持刀剑围攻元老院，不要再准备火箭②和火把来烧掉城市吧。最后，让每个公民把自己对共和国的看法都明明白白地写在前额上吧。元老们，我向你们保

---

① 市行政长官（praetor urbantus）或译内事行政长官，负责罗马公民间的诉讼。参见拙译《古代罗马史》（三联书店，1957年版），第140—141页。——中译者
② 火箭（malleolus）系长竿竿头处带易燃物，由投射器械射出的。——中译者

证,我们身为执政官的将会如此尽心竭力,你们有如此高的威信,罗马骑士有如此大的勇气①,而所有爱国的人们又如此和谐地团结起来,这一切均足以使得喀提林在离开之后,他们将会看到一切真相大白,揭露于光天化日之下,它们将会受到镇压和惩处。

既然有了这些朕兆,那末,喀提林,去发动你的一场邪恶不义的战争吧,这样做你就会给共和国带来最大的利益,给你自己带来杀身灭顶之祸,并且给依附于你而无恶不作的那些人带来彻底的毁灭。朱比特啊②,你这座神殿是罗慕路斯在取得和罗马建城时相同的朕兆时建立起来的,我们完全正当地把你称为城市和国家的保卫者③,你将会把这个人和他的同谋者驱离你的神殿和其他神殿,驱离这个城市的住宅和城壁,使他们不能危害全体公民的生命财产,而对于这些同正直的人为敌的人,国家的这些敌人,打劫意大利的人,这些由于共同为非作歹而可恶地勾结在一起的人,你将要用永恒的惩罚来惩处这些活着和已经死去的人④。

---

① 西塞罗念念不忘贵族与骑士之间的团结,把这作为他的一个政治理想,但实际上他们各自的利益是很难调和在一起的,西塞罗过高估计了这一团结的意义。——中译者

② 元老院的会议是在朱比特·斯塔托尔神殿召开的,所以主持人在演说结束时要向他呼告。——中译者

③ 过去罗马军队在同萨宾人的一次战斗中曾处于支持不住的状态,于是罗慕路斯便发愿给朱比特神修建一座神殿,如果他能阻止罗马军队的逃跑的话。他的祈求应验了,但神殿是在公元前294年才在那个战斗地点修建起来的。朱比特于是有了阻止逃跑者(Stator)的称号。西塞罗在这里虽然用了stator一词,但把它的含意加以引伸而理解为保卫者、维护者。——英译者注,有改动。

④ 死去的人在地狱中继续受苦,希腊罗马神话便有这类的例子。——中译者

思考题：

1. 西塞罗的修辞语言有什么特别之处？
2. 如何理解西塞罗的政治观与哲学思想之间的关系？

延伸阅读：

1. 西塞罗：《论老年·论友谊·论责任》，徐奕春译，北京：商务印书馆，2003年。
2. 西塞罗：《国家篇·法律篇》，沈叔平、苏力译，北京：商务印书馆，2013年。
3. 胡传胜编：《西塞罗修辞学思想的政治解读》，上海：三联书店，2012年。

六　奥勒留《沉思录》选读

马可·奥勒留（121—180），全名马可·奥勒留·安东尼·奥古斯都（Marcus Aurelius Antoninus Augustus），拥有恺撒称号的他是罗马帝国五贤帝时代最后一个皇帝，于161年至180年在位。马可·奥勒留是罗马帝国最伟大的皇帝之一，他不但是一个很有智慧的君主，同时也是一个很有造诣的思想家，用希腊文铸就了有关斯多葛哲学的传世经典名著《沉思录》。他是古罗马帝国唯一一位著名的"帝王哲学家"，被西方许多代人视为西罗马帝国黄金时代的象征，甚至在整个西方文明之中，奥勒留也算是一个少见的贤君。

其父亲一族曾是西班牙人，但已定居罗马多年，并从维斯佩申皇帝那里获得了贵族身份。马可·奥勒留幼年丧父，由他的母亲和祖父抚养长大，并在拉丁文学、修辞、哲学、法律甚至绘画方面得到了当时来说最好的教育，从他老师那里熟悉和亲近了斯多葛学派，并在生活中身体力行。孩提时代的马可·奥勒留就以其性格的坦率真诚赢得了哈德良皇帝的好感。自青年时代起即三度出任执政官，并在40岁（161）时成为拥有全权的皇帝。他在位的20年间，罗马战乱连绵、灾难频繁，颓废之势已不可避免，他的勤勉工作也难阻大厦将倾之势，最终没能力挽狂澜，只能眼睁睁看着罗马帝国轰然倒塌。他利用戎马倥偬中的片暇，开始以斯多葛派哲学眼光思索生命，拷问自己的灵魂，与自己的心灵对话，从而有了撼世之作《沉思录》的诞生。

《沉思录》共计12卷，是一本写给自己的书，是一位身居高位者自己与自己的对话，是两千多年以后的今天仍能让我们震撼的书。其主要内容像斯多葛学说一样，以伦理学为主，探讨什么是善，我们应该过怎样的一种生活。

《沉思录》描述了作者身羁宫廷以及所处混乱世界的感受，追求一种摆脱了激情与欲望、冷静而达观的生活。书中阐述了灵魂与死亡的关系，解析了个人的德行、个人的解脱以及个人对社会的责任，要求常常自省以达到内心的平静，摈弃一切无用和琐屑的思想，正直地思考。而且，不仅要思考什么是善，还要身体力行。

《沉思录》是作者灵魂深处流淌出来的文字，虽朴实无华，却能直抵人心。马可·奥勒留把发生于其身上的一切遭遇都不看成恶，认为痛苦和不安仅仅是来自内心的意见，并且可以由心灵加以消除。他对人生进行了深刻的哲学思考，热诚地从其他人身上学习他们最优秀的品质，果敢、谦逊、仁爱……他希望人们热爱劳作，了解生命的本质和生活的艺术，尊重公共利益并为之努力。

由于《沉思录》是作者写给自己的书，是自己同自己对话，字里行间常常出现的不是"我……"，而是"你……"，并常常用破折号隔出不同意见。既然是自己与自己对话，自己说服自己，就不必过分讲究辞藻，而是注意一种思想的深入和进行。有时话没说完又想到别处，并经常有"但是"这样的转折。我们在阅读时需要加以注意，不然会因为它不是一个完美体系而感到失望的。

马可·奥勒留的《沉思录》是古罗马斯多葛派哲学最后一部重要典籍。斯多葛派哲学主要分成三个部分：物理学、逻辑学和伦理学。他感兴趣的是伦理学方面，斯多葛派的伦理学目的在于为伦理学建立一种唯理的基础，它把宇宙论和伦理学融为一体，认为宇宙是一个美好的、有秩序的、完善的整体，由原始的神圣的火演变而来，并趋向一个目的。人则是宇宙体系的一部分，是神圣的火的一个小火花，他自己也可以说是一个小宇宙，他的本性是与万有的本性同一的，所以，他应该同宇宙的目的相协调而行动，力图在神圣的目的中实现自己的目的，以求达到最大限度的完善。为此，他必须让自己的灵魂清醒，让理性统率自己，正如它统率世界一样。

所以，斯多葛派要求人们遵从自然而生活，按照本性生活（nature 有"自然""本性"两层意义），而所谓自然、本性，实际上也就是指一种普遍的理性，或者说逻各斯（类似于中国的"道"），或者说一种普遍的法。自然—本性—理性—法，不说它们有一种完全等价的意义，它们也至少是相通的，并常常是可以互用的。而作为一种理性存在物的人的自然本性，就是一种分享这一普遍理性的理性，一种能认识这一普遍理性的理性。

奥勒留在《沉思录》中常常讲到一个人身外和身内的神，讲到身外的神（或者说宙斯）把自身的一部分分给了人的理性灵魂（即身内的神），人凭内心的神，或者说凭自己支配的部分，就能认识身外的神，就能领悟神意。他说的理性其实也是这个意思。我们还需要注意的一点是：这里所说的理性主要不是对自然事物的认识，而是道德德性的践履，所以，理性和德性又联系起来了。

他要求人们做到"判断每一符合你本性的言行，不要受来自任何人的谴责或话语的影响"，并且他也身体力行按照人的本性生活。他说道："我按照本性经历所发生的事情，直到我倒下安息。"同时他强调，宇宙是一个井然有序的宇宙，世界是一个浑然和谐的世界。所以，人们"要接受每一件发生的事情，即使它看起来不一致，因为它导致宇宙的健康与宙斯（宇宙）的成功和幸福"。他认为："我是由形式和质料组成的，它们都不会消逝为非存在，正像它们都不可能由非存在变为存在一样。那么我的每一部分就都将被变化带回到宇宙的某一部分，并将再变为宇宙的另一部分，如此永远生生不息。"更是道出了他所深信的"所有的事物都是相互联结的，这一纽带是神圣的，几乎没有一个事物与任一别的事物没有联系"。

斯多葛学派认为，在这个世界上，低等的东西是为了高等的东西而存在的，无生命的存在是为了有生命的存在而存在的，有生命的存在又是为了有理性的存在而存在的。所以，对自己的身体和外物，斯多葛学派一直评价不高，基本是认为它们作为元素的结合和分解，没有什么恒久价值。奥勒留也持同样观点，他认为，"低等的东西是为高等的东西存在的，这不是很明白吗？而有生命的存在都是优越于无生命的存在的，而在有生命的存在里最优越的又是那有理性的存在"。

对此，我们在阅读时也应当留意，并给予清醒的认识。其目的就是为了突出，作为理性的动物（人）是为何和怎样存在的？核心就是，理性动物是彼此为了对方而存在的，所以，在人的结构中首要的原则就是友爱,每个人都要对自己的同类友好,意识到他们是来自同一根源,趋向同一目标,都要做出有益社会的行为。

下面选文来自第三卷、四卷、五卷、六卷、十卷、十一卷和十二卷的部分内容。

《沉思录》(节选)①

1. [奥勒留:"沈思录",第三卷,第六章]

我说你要直截了当地并且自由地选择那至善的东西,并且坚持着它——可是,有用的就是至善的——好,如果它对作为一个有理性的存在的你有用,那你就坚持它;可是,如果它只是对于作为一个动物的你有用,那就拒绝它,坚持你的判断而不骄傲,只是你要注意用一个确当的方法来考察。

2. [同上,第九—十章]

要尊重产生意见的那种能力。在你的发号施令的部分里是不是会存在着与一个理性动物的本性与气质不相容的意见,是完全

---

① 选自北京大学哲学系外国哲学史教研室编译:《古希腊罗马哲学》,北京:商务印书馆,2021年。

要由这个能力决定的。这个能力将使你不至于有草率的判断,将使你对人们友善,对神服从。

要把一切东西丢开,只固执着这些少数事情。此外还要记住,每个人只生存在当前这个时间,这是一个不可分的点,而他的生活的其余部分或是已经过去,或是不确定的。因此每个人生存的时间是短暂的,他在地上居住的那个角落是小的,最长久的死后的名誉也还是短暂的,即使是这个名誉也只是为可怜的人类的继续所保持,他们也将很快死去,他们甚至于连自己也不认识,更不用说早已死去的人了。

3. [同上,第六卷,第三十七—四十章]

一个人看见了当前的事物,也就看见了一切,包括亘古发生的一切事物以及将要永无止境的一切事物,因为一切事物属于同一系统、同一形式。

要经常考察宇宙中一切事物的联系以及它们互相间的关系。因为一切事物都以某种方式互相牵涉着,因而在这种情况之下一切事物都是亲密的;因为一件事物按照着次序在另一事物之后出现,而这是由主动的运动、相互的协作以及实体的统一性所造成的。

要使你自己适应于你的命运注定要同它们在一起的那些事物,以及你命定要和他们在一起的那些人,要爱他们,要真正地、忠实地这样做。

每一个器具、工具、器皿,如果它实现了它被制作的目的,那就是好的,可是制作它的人并不在它那里。但是在为自然所组合成的东西里面,制作它们的力量是存在着、停留着;因此,宜于尊重这个力量,并且想:如果你真是按照它的意志生活和行动,那么属于你的一切就都是符合于理智的。就是这样,宇宙中那些属于它的事物也都是符合于理智的。

4. [同上,第六卷,第四十二章]

我们都是在一起工作,向着一个目的,有些人具有认识并且有目的,而另外一些人却不知道他们是在干什么。……

5. [同上,第六卷,第四十四章]

如果神灵对于我、对于必须对我发生的事情,都已经作出了决定,他们的决定便是适当的,因为即使想象一个没有远虑的神都是不容易的。至于说加给我伤害,为什么他们会打算那样做呢?因为,那样做对他们或者对作为他们的特殊仁慈照顾的对象的整体,会产生什么好处呢?即使他们对我这个个体没有作出决定,他们也一定至少对整体作出了决定,在这个总的安排里面按着次序发生的事情,我应该欣然接受,并且满足于此。如果他们完全没有决定——这样想是不敬神的,如果真是这样,我们就不用祭祀、祈祷、发誓,也不用做任何别的好像神灵在面前并且同我们生活在一起时我们所做的事情——但是,假如神灵没有决定任何牵涉到我们的事情,我就能决定我自己了,就能对有用的事物加以考究了；符合于一个人自己的气质与本性的，就是对每一个人有用的。但是我的本性是有理性的和合群的；就我是安托宁来说，我的城市与国家是罗马；但就我是一个人来说，我的国家就是这个世界。因此，对于这些城市有用的，对我才是有用的。

6. [同上，第十卷，第六章]

不管宇宙是原子的集合，还是自然界是一个体系，我们首先要肯定，我是自然所统治的整体的一部分；其次，我是在一种方式下和与我自己同种的其他部分密切关联着。因为要记住，由于我是一个部分，对于一切出于整体而分配给我的事物，我都将满意，因为如果凡是为了整体的利益而存在的，对于部分就不会有害。因为整体不会包含着对于它没有利益的东西；一切本性固然都有这个共同的原则，但是宇宙的本性却另有这个原则，它甚至于不能由任何外面的原因迫使它产生任何对它自己有害的东西。因此，由于记住我是这种整体的一部分，我就会对一切发生的事情满意。而由于我同与我自己同种的那些部分在一种方式中密切地关联着，我就不会做不合乎人群的事情，而宁愿使自己趋向与我自己同类的东西，会把我的全副精力放到共同利益上面，而使它离开与共同利益相反的事情。那么，如果这样办，生活就一定过得愉快；你可以看到，一个公民，经常所做的事情都是对其他的公民有利的，并且满足于邦国指派给他的一切，这样他的生活就是愉快的。

7. [同上，第四卷，第四十一—四十三章]

要永远把宇宙当作一个活的东西，具有一个实体和一个灵魂。要注意一切事物如何与一个知觉相关联，与一个活的东西的知觉相关联；一切事物如何以一个运动活动着；一切事物如何是一切存在的事物的合作的原因；也要注意那继续不断的纺纱和网的各部分的互相关联。

你是一个带着躯体的小小的灵魂，就像爱比克泰德常说的那样。

事物经历变化并不是坏事，而事物由于变化而保持其存在也并不是好事。

时间好像一条由所发生的各种事件构成的河流，并且是一条激流；因为刚刚看见了一个事物，它就被带走了，另一个事物来代替它，而这另一个也将被带走。

8. [同上，第二十四章]

哲学家说，如果你愿意平静，那就去从事较少的事情。但是想一想是不是这样说更好：做必要的事情，以及本性合群的动物的理性所要求的一切事情，并且像所要求的那样作。因为这样不只带来由于做事适当而产生的平静，并且也带来由于作较少的事而产生的平静。因为我们所说和所做的最大部分事情都是不必要的，一个人如果取消这些，他将有更多闲暇和较少的不舒适。因此一个人应该每当作一件事时问问自己：这是一件不必要的事情吗？一个人不只应该取消不必要的行动，并且应该取消不必要的思想,这样,无聊的行动就不会跟着来了。

9. [同上,第十卷,第七章]

我以为,整体的各个部分,自然地包含在宇宙里的每一事物,都必然要毁灭;但是要在这样的意义下来了解,就是:它们一定要经历变化。但是如果对于各个部分来说,这件事自然地既是一件坏事而又是一种必然性,整体就不会在一个好的条件下继续存在了,因为它的各个部分都在变化中,并且它们的结构使得它们在不同方式下毁灭。因为,究竟是自然自身计划好对那些作为它的部分的事物做恶事,从而使它们从属于恶,并且必然地陷入恶中,还是这些结果发生了而自然并不知道呢?事实上,这些设想都是不可相信的。但是如果一个人即使是不谈这个"自然"(作为一个发生作用的力量),而把上述的事物都说成是自然的,即使是那样,一方面肯定整体的各部分以其本性从属于变化,同时另一方面又觉得惊奇或烦恼,好像有什么违反本性的事情在发生,特别是好像事物的分解是分解成为每个东西的组成部分似的,那将是可笑的。因为或者是组合成万物的各种元素的分散,或是由固体到泥土、从气体到气的转变,使这些部分回到普遍的理性,而这或者是在一定周期内为火所消灭,或者是为永恒的变化所更新。不要设想固体和气体的部分从产生的时候起就属于你。因为它们所得到的这一切生长,只是昨天和前天由食物和吸进的空气而来的,我们可以这样说。那么,得到生长、变化的这一切,并不是你母亲所产生的那个。但是可以设想你母亲所产生的这个使你同那另外的具有特殊变化的性质的部分在很大程度上牵连着，事实上这与上面所说过的并不违反。

10. [同上，第四卷，第四十四—四十五章]

每一件发生的事情都像春天的玫瑰花和夏天的果实一样亲切并且为人熟知，因为疾病、死亡、诽谤、叛逆以及任何别的使愚蠢的人喜欢或烦恼的事情就是这样。

在事物的系列中，跟在后面的永远与在前面的那些恰恰配合，因为这系列并不像一些不相联结的事物的单纯列举，仅只有必然的次序，而是一种合理的联系：正如一切存在的事物都被和谐地安排在一起一样，开始出现的事物表现出不只是继续，而且是某种奇异的关联。

11. [同上，第五卷，第八章]

正像我们一定了解这样的话：爱斯库拉普给这个人开药方，让他练骑马或洗冷水浴或赤足走路；同样地，我们也一定了解这样的话：宇宙的本性给这个人开药方，让他生病、折断肢体、灭亡或别的属于这类的事情。因为在前面的情形之下，开药方的意义是这样：他为这个人开这个药方作为适于获得健康的东西；在第二种情形之下它的意思则是：对于每个人发生（或者适合）的事情，都是在一种方式下对他是确定的，与他的命运相合的。因为这就是我们所谓事情对我们合适，正如当工匠把石头相互适合地联结起来的时候，说墙壁或金字塔里面的方块石头合适一样。因为总共就是一个适合、和谐。正如宇宙之成为这样的一个物体，乃是由所有的个别物体构成的，同样，必然性（命运）之成为这样一个原因，乃是由于所有的实在的个别原因造成。甚至于那些完全无知的人也了解我的意思，因为他们说：它（必然性、命运）给这样一个人带来这样的事情。——那么，这样的事落在了他身上，这是他命定的药方。那么，我们接受这些事情吧，就像接受爱斯库拉普的药方！事实上有许多人的药方并不令人舒服，但是由于希望健康，我们都接受了。各样事情的完满与成就——这种为共同的本性断定是好的东西，你也把它断定是与你的健康属于同类的吧！要接受每一件发生的事情，即使它看来并不令人舒服，但它导致这个——宇宙的健康与宙斯（宇宙）的成功和幸福。因为宙斯带给任何人的，如果不是对整体有用，就不会带给他了。不拘是什么东西，它的本性都不会引起任何与它所支配的东西不相合的事情。因此，你有两个理由应该满足于对你发生的事情，第一，因为它是为你而作的，是给你的药方，并且在一种方式下它对你的关联是根源于与你的命运交织在一起的那些最古老的原因；第二，因为那个别地临到每个人的，对于支配宇宙的力量来说，也是幸福和完满的原因，甚至于是宇宙继续存在的原因。如果你从各个部分或各个原因的联结与继续中间打断任何事情，整体的完整就破坏了。而当你不满意并且在一种情形下企图消灭任何事情时，你确是就你力所能及地把它打断了。

12. [同上，第十二卷，第三十二—三十六章]

分给每一个人的是无限的、不可测的时间中的多么小的一部分！它立刻就被吞没在永恒里。还有，分给每一个人的是整个实体的多么小的一部分！是普遍灵魂的多么小的一部分！你匍匐在上面的是整个大地上的多么小的一块土壤！想到这一切，就要认定：除了按照你的本性所领着你的去作，以及忍受共同本性所带给你的东西之外，就没有伟大的事情了。

管制的能力怎样运用自己呢？一切都以此为基础。而其他一切，不管在不在你意志的能力范围之内，都只是死灰和烟。

这种思想最适于使我们轻视死亡，甚至于那些以快感为善、以痛苦为恶的人，也曾看轻过它。

一个人，如果对于他只有那在适当时机来临的才是善，那么，对于他，作较多的或较少的合乎正当理性的行为乃是同样的，对于他，有较长或较短时间来默想这个世界并没有什么不同——对于这个人，死亡也就不是一件可怕的事情了。

人呀，你是这个大国家（世界）里的一个公民，五年（或三年）会对你有什么不同呢？因为与规律相合的事情对一切都是公正的。如果没有暴君也没有不公正的法官把你从国家中打发走，把你打发走的只是送你进来的自然，那么又有什么艰苦呢？这正像一个司法官曾雇用一名演员，现在把他辞退让他离开舞台一样。——"可是我还没有演完五幕，只演了三幕呢"。——你说得对，但是在人生中三幕就是整个戏剧；因为怎么样才是一出完全的戏剧，是决定于那个先前曾是构成这出戏的原因、现在又是解散这出戏的原因的人,可是你却两方面的原因都不是。所以,满意地离开吧,因为他也是满意的,他是解除你的职务的。

13. [同上,第十一卷,第十六章]

以最善的方式生活,这样的能力是在于心灵,如果它对无关重要的事情采取漠然的态度的话。它之能采取漠然的态度,是在于它对每一件这样的事情都分开来看,又都总起来看,还在于它记得,这些事情中间任何一件既不会使我们产生关于它的意见,也不会到我们这里来;这些事情都是始终不动的,是我们自己做出了关于它们的判断,我们可以说,是我们自己把它们写在我们心里,因此我们是可以不写它们的,如果偶然这些判断不知不觉地进入我们心里,我们是可以消灭它们的;还在于我们也记住这样的念头只会存在一个短时期,那时生命就要结束。此外,这样做有什么困难呢?因为,如果这些事情是顺乎自然的,那就喜欢它们,它们对你就会是舒服的;但是,如果是违反自然的,那就去找合于你自己本性的东西,努力追求这个东西,即使它不会带来名誉;因为每个人都是可以去寻求他自己的善的。

思考题:

1. 你认为马可·奥勒留的哲学家身份和他的皇帝身份冲突吗?为什么?

2. 你认为"沉思"和"发呆"有区别吗?为什么?

延伸阅读：

1. 马可·奥勒留：《沉思录》，何怀宏译，北京：中央编译出版社，2008年。

2. 弗兰克·麦克林恩：《马可·奥勒留》，王鹏飞等译，重庆：重庆大学出版社，2012年。

七 《圣经·旧约》选读

《圣经》是基督教的经典。英文"圣经"（Bible）一词源于希腊文 blblia，意为"一组小书"。《圣经》是不同历史时期、不同作者的著作汇编。中国人有把重要著作称作"经"的传统，故把它称之为"经"，并在前面加上一个"圣"字，以示尊重。由此有了汉语"圣经"的名称。

《圣经》分为《旧约》和《新约》两大部分。《旧约》本为犹太教的正式经典，后被基督教奉为其经典。《旧约》绝大部分用希伯来文写成，大致形成于公元前12至公元前2世纪，在公元前5世纪至1世纪陆续汇编成书。《新约》是基督教自身的经典，最初基本用希腊文写成。大约在公元1世纪下半叶至公元2世纪末定型，但直到公元4世纪初才开始确立其正典地位。所谓"约"，意为盟约。基督教认为，《旧约》是上帝通过摩西与希伯来人所订立，《新约》则是通过耶稣基督与信者订立的。

虽然成书年代久远，但《圣经》并非一堆枯燥无味的故纸，相反，它以独特的方式熔神话传说、史诗故事、历史记载、诗歌、哲理、政论等为一炉，如今读来仍让人饶有兴味；其中的奇遇、险情、悬念等，依然让故事充满魅力。而更为重要的是，《圣经》

代表着人类思想的另一个维度,即与"理性"相对的"信仰"维度。在"科学"之风盛行的当今社会,仍然有千千万万的心灵寻求者被另一个可能性强烈地吸引着,那就是希望从这古奥的文献中,发现物质世界之外的另一个境界,从而为自身以及人类探索到未来的方向。对当今世界常读《圣经》的亿万人来说,《圣经》依然能带来"科学"之外的安慰与希望。

从叙事角度来看,《圣经》的叙事是经验叙事与超验叙事相交织渗透的。经验叙事立足于人类的生活和经历,因此,在世俗的观点中,《圣经》像一部百科全书,整理归纳了当时中东地区人类生活的各种事项,包括农事耕作、商贸往来、部落征战、日常起居、生老病死、人的丑行弊端等。而在经验叙事之外,《圣经》中还有一个以上帝为核心、以上帝的理念为支撑的超验世界,不仅建构规整、逻辑严密,而且成为涵盖在经验世界上的叙事重点。正因为其叙事内容的丰富性,《圣经》被看作神学文本、历史文本和文学文本等多种类型的文本加以解读。从古代犹太教和基督教诞生开始,《圣经》就理所当然地成为宗教神学文本,直到今天,仍是神学家及信徒眼中的神学经典。到了17世纪,随着西方理性主义哲学的盛行,出现了《圣经》研究的"历史学派",着眼于《圣经》文本和社会历史的关系,热心梳理文本中的社会历史元素,揭示《圣经》中事件与《圣经》人物的历史面目。到了18世纪后期,对感性精神的重视带来《圣经》研究的文学向度,《圣经》开始被看作文学文本加以解读。这在19世纪中叶之后更为兴盛,《圣经》被作为现代意义上的文学加以研究和阐释,为人们理解《圣经》提供了许多新的视角和思路。

《圣经·旧约》是犹太民族的文化经典，希伯来人将《旧约》分成三大部分，即律法书 5 卷、先知书 21 卷、圣卷 13 卷。

律法书 5 卷，即《创世记》《出埃及记》《利未记》《民数记》和《申命记》，是关于希伯来人对于世界及人类起源的记述、关于以色列祖先以及他们出埃及进入应许之地的记述。更重要的是，在这些记述的过程中，提供了"律法"，也就是世界观、宗教、社会生活准则以及建立在十诫基础上的重要道德法则。

《创世记》虽被列律法书首卷，但没有记载多少实际的律法条文。全书五十章，包括两大部分。第一部分（1—11 章）记述世界与人类起源等远古神话。其中包括上帝创世、亚当夏娃失乐园、该隐杀弟、挪亚方舟、巴别塔等著名神话。第二部分（12—50 章）记载以色列诸族长（亚伯拉罕、以撒、雅各、约瑟）的传说。雅各（又名以色列）有十二个儿子（以后发展成为以色列民族的十二支派），第十一个儿子约瑟由于特别的遭遇来到埃及并当上宰相，此后雅各家族得以在饥荒之年避难于埃及并在以后漫长的岁月里，在埃及繁衍成为一个庞大的民族。

选文选取的是《创世记》中的第一大部分：1—11 章，即古希伯来人关于世界与人类起源的记述与解释。

《创世记》(节选)[①]

神的创造

1:1 起初神创造天地。2 地是空虚混沌。渊面黑暗。神的灵运行在水面上。

3 神说,要有光,就有了光。4 神看光是好的,就把光暗分开了。5 神称光为昼,称暗为夜。有晚上,有早晨,这是头一日。

6 神说,诸水之间要有空气,将水分为上下。7 神就造出空气,将空气以下的水,空气以上的水分开了。事就这样成了。8 神称空气为天。有晚上,有早晨,是第二日。

9 神说,天下的水要聚在一处,使旱地露出来。事就这样成了。10 神称旱地为地,称水的聚处为海。神看着是好的。11 神说,地要发生青草,和结种子的菜蔬,并结果子的树木,各从其类,果子都包着核。事就这样成了。12 于是地发生了青草,和结种子的菜蔬,各从其类,并结果子的树木,各从其类,果子都包着核。神看着是好的。13 有晚上,有早晨,是第三日。

14 神说,天上要有光体,可以分昼夜,作记号,定节令,日子,年岁。15 并要发光在天空,普照在地上。事就这样成了。16 于是神造了两个大光,大的管昼,小的管夜。又造众星。17 就把这些光摆列在天空,普照在地上。18 管理昼夜,分别明暗。神看着是好的。19 有晚上,有早晨,是第四日。

---

① 本选文选自简化字版和合本。中文《圣经》主要有两个版本:一为中国基督教会通用的和合本,二为中国天主教会通用的思高本。

20 神说，水要多多滋生有生命的物，要有雀鸟飞在地面以上，天空之中。21 神就造出大鱼和水中所滋生各样有生命的动物，各从其类。又造出各样飞鸟，各从其类。神看着是好的。22 神就赐福给这一切，说，滋生繁多，充满海中的水。雀鸟也要多生在地上。23 有晚上，有早晨，是第五日。

24 神说，地要生出活物来，各从其类。牲畜，昆虫，野兽，各从其类。事就这样成了。25 于是神造出野兽，各从其类。牲畜，各从其类。地上一切昆虫，各从其类。神看着是好的。26 神说，我们要照着我们的形像，按着我们的样式造人，使他们管理海里的鱼，空中的鸟，地上的牲畜，和全地，并地上所爬的一切昆虫。27 神就照着自己的形像造人，乃是照着他的形像造男造女。28 神就赐福给他们，又对他们说，要生养众多，遍满地面，治理这地。也要管理海里的鱼，空中的鸟，和地上各样行动的活物。29 神说，看哪，我将遍地上一切结种子的菜蔬和一切树上所结有核的果子，全赐给你们作食物。30 至于地上的走兽和空中的飞鸟，并各样爬在地上有生命的物，我将青草赐给它们作食物。事就这样成了。31 神看着一切所造的都甚好。有晚上，有早晨，是第六日。

2：1 天地万物都造齐了。2 到第七日，神造物的工已经完毕，就在第七日歇了他一切的工，安息了。3 神赐福给第七日，定为圣日，因为在这日神歇了他一切创造的工，就安息了。

伊甸园

4 创造天地的来历，在耶和华神造天地的日子，乃是这样。5 野地还没有草木，田间的菜蔬还没有长起来，因为耶和华神还没有降雨在地上,也没有人耕地。6但有雾气从地上腾,滋润遍地。7耶和华神用地上的尘土造人,将生气吹在他鼻孔里,他就成了有灵的活人,名叫亚当。8耶和华神在东方的伊甸立了一个园子,把所造的人安置在那里。9耶和华神使各样的树从地里长出来,可以悦人的眼目,其上的果子好作食物。园子当中又有生命树和分别善恶的树。

10有河从伊甸流出来,滋润那园子,从那里分为四道。11第一道名叫比逊,就是环绕哈腓拉全地的。在那里有金子,12并且那地的金子是好的。在那里又有珍珠和红玛瑙。13第二道河名叫基训,就是环绕古实全地的。14第三道河名叫希底结,流在亚述的东边。第四道河就是伯拉河。

15耶和华神将那人安置在伊甸园,使他修理看守。16耶和华神吩咐他说,园中各样树上的果子,你可以随意吃。17只是分别善恶树上的果子,你不可吃,因为你吃的日子必定死。

18耶和华神说,那人独居不好,我要为他造一个配偶帮助他。19耶和华神用土所造成的野地各样走兽和空中各样飞鸟都带到那人面前,看他叫什么。那人怎样叫各样的活物,那就是它的名字。20那人便给一切牲畜和空中飞鸟,野地走兽都起了名。只是那人没有遇见配偶帮助他。21耶和华神使他沉睡,他就睡了。于是取下他的一条肋骨,又把肉合起来。22耶和华神就用那人身上所取的肋骨,造成一个女人,领她到那人跟前。23那人说:

　　这是我骨中的骨,

　　肉中的肉,

　　可以称她为女人,

因为她是从男人身上取出来的。

24 因此，人要离开父母与妻子连合，二人成为一体。25 当时夫妻二人赤身露体，并不羞耻。

人违背命令

3：1 耶和华神所造的，惟有蛇比田野一切的活物更狡猾。蛇对女人说，神岂是真说，不许你们吃园中所有树上的果子吗？2 女人对蛇说，园中树上的果子，我们可以吃，3 惟有园当中那棵树上的果子，神曾说，你们不可吃，也不可摸，免得你们死。4 蛇对女人说，你们不一定死，5 因为神知道，你们吃的日子眼睛就明亮了，你们便如神能知道善恶。6 于是女人见那棵树的果子好作食物，也悦人的眼目，且是可喜爱的，能使人有智慧，就摘下果子来吃了。又给她丈夫，她丈夫也吃了。7 他们二人的眼睛就明亮了，才知道自己是赤身露体，便拿无花果树的叶子，为自己编作裙子。

8 天起了凉风，耶和华神在园中行走。那人和他妻子听见神的声音，就藏在园里的树木中，躲避耶和华神的面。9 耶和华神呼唤那人，对他说，你在哪里。10 他说，我在园中听见你的声音，我就害怕。因为我赤身露体，我便藏了。11 耶和华说，谁告诉你赤身露体呢？莫非你吃了我吩咐你不可吃的那树上的果子吗？12 那人说，你所赐给我，与我同居的女人，她把那树上的果子给我，我就吃了。13 耶和华神对女人说，你作的是什么事呢？女人说，那蛇引诱我，我就吃了。

神的宣判

14 耶和华神对蛇说：

你既作了这事，就必受咒诅，

比一切的牲畜野兽更甚。

你必用肚子行走，

终身吃土。

15 我又要叫你和女人彼此为仇。

你的后裔和女人的后裔也彼此为仇。

女人的后裔要伤你的头，你要伤他的脚跟。

16 又对女人说：

我必多多加增你怀胎的苦楚，

你生产儿女必多受苦楚。

你必恋慕你丈夫，

你丈夫必管辖你。

17 又对亚当说：

你既听从妻子的话，

吃了我所吩咐你不可吃的那树上的果子，

地必为你的缘故受咒诅。

你必终身劳苦，才能从地里得吃的。

18 地必给你长出荆棘和蒺藜来，

你也要吃田间的菜蔬。

19 你必汗流满面才得糊口，

直到你归了土，

因为你是从土而出的。

你本是尘土,仍要归于尘土。

20 亚当给他妻子起名叫夏娃,因为她是众生之母。21 耶和华神为亚当和他妻子用皮子作衣服给他们穿。

亚当和夏娃被赶出伊甸园

22 耶和华神说,那人已经与我们相似,能知道善恶。现在恐怕他伸手又摘生命树的果子吃,就永远活着。23 耶和华神便打发他出伊甸园去,耕种他所自出之土。24 于是把他赶出去了。又在伊甸园的东边安设基路伯和四面转动发火焰的剑,要把守生命树的道路。

该隐和亚伯

4：1 有一日,那人和他妻子夏娃同房。夏娃就怀孕,生了该隐(就是得的意思),便说,耶和华使我得了一个男子。2 又生了该隐的兄弟亚伯。亚伯是牧羊的,该隐是种地的。3 有一日,该隐拿地里的出产为供物献给耶和华。4 亚伯也将他羊群中头生的和羊的脂油献上。耶和华看中了亚伯和他的供物,5 只是看不中该隐和他的供物。该隐就大大地发怒,变了脸色。

6 耶和华对该隐说,你为什么发怒呢？你为什么变了脸色呢？7 你若行得好,岂不蒙悦纳,你若行得不好,罪就伏在门前。它必恋慕你,你却要制伏它。

8 该隐与他兄弟亚伯说话,二人正在田间。该隐起来打他兄弟亚伯,把他杀了。9 耶和华对该隐说,你兄弟亚伯在哪里？他说,我不知道,我岂是看守我兄弟的吗？10 耶和华说,你作了什么事呢？你兄弟的血，有声音从地里向我哀告。11 地开了口，从你手里接受你兄弟的血。现在你必从这地受咒诅。12 你种地，地不再给你效力。你必流离飘荡在地上。13 该隐对耶和华说，我的刑罚太重，过于我所能当的。14 你如今赶逐我离开这地，以致不见你面。我必流离飘荡在地上，凡遇见我的必杀我。15 耶和华对他说，凡杀该隐的，必遭报七倍。耶和华就给该隐立一个记号，免得人遇见他就杀他。16 于是该隐离开耶和华的面，去住在伊甸东边挪得之地。

该隐的后代

17 该隐与妻子同房，他妻子就怀孕，生了以诺。该隐建造了一座城，就按着他儿子的名，将那城叫作以诺。18 以诺生以拿。以拿生米户雅利。米户雅利生玛土撒利。玛土撒利生拉麦。19 拉麦娶了两个妻，一个名叫亚大，一个名叫洗拉。20 亚大生雅八。雅八就是住帐棚，牧养牲畜之人的祖师。21 雅八的兄弟名叫犹八。他是一切弹琴吹箫之人的祖师。22 洗拉又生了土八该隐。他是打造各样铜铁利器的（或作是铜匠铁匠的祖师）。土八该隐的妹子是拿玛。23 拉麦对他两个妻子说：

亚大，洗拉，听我的声音。

拉麦的妻子，细听我的话语，

壮年人伤我，我把他杀了。

少年人损我，我把他害了。（或作我杀壮士却伤自己，我害幼童却损本身）

24 若杀该隐，遭报七倍。

杀拉麦，必遭报七十七倍。

塞特和以挪士

25 亚当又与妻子同房，她就生了一个儿子，起名叫塞特，意思说，神另给我立了一个儿子代替亚伯，因为该隐杀了他。26 塞特也生了一个儿子，起名叫以挪士。那时候，人才求告耶和华的名。

亚当的后代

5：1 亚当的后代记在下面。当神造人的日子，是照着自己的样式造的。2 并且造男造女。在他们被造的日子，神赐福给他们，称他们为人。3 亚当活到一百三十岁，生了一个儿子，形像样式和自己相似，就给他起名叫塞特。4 亚当生塞特之后，又在世八百年，并且生儿养女。5 亚当共活了九百三十岁就死了。

6 塞特活到一百零五岁，生了以挪士。7 塞特生以挪士之后，又活了八百零七年，并且生儿养女。8 塞特共活了九百一十二岁就死了。

9 以挪士活到九十岁，生了该南。10 以挪士生该南之后，又活了八百一十五年，并且生儿养女。11 以挪士共活了九百零五岁就死了。

12 该南活到七十岁，生了玛勒列。13 该南生玛勒列之后，又活了八百四十年，并且生儿养女。14 该南共活了九百一十岁就死了。

15 玛勒列活到六十五岁，生了雅列。16 玛勒列生雅列之后，又活了八百三十年，并且生儿养女。17 玛勒列共活了八百九十五岁就死了。

18 雅列活到一百六十二岁，生了以诺。19 雅列生以诺之后，又活了八百年，并且生儿养女。20 雅列共活了九百六十二岁就死了。

21 以诺活到六十五岁，生了玛土撒拉。22 以诺生玛土撒拉之后，与神同行三百年，并且生儿养女。23 以诺共活了三百六十五岁。24 以诺与神同行，神将他取去，他就不在世了。

25 玛土撒拉活到一百八十七岁，生了拉麦。26 玛土撒拉生拉麦之后，又活了七百八十二年，并且生儿养女。27 玛土撒拉共活了九百六十九岁就死了。

28 拉麦活到一百八十二岁，生了一个儿子，29 给他起名叫挪亚，说，这个儿子必为我们的操作和手中的劳苦安慰我们。这操作劳苦是因为耶和华咒诅地。30 拉麦生挪亚之后，又活了五百九十五年，并且生儿养女。31 拉麦共活了七百七十七岁就死了。

32 挪亚五百岁生了闪，含，雅弗。

人类的邪恶

6：1 当人在世上多起来，又生女儿的时候，2 神的儿子们看见人的女子美貌，就随意挑选，娶来为妻。3 耶和华说，人既属乎血气，我的灵就不永远住在他里面。然而他的日子还可到一百二十年。4 那时候有伟人在地上，后来神的儿子们和人的女子们交合生子，那就是上古英武有名的人。

5 耶和华见人在地上罪恶很大，终日所思想的尽都是恶。6 耶和华就后悔造人在地上，心中忧伤。7 耶和华说，我要将所造的人和走兽，并昆虫，以及空中的飞鸟，都从地上除灭，因为我造他们后悔了。8 惟有挪亚在耶和华眼前蒙恩。

挪亚

9 挪亚的后代记在下面。挪亚是个义人，在当时的世代是个完全人。挪亚与神同行。10 挪亚生了三个儿子，就是闪，含，雅弗。

11 世界在神面前败坏，地上满了强暴。12 神观看世界，见是败坏了。凡有血气的人，在地上都败坏了行为。13 神就对挪亚说，凡有血气的人，他的尽头已经来到我面前。因为地上满了他们的强暴，我要把他们和地一并毁灭。14 你要用歌斐木造一只方舟，分一间一间地造，里外抹上松香。15 方舟的造法乃是这样，要长三百肘，宽五十肘，高三十肘。16 方舟上边要留透光处，高一肘。方舟的门要开在旁边。方舟要分上，中，下三层。17 看哪！我要使洪水泛滥在地上，毁灭天下。凡地上有血肉，有气息的活物，无一不死。18 我却要与你立约，你同你的妻，与儿子，儿妇，都要进入方舟。19 凡有血肉的活物，每样两个，一公一母，你要带进方舟，好在你那里保全生命。20 飞鸟各从其类，牲畜各从其类，地上的昆虫各从其类。每样两个，要到你那里，好保全生命。21 你要拿各样食物积蓄起来，好作你和它们的食物。22 挪亚就这样行。凡神所吩咐的，他都照样行了。

洪水

7：1 耶和华对挪亚说，你和你的全家都要进入方舟，因为在这世代中，我见你在我面前是义人。2 凡洁净的畜类，你要带七公七母。不洁净的畜类，你要带一公一母。3 空中的飞鸟，也要带七公七母，可以留种，活在全地上。4 因为再过七天，我要降雨在地上四十昼夜，把我所造的各种活物，都从地上除灭。5 挪亚就遵着耶和华所吩咐的行了。

6 当洪水泛滥在地上的时候，挪亚整六百岁。7 挪亚就同他的妻和儿子，儿妇，都进入方舟，躲避洪水。8 洁净的畜类和不洁净的畜类，飞鸟并地上一切的昆虫，9 都是一对一对地，有公有母，到挪亚那里进入方舟，正如神所吩咐挪亚的。10 过了那七天，洪水泛滥在地上。

11 当挪亚六百岁，二月十七日那一天，大渊的泉源都裂开了，天上的窗户也敞开了。12 四十昼夜降大雨在地上。13 正当那日，挪亚和他三个儿子闪，含，雅弗，并挪亚的妻子和三个儿妇，都进入方舟。14 他们和百兽，各从其类。一切牲畜，各从其类。爬在地上的昆虫，各从其类。一切禽鸟，各从其类。都进入方舟。15 凡有血肉，有气息的活物，都一对一对地到挪亚那里，进入方舟。16 凡有血肉进入方舟的，都是有公有母，正如神所吩咐挪亚的。耶和华就把他关在方舟里头。

17 洪水泛滥在地上四十天，水往上长，把方舟从地上漂起。18 水势浩大，在地上大大地往上长，方舟在水面上漂来漂去。19 水势在地上极其浩大，天下的高山都淹没了。20 水势比山高过十五肘，山岭都淹没了。21 凡在地上有血肉的动物，就是飞鸟，牲畜，走兽，和爬在地上的昆虫，以及所有的人都死了。22 凡在旱地上，鼻孔有气息的生灵都死了。23 凡地上各类的活物，连人带牲畜，昆虫，以及空中的飞鸟，都从地上除灭了，只留下挪亚和那些与他同在方舟里的。24 水势浩大，在地上共一百五十天。

洪水消退

8：1 神记念挪亚和挪亚方舟里的一切走兽牲畜。神叫风吹地，水势渐落。2 渊源和天上的窗户都闭塞了，天上的大雨也止住了。3 水从地上渐退。过了一百五十天，水就渐消。4 七月十七日，方舟停在亚拉腊山上。5 水又渐消，到十月初一日，山顶都现出来了。

6 过了四十天，挪亚开了方舟的窗户，7 放出一只乌鸦去。那乌鸦飞来飞去，直到地上的水都干了。8 他又放出一只鸽子去，要看看水从地上退了没有。9 但遍地上都是水，鸽子找不着落脚之地，就回到方舟挪亚那里，挪亚伸手把鸽子接进方舟来。10 他又等了七天，再把鸽子从方舟放出去。11 到了晚上，鸽子回到他那里，嘴里叼着一个新拧下来的橄榄叶子，挪亚就知道地上的水退了。12 他又等了七天，放出鸽子去，鸽子就不再回来了。13 到挪亚六百零一岁，正月初一日，地上的水都干了。挪亚撤去方舟的盖观看，便见地面上干了。14 到了二月二十七日，地就都干了。15 神对挪亚说，16 你和你的妻子，儿子，儿妇都可以出方舟。17 在你那里凡有血肉的活物，就是飞鸟，牲畜，和一切爬在地上的昆虫，都要带出来，叫它在地上多多滋生，大大兴旺。18 于是挪亚和他的妻子，儿子，儿妇，都出来了 19 一切走兽，昆虫，飞鸟，和地上所有的动物，各从其类，也都出了方舟。

挪亚献祭

20 挪亚为耶和华筑了一座坛，拿各类洁净的牲畜，飞鸟献在坛上为燔祭。21 耶和华闻那馨香之气，就心里说，我不再因人的缘故咒诅地（人从小时心里怀着恶念），也不再按着我才行的，灭各种的活物了。22 地还存留的时候，稼穑，寒暑，冬夏，昼夜就永不停息了。

神与挪亚立约

9：1 神赐福给挪亚和他的儿子，对他们说，你们要生养众多，遍满了地。2 凡地上的走兽和空中的飞鸟，都必惊恐，惧怕你们。连地上一切的昆虫并海里一切的鱼，都交付你们的手。3 凡活着的动物，都可以作你们的食物。这一切我都赐给你们，如同菜蔬一样。4 惟独肉带着血，那就是它的生命，你们不可吃。5 流你们血，害你们命的，无论是兽，是人，我必讨他的罪，就是向各人的弟兄也是如此。6 凡流人血的，他的血也必被人所流。因为神造人是照自己的形像造的。7 你们要生养众多，在地上昌盛繁茂。

8 神晓谕挪亚和他的儿子说，9 我与你们和你们的后裔立约，10 并与你们这里的一切活物，就是飞鸟，牲畜，走兽，凡从方舟里出来的活物立约。11 我与你们立约，凡有血肉的，不再被洪水灭绝，也不再有洪水毁坏地了。12 神说，我与你们并你们这里的各样活物所立的永约，是有记号的。13 我把虹放在云彩中，这就可作我与地立约的记号了。14 我使云彩盖地的时候，必有虹现在云彩中，15 我便记念我与你们和各样有血肉的活物所立的约，水就再不泛滥，毁坏一切有血肉的物了。16 虹必现在云彩中，我看见，就要记念我与地上各样有血肉的活物所立的永约。17 神对挪亚说，这就是我与地上一切有血肉之物立约的记号了。

挪亚和他的儿子们

18 出方舟挪亚的儿子就是闪，含，雅弗。含是迦南的父亲。19 这是挪亚的三个儿子，他们的后裔分散在全地。

20 挪亚作起农夫来，栽了一个葡萄园。21 他喝了园中的酒便醉了，在帐棚里赤着身子。

22 迦南的父亲含，看见他父亲赤身，就到外边告诉他两个弟兄。23 于是闪和雅弗，拿件衣服搭在肩上，倒退着进去，给他父亲盖上。他们背着脸就看不见父亲的赤身。

24 挪亚醒了酒，知道小儿子向他所作的事，25 就说，

迦南当受咒诅，

必给他弟兄作奴仆的奴仆。

26 又说，

耶和华闪的神，是应当称颂的，

愿迦南作闪的奴仆。

27 愿神使雅弗扩张，

使他住在闪的帐棚里，

又愿迦南作他的奴仆。

28 洪水以后，挪亚又活了三百五十年。29 挪亚共活了九百五十岁就死了。

闪、含、雅弗的后代

10：1 挪亚的儿子闪，含，雅弗的后代，记在下面。洪水以后，他们都生了儿子。

2 雅弗的儿子是歌篾，玛各，玛代，雅完，土巴，米设，提拉。

3 歌篾的儿子是亚实基拿，利法，陀迦玛。4 雅完的儿子是以利沙，他施，基提，多单。5 这些人的后裔，将各国的地土，海岛，分开居住，各随各的方言，宗族立国。

6 含的儿子是古实，麦西，弗，迦南。7 古实的儿子是西巴，哈腓拉，撒弗他，拉玛，撒弗提迦。拉玛的儿子是示巴，底但。8 古实又生宁录，他为世上英雄之首。9 他在耶和华面前是个英勇的猎户，所以俗语说，像宁录在耶和华面前是个英勇的猎户。10 他国的起头是巴别，以力，亚甲，甲尼，都在示拿地。11 他从那地出来往亚述去，建造尼尼微，利河伯，迦拉，12 和尼尼微，迦拉中间的利鲜，这就是那大城。

13 麦西生路低人，亚拿米人，利哈比人，拿弗土希人，14 帕斯鲁细人，迦斯路希人，迦斐托人。从迦斐托出来的有非利士人。

15 迦南生长子西顿，又生赫 16 和耶布斯人，亚摩利人，革迦撒人，17 希未人，亚基人，西尼人，18 亚瓦底人，洗玛利人，哈马人，后来迦南的诸族分散了。19 迦南的境界是从西顿向基拉耳的路上，直到迦萨，又向所多玛，蛾摩拉，押玛，洗扁的路上，直到拉沙。20 这就是含的后裔，各随他们的宗族，方言，所住的地土，邦国。

21 雅弗的哥哥闪，是希伯子孙之祖，他也生了儿子。22 闪的儿子是以拦，亚述，亚法撒，路德，亚兰。23 亚兰的儿子是乌斯，户勒，基帖，玛施。24 亚法撒生沙拉。沙拉生希伯。

25 希伯生了两个儿子，一个名叫法勒（法勒就是分的意思），因为那时人就分地居住。法勒的兄弟名叫约坍。26 约坍生亚摩答，沙列，哈萨玛非，耶拉，27 哈多兰，乌萨，德拉，28 俄巴路，亚比玛利，示巴，29 阿斐，哈腓拉，约巴，这都是约坍的儿子。30 他们所住的地方，是从米沙直到西发东边的山。31 这就是闪的子孙，各随他们的宗族，方言，所住的地土，邦国。

32 这些都是挪亚三个儿子的宗族，各随他们的支派立国。洪水以后，他们在地上分为邦国。

巴别塔

11：1 那时，天下人的口音，言语，都是一样。2 他们往东边迁移的时候，在示拿地遇见一片平原，就住在那里。3 他们彼此商量说，来吧，我们要作砖，把砖烧透了。他们就拿砖当石头，又拿石漆当灰泥。4 他们说，来吧，我们要建造一座城和一座塔，塔顶通天，为要传扬我们的名，免得我们分散在全地上。5 耶和华降临，要看看世人所建造的城和塔。6 耶和华说，看哪，他们成为一样的人民，都是一样的言语，如今既作起这事来，以后他们所要作的事就没有不成就的了。7 我们下去，在那里变乱他们的口音，使他们的言语彼此不通。

8 于是，耶和华使他们从那里分散在全地上。他们就停工，不造那城了。9 因为耶和华在那里变乱天下人的言语，使众人分散在全地上，所以那城名叫巴别（就是变乱的意思）。

思考题：

1. 《旧约》的"原罪论"的内涵是什么？它对后来西方人的伦理观念产生了什么影响？

2. 挪亚这个人物形象的意义是什么？为什么挪亚能得到上帝的拯救？

延伸阅读：

1. 迈克尔·库根：《旧约学入门》，张贤勇、陆巍译，北京：外语教学与研究出版社，2011年。

2. 陈俊伟：《旧约导论》，北京：宗教文化出版社，2008年。

3. 约翰·德雷恩：《旧约概论》，北京：北京大学出版社，2004年。

八 《圣经·新约》选读

《新约》是基督教的经典,共27卷,分成福音书、使徒行传、使徒书信、启示录四大部分。

福音书共有4卷,称四福音,分别是《马太福音》《马可福音》《路加福音》和《约翰福音》。四福音书以教会所认定的作者名字命名。"福音"意为"好消息",即上帝之子、耶稣基督降生救世的好消息。四福音书从文学的角度来看就是关于耶稣的传记。

耶稣本人没有留下任何的文字,我们对他的了解全凭《新约》中四福音书的记载:耶稣生于犹太伯利恒,在30岁后开始传教,宣称自己是弥赛亚(希伯来语救世主之意)、是上帝的儿子,这惹怒了犹太教的长老,最后受难死去,他的门徒们最初纷纷逃散。《新约》中说,耶稣死去一段时间后,他的门徒们逐渐转过弯来,认为耶稣的事业并没有失败。他不是因为自己的罪而死的,而是为了拯救他人而被害的。他们肯定了耶稣就是弥赛亚,他的死不是结束,只是一个开始。不久耶稣就会回到人世上,救赎人类,使人类脱离永恒的苦难,来到天国。

本章选取的是《马太福音》。作者是谁,书中没有指明。之所以叫《马太福音》,是教会历来认为此卷是耶稣十二门徒中一个叫马太的税吏写成。《马太福音》在《新约》里被列为头一卷,是因为尽管四大福音书均记载了耶稣在世的事迹,而《马太福音》却用了一个《旧约》中上帝所应许的弥赛亚的角度去看他的生平与教导,着力阐述耶稣的生平如何印证了《旧约》,表明他就是《旧约》所预言的那位弥赛亚。书中"经上记着说"一句表示接着的内容是引用《旧约》的。全书引用《旧约》语句超过30次,表示耶稣降临是为要成全《旧约》。因此,《马太福音》扮演了《旧约》与《新约》之间的桥梁,历来被基督教会所看重。

《马太福音》中详细记述了耶稣的诞生、受洗、传教、行神迹和受难、复活等故事。这些故事对后世西方文学艺术产生了深刻的影响。比如英国17世纪弥尔顿《复乐园》题材来自《马太福音》的4:1—11"耶稣受试探"一节;19世纪法国福楼拜的《希罗底亚》和英国王尔德的《莎乐美》题材来自《马太福音》的14:1—12"施洗约翰的死";而26:17—25"和门徒同度逾越节",则成为后世西方画家的常用题材,最著名的就是文艺复兴时期意大利画家达·芬奇的《最后的晚餐》。

《马太福音》(节选)

耶稣基督的家谱

1:1 亚伯拉罕的后裔,大卫的子孙,耶稣基督的家谱。(后裔子孙原文都作儿子下同)

2 亚伯拉罕生以撒。以撒生雅各。雅各生犹大和他的弟兄。3 犹大从他玛氏生法勒斯和谢拉。法勒斯生希斯仑。希斯仑生亚兰。4 亚兰生亚米拿达。亚米拿达生拿顺。拿顺生撒门。5 撒门从喇合氏生波阿斯。波阿斯从路得氏生俄备得。俄备得生耶西。6 耶西生大卫王。

大卫从乌利亚的妻子生所罗门。7 所罗门生罗波安。罗波安生亚比雅。亚比雅生亚撒。8 亚撒生约沙法。约沙法生约兰。约兰生乌西亚。9 乌西亚生约坦。约坦生亚哈斯。亚哈斯生希西家。10 希西家生玛拿西。玛拿西生亚们。亚们生约西亚。11 百姓被迁到巴比伦的时候,约西亚生耶哥尼雅和他的弟兄。

12 迁到巴比伦之后,耶哥尼雅生撒拉铁。撒拉铁生所罗巴伯。13 所罗巴伯生亚比玉。亚比玉生以利亚敬。以利亚敬生亚所。14 亚所生撒督。撒督生亚金。亚金生以律。15 以律生以利亚撒。以利亚撒生马但。马但生雅各。16 雅各生约瑟,就是马利亚的丈夫。那称为基督的耶稣,是从马利亚生的。

17 这样,从亚伯拉罕到大卫,共有十四代。从大卫到迁至巴比伦的时候,也有十四代。从迁至巴比伦的时候到基督,又有十四代。

耶稣基督降生

18 耶稣基督降生的事，记在下面。他母亲马利亚已经许配了约瑟，还没有迎娶，马利亚就从圣灵怀了孕。19 她丈夫约瑟是个义人，不愿意明明地羞辱她，想要暗暗地把她休了。20 正思念这事的时候，有主的使者向他梦中显现，说大卫的子孙约瑟，不要怕，只管娶过你的妻子马利亚来。因她所怀的孕，是从圣灵来的。21 她将要生一个儿子。你要给他起名叫耶稣。因他要将自己的百姓从罪恶里救出来。22 这一切的事成就，是要应验主借先知所说的话，23 说：

必有童女怀孕生子，

人要称他的名为以马内利。（以马内利翻出来，就是神与我们同在。）

24 约瑟醒了，起来，就遵着主使者的吩咐，把妻子娶过来。25 只是没有和她同房，等她生了儿子，（有古卷作等她生了头胎的儿子）就给他起名叫耶稣。

博士朝拜

2：1 当希律王的时候，耶稣生在犹太的伯利恒。有几个博士从东方来到耶路撒冷，说，2 那生下来作犹太人之王的在哪里？我们在东方看见他的星，特来拜他。3 希律王听见了，就心里不安。耶路撒冷合城的人，也都不安。4 他就召齐了祭司长和民间的文士，问他们说，基督当生在何处。5 他们回答说，在犹太的伯利恒。因为有先知记着说，

6 犹大地的伯利恒啊，

你在犹大诸城中并不是最小的。

　　因为将来有一位君王要从你那里出来，

　　牧养我以色列民。

7 当下希律暗暗地召了博士来，细问那星是什么时候出现的。8 就差他们往伯利恒去，说，你们去仔细寻访那小孩子。寻到了，就来报信，我也好去拜他。9 他们听见王的话，就去了。在东方所看见的那星，忽然在他们前头行，直行到小孩子的地方，就在上头停住了。10 他们看见那星，就大大地欢喜。11 进了房子，看见小孩子和他母亲马利亚，就俯伏拜那小孩子，揭开宝盒，拿黄金，乳香，没药为礼物献给他。12 博士因为在梦中被主指示，不要回去见希律，就从别的路回本地去了。

逃到埃及

13 他们去后，有主的使者向约瑟梦中显现，说，起来，带着小孩子同他母亲，逃往埃及，住在那里，等我吩咐你。因为希律必寻找小孩子要除灭他。14 约瑟就起来，夜间带着小孩子和他母亲往埃及去。15 住在那里，直到希律死了。这是要应验主借先知所说的话，说，

　　我从埃及召出我的儿子来。

屠杀男孩

16 希律见自己被博士愚弄，就大大发怒，差人将伯利恒城里，并四境所有的男孩，照着他向博士仔细查问的时候，凡两岁以里

的，都杀尽了。17 这就应了先知耶利米的话，说，

    18 在拉玛听见号啕大哭的声音，

        是拉结哭她儿女，

        不肯受安慰，

        因为他们都不在了。

    从埃及回来

    19 希律死了以后，有主的使者，在埃及向约瑟梦中显现，说：20 起来，带着小孩子和他母亲往以色列地去。因为要害小孩子性命的人已经死了。21 约瑟就起来，把小孩子和他母亲带到以色列地去。22 只因听见亚基老接着他父亲希律作了犹太王，就怕往那里去。又在梦中被主指示，便往加利利境内去了。23 到了一座城，名叫拿撒勒，就住在那里。这是要应验先知所说，他将称为拿撒勒人的话了。

施洗约翰传道

    3：1 那时，有施洗的约翰出来，在犹太的旷野传道，说，2 天国近了，你们应当悔改。

    3 这人就是先知以赛亚所说的，他说：在旷野有人声喊着说，

        预备主的道，

        修直他的路。

    4 这约翰身穿骆驼毛的衣服，腰束皮带，吃的是蝗虫野蜜。5 那时，耶路撒冷和犹太全地，并约但河一带地方的人，都出去到约翰那里。6 承认他们的罪，在约但河里受他的洗。

    7 约翰看见许多法利赛人和撒都该人，也来受洗，就对他们

说,毒蛇的种类,谁指示你们逃避将来的忿怒呢? 8 你们要结出果子来,与悔改的心相称。9 不要自己心里说,有亚伯拉罕为我们的祖宗。我告诉你们,神能从这些石头中给亚伯拉罕兴起子孙来。10 现在斧子已经放在树根上,凡不结好果子的树,就砍下来,丢在火里。11 我是用水给你们施洗,叫你们悔改。但那在我以后来的,能力比我更大,我就是给他提鞋,也不配。他要用圣灵与火给你们施洗。12 他手里拿着簸箕,要扬净他的场,把麦子收在仓里,把糠用不灭的火烧尽了。

耶稣受洗

13 当下,耶稣从加利利来到约但河,见了约翰,要受他的洗。14 约翰想要拦住他,说,我当受你的洗,你反倒上我这里来吗?15 耶稣回答说,你暂且许我。因为我们理当这样尽诸般的义。(或作礼)于是约翰许了他。16 耶稣受了洗,随即从水里上来。天忽然为他开了,他就看见神的灵,仿佛鸽子降下,落在他身上。17 从天上有声音说,这是我的爱子,我所喜悦的。

耶稣受试探

4:1 当时,耶稣被圣灵引到旷野,受魔鬼的试探。2 他禁食四十昼夜,后来就饿了。3 那试探人的进前来对他说,你若是神的儿子,可以吩咐这些石头变成食物。4 耶稣却回答说,经上记着说,

  人活着,不是单靠食物,

  乃是靠神口里所出的一切话。

5 魔鬼就带他进了圣城,叫他站在殿顶上,(顶原文作翅)

6 对他说:你若是神的儿子,可以跳下去。因为经上记着说,

　　主要为你吩咐他的使者,

　　用手托着你,

　　免得你的脚碰在石头上。

7 耶稣对他说,经上又记着说,不可试探主你的神。8 魔鬼又带他上了一座最高的山,将世上的万国,与万国的荣华,都指给他看,9 对他说,你若俯伏拜我,我就把这一切都赐给你。10 耶稣说:撒但退去吧。(撒但就是抵挡的意思,乃魔鬼的别名)因为经上记着说,

　　当拜主你的神,

　　单要事奉他。

11 于是魔鬼离了耶稣,有天使来伺候他。

开始在加利利传道

12 耶稣听见约翰下了监,就退到加利利去。13 后又离开拿撒勒,往迦百农去,就住在那里。那地方靠海,在西布伦和拿弗他利的边界上。14 这是要应验先知以赛亚的话,15 说,

　　西布伦地,拿弗他利地,

　　就是沿海的路,约但河外,

　　外邦人的加利利地。

16 那坐在黑暗里的百姓,看见了大光,坐在死荫之地的人,有光发现照着他们。

17 从那时候耶稣就传起道来,说,天国近了,你们应当悔改。

呼召四个渔夫

18 耶稣在加利利海边行走,看见弟兄二人,就是那称呼彼得的西门,和他兄弟安得烈,在海里撒网。他们本是打鱼的。19 耶稣对他们说,来跟从我,我要叫你们得人如得鱼一样。

20 他们就立刻舍了网,跟从了他。21 从那里往前走,又看见弟兄二人,就是西庇太的儿子雅各,和他兄弟约翰,同他们的父亲西庇太在船上补网。耶稣就招呼他们。22 他们立刻舍了船,别了父亲,跟从了耶稣。

向大众传道

23 耶稣走遍加利利,在各会堂里教训人,传天国的福音,医治百姓各样的病症。24 他的名声就传遍了叙利亚。那里的人把一切害病的,就是害各样疾病,各样疼痛的,和被鬼附的,癫痫的,瘫痪的,都带了来,耶稣就治好了他们。25 当下,有许多人从加利利,低加波利,耶路撒冷,犹太,约但河外,来跟着他。

山上宝训

5:1 耶稣看见这许多的人,就上了山,既已坐下,门徒到他跟前来。2 他就开口教训他们说,

论福

3 虚心的人有福了,因为天国是他们的。

4 哀恸的人有福了,因为他们必得安慰。

5 温柔的人有福了,因为他们必承受地土。

6 饥渴慕义的人有福了，因为他们必得饱足。

7 怜恤人的人有福了，因为他们必蒙怜恤。

8 清心的人有福了，因为他们必得见神。

9 使人和睦的人有福了，因为他们必称为神的儿子。

10 为义受逼迫的人有福了，因为天国是他们的。

11 人若因我辱骂你们，逼迫你们，捏造各样坏话毁谤你们，你们就有福了。

12 应当欢喜快乐，因为你们在天上的赏赐是大的。在你们以前的先知，人也是这样逼迫他们。

盐和光

13 你们是世上的盐。盐若失了味，怎能叫他再咸呢？以后无用，不过丢在外面，被人践踏了。14 你们是世上的光。城造在山上，是不能隐藏的。15 人点灯，不放在斗底下，是放在灯台上，就照亮一家的人。16 你们的光也当这样照在人前，叫他们看见你们的好行为，便将荣耀归给你们在天上的父。

论律法

17 莫想我来要废掉律法和先知。我来不是要废掉，乃是要成全。18 我实在告诉你们，就是到天地都废去了，律法的一点一画也不能废去，都要成全。19 所以无论何人废掉这诫命中最小的一条，又教训人这样作，他在天国要称为最小的。但无论何人遵行这诫命，又教训人遵行，他在天国要称为大的。20 我告诉你们，你们的义，若不胜于文士和法利赛人的义，断不能进天国。

论发怒

21 你们听见有吩咐古人的话,说,不可杀人,又说,凡杀人的,难免受审判。22 只是我告诉你们,凡向弟兄动怒的,难免受审判。(有古卷在凡字下添无缘无故地五字)凡骂弟兄是拉加的,难免公会的审断。凡骂弟兄是魔利的,难免地狱的火。23 所以你在祭坛上献礼物的时候,若想起弟兄向你怀怨,24 就把礼物留在坛前,先去同弟兄和好,然后来献礼物。

25 你同告你的对头还在路上,就赶紧与他和息。恐怕他把你送给审判官,审判官交付衙役,你就下在监里了。26 我实在告诉你,若有一文钱没有还清,你断不能从那里出来。

论奸淫

27 你们听见有话说,不可奸淫。28 只是我告诉你们,凡看见妇女就动淫念的,这人心里已经与她犯奸淫了。29 若是你的右眼叫你跌倒,就剜出来丢掉。宁可失去百体中的一体,不叫全身丢在地狱里。30 若是右手叫你跌倒,就砍下来丢掉。宁可失去百体中的一体,不叫全身下入地狱。

论离婚

31 又有话说,人若休妻,就当给她休书。32 只是我告诉你们,凡休妻的,若不是为淫乱的缘故,就是叫她作淫妇了。人若娶这被休的妇人,也是犯奸淫了。

论起誓

33 你们又听见有吩咐古人的话,说,不可背誓,所起的誓,总要向主谨守。34 只是我告诉你们,什么誓都不可起,不可指着天起誓,因为天是神的座位。35 不可指着地起誓,因为地是他的脚凳。也不可指着耶路撒冷起誓,因为耶路撒冷是大君的京城。36 又不可指着你的头起誓,因为你不能使一根头发变黑变白了。37 你们的话,是,就说是,不是,就说不是。若再多说,就是出于那恶者。(或作是从恶里出来的)

论报复

38 你们听见有话说,以眼还眼,以牙还牙。39 只是我告诉你们,不要与恶人作对。有人打你的右脸,连左脸也转过来由他打。40 有人想要告你,要拿你的里衣,连外衣也由他拿去。41 有人强逼你走一里路,你就同他走二里。42 有求你的,就给他。有向你借贷的,不可推辞。

论爱仇敌

43 你们听见有话说,当爱你的邻舍,恨你的仇敌。44 只是我告诉你们,要爱你们的仇敌。为那逼迫你们的祷告。45 这样,就可以作你们天父的儿子。因为他叫日头照好人,也照歹人,降雨给义人,也给不义的人。46 你们若单爱那爱你们的人。有什么赏赐呢?就是税吏不也是这样行吗?47 你们若单请你弟兄的安,比人有什么长处呢?就是外邦人不也是这样行吗?48 所以你们要完全,象你们的天父完全一样。

论施舍

6:1 你们要小心,不可将善事行在人的面前,故意叫他们看见。若是这样,就不能得你们天父的赏赐了。2 所以你施舍的时候,不可在你前面吹号,像那假冒为善的人,在会堂里和街道上所行的,故意要得人的荣耀。我实在告诉你们,他们已经得了他们的赏赐。3 你施舍的时候,不要叫左手知道右手所作的。4 要叫你施舍的事行在暗中,你父在暗中察看,必然报答你。(有古卷作必在明处报答你)

论祷告

5 你们祷告的时候,不可像那假冒为善的人,爱站在会堂里和十字路口上祷告,故意叫人看见。我实在告诉你们,他们已经得了他们的赏赐。6 你祷告的时候,要进你的内屋,关上门,祷告你在暗中的父,你父在暗中察看,必然报答你。7 你们祷告,不可像外邦人,用许多重复话。他们以为话多了必蒙垂听。8 你们不可效法他们。因为你们没有祈求以先,你们所需用的,你们的父早已知道了。

主祷文

9 所以你们祷告,要这样说,

我们在天上的父,

愿人都尊你的名为圣。

10 愿你的国降临,

愿你的旨意行在地上,

如同行在天上。

11 我们日用的饮食，

今日赐给我们。

12 免我们的债，

如同我们免了人的债。

13 不叫我们遇见试探，

救我们脱离凶恶，（或作脱离恶者）

因为国度，权柄，荣耀，全是你的，

直到永远，阿们。（有古卷无因为至阿们等字）

论饶恕

14 你们饶恕人的过犯，你们的天父也必饶恕你们的过犯。
15 你们不饶恕人的过犯，你们的天父也必不饶恕你们的过犯。

论禁食

16 你们禁食的时候，不可像那假冒为善的人，脸上带着愁容。因为他们把脸弄得难看，故意叫人看出他们是禁食。我实在告诉你们，他们已经得了他们的赏赐。17 你禁食的时候，要梳头洗脸，18 不叫人看出你禁食来，只叫你暗中的父看见。你父在暗中察看，必然报答你。

论天上的财宝

19 不要为自己积攒财宝在地上，地上有虫子咬，能锈坏，也有贼挖窟窿来偷。20 只要积攒财宝在天上，天上没有虫子咬，不能锈坏，也没有贼挖窟窿来偷。21 因为你的财宝在哪里，你的心也在哪里。

论心里的光

22 眼睛就是身上的灯。你的眼睛若了亮，全身就光明。23 你的眼睛若昏花，全身就黑暗。你里头的光若黑暗了，那黑暗是何等大呢。

论神和财利

24 一个人不能事奉两个主。不是恶这个爱那个，就是重这个轻那个。你们不能又事奉神，又事奉玛门。（玛门是财利的意思）

不要忧虑

25 所以我告诉你们，不要为生命忧虑吃什么，喝什么。为身体忧虑穿什么。生命不胜于饮食吗？身体不胜于衣裳吗？26 你们看那天上的飞鸟，也不种，也不收，也不积蓄在仓里，你们的天父尚且养活它。你们不比飞鸟贵重得多吗？27 你们哪一个能用思虑使寿数多加一刻呢？（或作使身量多加一肘呢）28 何必为衣裳忧虑呢？你想野地里的百合花，怎么长起来，它也不劳苦，也不纺线。29 然而我告诉你们，就是所罗门极荣华的时候，他所穿戴的，还不如这花一朵呢。30 你们这小信的人哪，野地里的草今天还在，明天就丢在炉里，神还给它这样的妆饰，何况你们呢。31 所以不要忧虑，说，吃什么？喝什么？穿什么？32 这都是外邦人所求的。你们需用的这一切东西，你们的天父是知道的。33 你们要先求他的国和他的义。这些东西都要加给你们了。34 所以不要为明天忧虑。因为明天自有明天的忧虑。一天的难处一天当就够了。

不要论断人

7：1 你们不要论断人，免得你们被论断。2 因为你们怎样论断人，也必怎样被论断。你们用什么量器量给人，也必用什么量器量给你们。3 为什么看见你弟兄眼中有刺，却不想自己眼中有梁木呢？4 你自己眼中有梁木，怎能对你弟兄说，容我去掉你眼中的刺呢？5 你这假冒为善的人，先去掉自己眼中的梁木，然后才能看得清楚，去掉你弟兄眼中的刺。6 不要把圣物给狗，也不要把你们的珍珠丢在猪前，恐怕它践踏了珍珠，转过来咬你们。

祈求就得到

7 你们祈求，就给你们。寻找，就寻见。叩门，就给你们开门。8 因为凡祈求的，就得着。寻找的，就寻见。叩门的，就给他开门。9 你们中间，谁有儿子求饼，反给他石头呢？10 求鱼，反给他蛇呢？11 你们虽然不好，尚且知道拿好东西给儿女，何况你们在天上的父，岂不更把好东西给求他的人吗？12 所以无论何事，你们愿意人怎样待你们，你们也要怎样待人。因为这就是律法和先知的道理。

要进窄门

13 你们要进窄门。因为引到灭亡，那门是宽的，路是大的，进去的人也多。14 引到永生，那门是窄的，路是小的，找着的人也少。

两种果树

15 你们要防备假先知。他们到你们这里来，外面披着羊皮，里面却是残暴的狼。16 凭着他们的果子，就可以认出他们来。荆棘上岂能摘葡萄呢？蒺藜里岂能摘无花果呢？17 这样，凡好树都结好果子，惟独坏树结坏果子。18 好树不能结坏果子，坏树不能结好果子。19 凡不结好果子的树，就砍下来，丢在火里。20 所以凭着他们的果子，就可以认出他们来。

遵主旨得进天国

21 凡称呼我主阿，主阿的人，不能都进天国。惟独遵行我天父旨意的人，才能进去。22 当那日必有许多人对我说，主阿，主阿，我们不是奉你的名传道，奉你的名赶鬼，奉你的名行许多异能吗？23 我就明明地告诉他们说，我从来不认识你们，你们这些作恶的人，离开我去吧。

两种基础

24 所以凡听见我这话就去行的，好比一个聪明人，把房子盖在磐石上。25 雨淋，水冲，风吹，撞着那房子，房子总不倒塌。因为根基立在磐石上。26 凡听见我这话不去行的，好比一个无知的人，把房子盖在沙土上。27 雨淋，水冲，风吹，撞着那房子，房子就倒塌了。并且倒塌得很大。28 耶稣讲完了这些话，众人都希奇他的教训。29 因为他教训他们，正像有权柄的人，不像他们的文士。

（略8、9章）

耶稣拣选十二使徒

10：1 耶稣叫了十二个门徒来，给他们权柄，能赶逐污鬼，并医治各样的病症。2 这十二使徒的名，头一个叫西门，又称彼得，还有他兄弟安得烈。西庇太的儿子雅各，和雅各的兄弟约翰。3 腓力，和巴多罗买，多马，和税吏马太，亚勒腓的儿子雅各，和达太。4 奋锐党的西门，还有卖耶稣的加略人犹大。

耶稣差遣十二使徒

5 耶稣差这十二个人去，吩咐他们说，外邦人的路，你们不要走。撒玛利亚人的城，你们不要进。6 宁可往以色列家迷失的羊那里去。7 随走随传，说，天国近了。8 医治病人，叫死人复活，叫长大麻疯的洁净，把鬼赶出去。你们白白地得来，也要白白地舍去。9 腰袋里，不要带金银铜钱。10 行路不要带口袋，不要带两件褂子，也不要带鞋和拐杖。因为工人得饮食，是应当的。11 你们无论进那一城，那一村，要打听那里谁是好人，就住在他家，直住到走的时候。12 进他家里去，要请他的安。13 那家若配得平安，你们所求的平安，就必临到那家。若不配得，你们所求的平安仍归你们。14 凡不接待你们，不听你们话的人，你们离开那家，或是那城的时候，就把脚上的尘土跺下去。15 我实在告诉你们，当审判的日子，所多玛和蛾摩拉所受的，比那城还容易受呢。

将遇到的迫害

16 我差你们去,如同羊进入狼群。所以你们要灵巧像蛇,驯良像鸽子。17 你们要防备人。因为他们要把你们交给公会,也要在会堂里鞭打你们。18 并且你们要为我的缘故,被送到诸侯君王面前,对他们和外邦人作见证。19 你们被交的时候,不要思虑怎样说话或说什么话。到那时候,必赐给你们当说的话。20 因为不是你们自己说的,乃是你们父的灵在你们里头说的。21 弟兄要把弟兄,父亲要把儿子,送到死地。儿女要与父母为敌,害死他们。22 并且你们要为我的名,被众人恨恶,惟有忍耐到底的,必然得救。23 有人在这城里逼迫你们,就逃到那城里去。我实在告诉你们,以色列的城邑,你们还没有走遍,人子就到了。

24 学生不能高过先生,仆人不能高过主人。25 学生和先生一样,仆人和主人一样,也就罢了。人既骂家主是别西卜,何况他的家人呢?(别西卜是鬼王的名)

不要惧怕

26 所以不要怕他们。因为掩盖的事,没有不露出来的。隐藏的事,没有不被人知道的。27 我在暗中告诉你们的,你们要在明处说出来。你们耳中所听的,要在房上宣扬出来。28 那杀身体不能杀灵魂的,不要怕他们。惟有能把身体和灵魂都灭在地狱里的,正要怕他。29 两个麻雀,不是卖一分银子吗?若是你们的父不许,一个也不能掉在地上。30 就是你们的头发,也都被数过了。31 所以不要惧怕。你们比许多麻雀还贵重。

在人的面前承认基督

32 凡在人面前认我的,我在我天上的父面前,也必认他。33 凡在人面前不认我的,我在我天上的父面前,也必不认他。

做门徒的代价

34 你们不要想我来,是叫地上太平。我来并不是叫地上太平,乃是叫地上动刀兵。35 因为我来,是叫

> 人与父亲生疏,
>
> 女儿与母亲生疏,
>
> 媳妇与婆婆生疏。

36 人的仇敌,就是自己家里的人。37 爱父母过于爱我的,不配作我的门徒,爱儿女过于爱我的,不配作我的门徒。38 不背着他的十字架跟从我的,也不配作我的门徒。39 得着生命的,将要失丧生命。为我失丧生命的,将要得着生命。

服侍主的赏赐

40 人接待你们,就是接待我。接待我,就是接待那差我来的。41 人因为先知的名接待先知,必得先知所得的赏赐,人因为义人的名接待义人,必得义人所得的赏赐。42 无论何人,因为门徒的名,只把一杯凉水给这小子里的一个喝,我实在告诉你们,这人不能不得赏赐。

11:1 耶稣吩咐完了十二个门徒,就离开那里,往各城去传道教训人。

施洗约翰差人问主

2 约翰在监里听见基督所作的事,就打发两个门徒去,3 问他说,那将要来的是你吗?还是我们等候别人呢? 4 耶稣回答说,你们去,把所听见所看见的事告诉约翰。5 就是瞎子看见,瘸子行走,长大麻疯的洁净,聋子听见。死人复活,穷人有福音传给他们。6 凡不因我跌倒的,就有福了。

耶稣论施洗约翰

7 他们走的时候,耶稣就对众人讲论约翰说,你们从前出到旷野,是要看什么呢?要看风吹动的芦苇吗? 8 你们出去,到底是要看什么,要看穿细软衣服的人吗?那穿细软衣服的人,是在王宫里。9 你们出去,究竟是为什么,是要看先知吗?我告诉你们,是的,他比先知大多了。10 经上记着说,我要差遣我的使者在你前面,预备道路。所说的就是这个人。11 我实在告诉你们,凡妇人所生的,没有一个兴起来大过施洗约翰的。然而天国里最小的,比他还大。12 从施洗约翰的时候到如今,天国是努力进入的,努力的人就得着了。13 因为众先知和律法说预言,到约翰为止。14 你们若肯领受,这人就是那应当来的以利亚。15 有耳可听的,就应当听。16 我可用什么比这世代呢?好像孩童坐在街市上,招呼同伴,说,

17 我们向你们吹笛,

你们不跳舞。

我们向你们举哀,

你们不捶胸。

18 约翰来了,也不吃,也不喝,人就说他是被鬼附着的。19 人子来了,也吃,也喝,人又说他是贪食好酒的人,是税吏和罪人的朋友。但智慧之子,总以智慧为是。(有古卷作但智慧在行为上就显为是)

(略 11:20——13:58)

施洗约翰的死

14:1 那时,分封的王希律听见耶稣的名声,2 就对臣仆说,这是施洗的约翰从死里复活,所以这些异能从他里面发出来。3 起先希律为他兄弟腓力的妻子希罗底的缘故,把约翰拿住锁在监里。4 因为约翰曾对他说,你娶这妇人是不合理的。5 希律就想要杀他,只是怕百姓。因为他们以约翰为先知。6 到了希律的生日,希罗底的女儿,在众人面前跳舞,使希律欢喜。

7 希律就起誓,应许随她所求的给她。8 女儿被母亲所使,就说,请把施洗约翰的头,放在盘子里拿来给我。9 王便忧愁,但因他所起的誓,又因同席的人,就吩咐给她。10 于是打发人去,在监里斩了约翰。11 把头放在盘子里,拿来给了女子。女子拿去给她母亲。12 约翰的门徒来,把尸首领去,埋葬了。就去告诉耶稣。

耶稣使五千人吃饱

13 耶稣听见了,就上船从那里独自退到野地里去。众人听见,就从各城里步行跟随他。14 耶稣出来,见有许多的人,就怜悯他们,治好了他们的病人。15 天将晚的时候,门徒进前来说,这是野地,时候已经过了。请叫众人散开,他们好往村子里去,自己买吃的。16 耶稣说，不用他们去，你们给他们吃吧。17 门徒说，我们这里只有五个饼，两条鱼。18 耶稣说，拿过来给我。19 于是吩咐众人坐在草地上。就拿着这五个饼，两条鱼，望着天，祝福，掰开饼，递给门徒。门徒又递给众人。20 他们都吃，并且吃饱了。把剩下的零碎收拾起来，装满了十二个篮子。21 吃的人，除了妇女孩子，约有五千。

耶稣在海面上行走

22 耶稣随即催门徒上船，先渡到那边去，等他叫众人散开。23 散了众人以后，他就独自上山去祷告。到了晚上，只有他一人在那里。24 那时船在海中，因风不顺，被浪摇撼。25 夜里四更天，耶稣在海面上走，往门徒那里去。26 门徒看见他在海面上走，就惊慌了，说，是个鬼怪。便害怕，喊叫起来。27 耶稣连忙对他们说，你们放心。是我，不要怕。28 彼得说，主，如果是你，请叫我从水面上走到你那里去。29 耶稣说，你来吧。彼得就从船上下去，在水面上走，要到耶稣那里去。30 只因见风甚大，就害怕。将要沉下去，便喊着说，主阿，救我。31 耶稣赶紧伸手拉住他，说，你这小信的人哪，为什么疑惑呢？32 他们上了船，风就住了。33 在船上的人都拜他说，你真是神的儿子了。

（略 14：34—16：12）

彼得认耶稣为基督

13 耶稣到了该撒利亚腓立比的境内，就问门徒说，人说我人子是谁。（有古卷无我字）14 他们说，有人说是施洗的约翰。有人说是以利亚。又有人说是耶利米,或是先知里的一位。

15 耶稣说,你们说我是谁。16 西门彼得回答说,你是基督,是永生神的儿子。17 耶稣对他说,西门巴约拿,你是有福的。因为这不是属血肉的指示你的,乃是我在天上的父指示的。

18 我还告诉你,你是彼得,我要把我的教会建造在这磐石上,阴间的权柄,不能胜过他。(权柄原文作门)19 我要把天国的钥匙给你。凡你在地上所捆绑的,在天上也要捆绑。凡你在地上所释放的,在天上也要释放。20 当下,耶稣嘱咐门徒,不可对人说他是基督。

耶稣预言受难与复活

21 从此耶稣才指示门徒,他必须上耶路撒冷去,受长老祭司长文士许多的苦,并且被杀,第三日复活。22 彼得就拉着他,劝他说,主阿,万不可如此,这事必不临到你身上。23 耶稣转过来,对彼得说,撒但退我后边去吧。你是绊我脚的。因为你不体贴神的意思,只体贴人的意思。24 于是耶稣对门徒说,若有人要跟从我,就当舍己,背起他的十字架,来跟从我。25 因为凡要救自己生命的,(生命或作灵魂下同)必丧掉生命。凡为我丧掉生命的,必得着生命。26 人若赚得全世界,赔上自己的生命,有什么益处呢?人还能拿什么换生命呢?

27 人子要在他父的荣耀里,同着众使者降临。那时候,他要照各人的行为报应各人。28 我实在告诉你们,站在这里的,有人在没尝死味以前,必看见人子降临在他的国里。

(略 17—25 章)

祭司长图谋杀害耶稣

26：1 耶稣说完了这一切的话,就对门徒说,2 你们知道过两天是逾越节,人子将要被交给人,钉在十字架上。3 那时,祭司长和民间的长老,聚集在大祭司称为该亚法的院里。4 大家商议,要用诡计拿住耶稣杀他。5 只是说,当节的日子不可,恐怕民间生乱。

珍贵的香膏

6 耶稣在伯大尼长大麻疯的西门家里,7 有一个女人,拿着一玉瓶极贵的香膏来,趁耶稣坐席的时候,浇在他的头上。8 门徒看见,就很不喜悦,说,何用这样的枉费呢? 9 这香膏可以卖许多钱,周济穷人。10 耶稣看出他们的意思,就说,为什么难为这女人呢?她在我身上作的,是一件美事。11 因为常有穷人和你们同在。只是你们不常有我。12 她将这香膏浇在我身上,是为我安葬作的。13 我实在告诉你们,普天之下,无论在什么地方传这福音,也要述说这女人所行的,作个纪念。

犹大出卖耶稣

14 当下,十二门徒里,有一个称为加略人犹大的,去见祭司长说,15 我把他交给你们,你们愿意给我多少钱。他们就给了他三十块钱。16 从那时候,他就找机会,要把耶稣交给他们。

和门徒同度逾越节

17 除酵节的第一天,门徒来问耶稣说,你吃逾越节的筵席,要我们在哪里给你预备？18 耶稣说，你们进城去，到某人那里，对他说，夫子说，我的时候快到了。我与门徒要在你家里守逾越节。19 门徒遵着耶稣所吩咐的就去预备了逾越节的筵席。20 到了晚上，耶稣和十二个门徒坐席。21 正吃的时候，耶稣说，我实在告诉你们，你们中间有一个人要卖我了。22 他们就甚忧愁，一个一个地问他说，主，是我吗？23 耶稣回答说，同我蘸手在盘子里的，就是他要卖我。24 人子必要去世，正如经上指着他所写的，但卖人子的人有祸了。那人不生在世上倒好。25 卖耶稣的犹大问他说，拉比，是我吗？耶稣说，你说的是。

设立圣餐

26 他们吃的时候，耶稣拿起饼来，祝福，就掰开，递给门徒，说，你们拿着吃，这是我的身体。27 又拿起杯来，祝谢了，递给他们，说，你们都喝这个。28 因为这是我立约的血，为多人流出来，使罪得赦。29 但我告诉你们，从今以后，我不再喝这葡萄汁，直到我在我父的国里，同你们喝新的那日子。30 他们唱了诗，就出来往橄榄山去。

预言彼得不认主

31 那时，耶稣对他们说，今夜你们为我的缘故，都要跌倒。因为经上记着说，

我要击打牧人，

羊就分散了。

32 但我复活以后,要在你们以先往加利利去。33 彼得说,众人虽然为你的缘故跌倒,我却永不跌倒。34 耶稣说,我实在告诉你,今夜鸡叫以先,你要三次不认我。35 彼得说,我就是必须和你同死,也总不能不认你。众门徒都是这样说。

在客西马尼祷告

36 耶稣同门徒来到一个地方,名叫客西马尼,就对他们说,你们坐在这里,等我到那边去祷告。37 于是带着彼得,和西庇太的两个儿子同去,就忧愁起来,极其难过。38 便对他们说,我心里甚是忧伤,几乎要死。你们在这里等候,和我一同儆醒。39 他就稍往前走,俯伏在地祷告说,我父阿,倘若可行,求你叫这杯离开我。然而不要照我的意思,只要照你的意思。40 来到门徒那里,见他们睡着了,就对彼得说,怎么样,你们不能同我儆醒片时吗?41 总要儆醒祷告,免得入了迷惑。你们心灵固然愿意,肉体却软弱了。42 第二次又去祷告说,我父阿,这杯若不能离开我,必要我喝,就愿你的意旨成全。43 又来见他们睡着了,因为他们的眼睛困倦。44 耶稣又离开他们去了。第三次祷告,说的话还是与先前一样。

45 于是来到门徒那里,对他们说,现在你们仍然睡觉安歇吧。(吧或作吗)时候到了,人子被卖在罪人手里了。46 起来,我们走吧。看哪,卖我的人近了。

耶稣被捕

47 说话之间,那十二个门徒里的犹大来了,并有许多人,带着刀棒，从祭司长和民间的长老那里，与他同来。48 那卖耶稣的，给了他们一个暗号，说，我与谁亲嘴，谁就是他。你们可以拿住他。49 犹大随即到耶稣跟前说，请拉比安。就与他亲嘴。50 耶稣对他说，朋友，你来要作的事，就作吧。于是那些人上前，下手拿住耶稣。51 有跟随耶稣的一个人，伸手拔出刀来，将大祭司的仆人砍了一刀，削掉了他一个耳朵。52 耶稣对他说，收刀入鞘吧。凡动刀的，必死在刀下。53 你想我不能求我父，现在为我差遣十二营多天使来吗？54 若是这样，经上所说，事情必须如此的话，怎么应验呢？55 当时，耶稣对众人说，你们带着刀棒，出来拿我，如同拿强盗吗？我天天坐在殿里教训人，你们并没有拿我。56 但这一切的事成就了，为要应验先知书上的话。当下门徒都离开他逃走了。

耶稣在公会里受审

57 拿耶稣的人，把他带到大祭司该亚法那里去。文士和长老，已经在那里聚会。58 彼得远远地跟着耶稣，直到大祭司的院子，进到里面，就和差役同坐，要看这事到底怎样。59 祭司长和全公会，寻找假见证，控告耶稣，要治死他。60 虽有好些人来作假见证，总得不着实据。末后有两个人前来说，61 这个人曾说，我能拆毁神的殿，三日内又建造起来。62 大祭司就站起来，对耶稣说，你什么都不回答吗？这些人作见证告你的是什么呢？63 耶稣却不言语。大祭司对他说，我指着永生神，叫你起誓告诉我们，你是神的儿子基督不是。64 耶稣对他说，你说的是。然而我告诉你们，后来你们要看见人子，坐在那权能者的右边，驾着天上的云降临。65 大祭司就撕开衣服说，他说了僭妄的话，我们何必再用见证人呢？这僭妄的话，现在你们都听见了。66 你们的意见如何？他们回答说，他是该死的。67 他们就吐唾沫在他脸上，用拳头打他。也有用手掌打他的，说，68 基督阿，你是先知，告诉我们打你的是谁。

彼得三次不认主

69 彼得在外面院子里坐着，有一个使女前来说，你素来也是同那加利利人耶稣一伙的。

70 彼得在众人面前却不承认，说，我不知道你说的是什么。71 既出去，到了门口，又有一个使女看见他，就对那里的人说，这个人也是同拿撒勒人耶稣一伙的。72 彼得又不承认，并且起誓说，我不认得那个人。73 过了不多的时候，旁边站着的人前来，对彼得说，你真是他们一党的。你的口音把你露出来了。74 彼得就发咒起誓地说，我不认得那个人。立时鸡就叫了。75 彼得想起耶稣所说的话，鸡叫以先，你要三次不认我。他就出去痛哭。

耶稣被交给彼拉多

27：1 到了早晨，众祭司长和民间的长老，大家商议，要治死耶稣。2 就把他捆绑解去交给巡抚彼拉多。

犹大的死

3 这时候，卖耶稣的犹大，看见耶稣已经定了罪，就后悔，把那三十块钱，拿回来给祭司长和长老说，4 我卖了无辜之人的血,是有罪了。他们说,那与我们有什么相干?你自己承当吧。5 犹大就把那银钱丢在殿里,出去吊死了。6 祭司长拾起银钱来说,这是血价,不可放在库里。7 他们商议,就用那银钱买了窑户的一块田,为要埋葬外乡人。8 所以那块田,直到今日还叫作血田。9 这就应了先知耶利米的话,说,他们用那三十块钱,就是被估定之人的价钱,是以色列人中所估定的,10 买了窑户的一块田。这是照着主所吩咐我的。

耶稣在彼拉多面前受审

11 耶稣站在巡抚面前,巡抚问他说,你是犹太人的王吗?耶稣说,你说的是。12 他被祭司长和长老控告的时候什么都不回答。13 彼拉多就对他说,他们作见证,告你这么多的事,你没有听见吗?14 耶稣仍不回答,连一句话也不说,以致巡抚甚觉希奇。

耶稣被判死刑

15 巡抚有一个常例,每逢这节期,随众人所要的,释放一个囚犯给他们。16 当时,有一个出名的囚犯叫巴拉巴。17 众人聚集的时候,彼拉多就对他们说,你们要我释放哪一个给你们?是巴拉巴呢?是称为基督的耶稣呢?18 巡抚原知道,他们是因为嫉妒才把他解了来。19 正坐堂的时候,他的夫人打发人来说,这义人的事,你一点不可管。因为我今天在梦中,为他受了许多的苦。20 祭司长和长老,挑唆众人,求释放巴拉巴,除灭耶稣。21 巡抚对众人说,这两个人,你们要我释放哪一个给你们呢?他们说,巴拉巴。22 彼拉多说,这样,那称为基督的耶稣,我怎么办他呢?

他们都说,把他钉十字架。23 巡抚说,为什么呢?他作了什么恶事呢?他们便极力地喊着说,把他钉十字架。24 彼拉多见说也无济于事,反要生乱,就拿水在众人面前洗手,说,流这义人的血,罪不在我,你们承当吧。25 众人都回答说,他的血归到我们,和我们的子孙身上。26 于是彼拉多释放巴拉巴给他们,把耶稣鞭打了,交给人钉十字架。

兵丁戏弄耶稣

27 巡抚的兵就把耶稣带进衙门,叫全营的兵都聚集在他那里。28 他们给他脱了衣服,穿上一件朱红色袍子。29 用荆棘编作冠冕,戴在他头上,拿一根苇子放在他右手里。跪在他面前戏弄他说,恭喜犹太人的王阿。30 又吐唾沫在他脸上,拿苇子打他的头。31 戏弄完了,就给他脱了袍子,仍穿上他自己的衣服,带他出去,要钉十字架。

耶稣被钉十字架

32 他们出来的时候,遇见一个古利奈人,名叫西门,就勉强他同去,好背着耶稣的十字架。33 到了一个地方,名叫各各他,意思就是髑髅地。34 兵丁拿苦胆调和的酒,给耶稣喝。他尝了,就不肯喝。35 他们既将他钉在十字架上,就拈阄分他的衣服。36 又坐在那里看守他。37 在他头以上,安一个牌子,写着他的罪状,说,这是犹太人的王耶稣。38 当时,有两个强盗,和他同钉十字架,一个在右边,一个在左边。39 从那里经过的人,讥诮他,摇着头说,40 你这拆毁圣殿,三日又建造起来的,可以救自己吧。你如果是神的儿子，就从十字架上下来吧。41 祭司长和文士并长老，也是这样戏弄他，说，42 他救了别人，不能救自己。他是以色列的王，现在可以从十字架上下来，我们就信他。43 他倚靠神，神若喜悦他，现在可以救他。因为他曾说，我是神的儿子。44 那和他同钉的强盗，也是这样的讥诮他。

耶稣的死

45 从午正到申初，遍地都黑暗了。46 约在申初，耶稣大声喊着说，以利，以利，拉马撒巴各大尼？就是说，我的神，我的神，为什么离弃我？47 站在那里的人，有的听见就说，这个人呼叫以利亚呢。48 内中有一个人，赶紧跑去，拿海绒蘸满了醋，绑在苇子上，送给他喝。49 其余的人说，且等着，看以利亚来救他不来。50 耶稣又大声喊叫，气就断了。51 忽然殿里的幔子，从上到下裂为两半。地也震动。磐石也崩裂。52 坟墓也开了。已睡圣徒的身体，多有起来的。53 到耶稣复活以后，他们从坟墓里出来，进了圣城，向许多人显现。

54 百夫长和一同看守耶稣的人，看见地震，并所经历的事，就极其害怕，说，这真是神的儿子了。55 有好些妇女在那里远远地观看。她们是从加利利跟随耶稣来服事他的。56 内中有抹大拉的马利亚，又有雅各和约西的母亲马利亚，并有西庇太两个儿子的母亲。

耶稣的安葬

57 到了晚上，有一个财主，名叫约瑟，是亚利马太来的。他也是耶稣的门徒。58 这人去见彼拉多，求耶稣的身体。彼拉多就吩咐给他。59 约瑟取了身体，用干净细麻布裹好，60 安放在自己的新坟墓里，就是他凿在磐石里的。他又把大石头滚到墓门口，就去了。61 有抹大拉的马利亚，和那个马利亚在那里，对着坟墓坐着。

封石妥守

62 次日，就是预备日的第二天，祭司长和法利赛人聚集，来见彼拉多，说，63 大人，我们记得那诱惑人的，还活着的时候，曾说，三日后我要复活。64 因此，请吩咐人将坟墓把守妥当，直到第三日。恐怕他的门徒来把他偷了去，就告诉百姓说，他从死里复活了。这样，那后来的迷惑，比先前的更利害了。65 彼拉多说，你们有看守的兵。去吧，尽你们所能的，把守妥当。66 他们就带着看守的兵同去，封了石头，将坟墓把守妥当。

耶稣复活

28：1 安息日将尽，七日的头一日，天快亮的时候，抹大拉的马利亚，和那个马利亚，来看坟墓。2 忽然地大震动。因为有主的使者，从天上下来，把石头滚开，坐在上面。3 他的像貌如同闪电，衣服洁白如雪。4 看守的人，就因他吓得浑身乱战，甚至和死人一样。5 天使对妇女说，不要害怕，我知道你们是寻找那钉十字架的耶稣。6 他不在这里，照他所说的，已经复活了。你们来看安放主的地方。7 快去告诉他的门徒，说他从死里复活了，并且在你们以先往加利利去，在那里你们要见他。看哪，我已经告诉你们了。8 妇女们就急忙离开坟墓，又害怕，又大大地欢喜，跑去要报给他的门徒。9 忽然耶稣遇见她们，说，愿你们平安。她们就上前抱住他的脚拜他。10 耶稣对她们说，不要害怕，你们去告诉我的弟兄，叫他们往加利利去，在那里必见我。

祭司长捏造谎言

11 他们去的时候，看守的兵，有几个进城去，将所经历的事，都报给祭司长。12 祭司长和长老聚集商议，就拿许多银钱给兵丁说，13 你们要这样说，夜间我们睡觉的时候，他的门徒来把他偷去了。14 倘若这话被巡抚听见，有我们劝他，保你们无事。15 兵丁受了银钱，就照所嘱咐他们的去行。这话就传说在犹太人中间，直到今日。

门徒奉差遣

16 十一个门徒往加利利去，到了耶稣约定的山上。17 他们见了耶稣就拜他。然而还有人疑惑。18 耶稣进前来，对他们说，天上，地下所有的权柄，都赐给我了。19 所以你们要去，使万民作我的门徒，奉父子圣灵的名，给他们施洗。（或作给他们施洗归于父子圣灵的名）

20 凡我所吩咐你们的，都教训他们遵守，我就常与你们同在，直到世界的末了。

思考题：

1. 耶稣言行体现出的道德原则是什么？其道德原则的思想意义和文化影响是什么？

2. 为什么基督教要以"十字架"作为自己的主要象征？其含义是什么？

延伸阅读：

1. G. F. 穆尔：《基督教简史》，郭舜平等译，北京：商务印书馆，1981年。

2. 保罗·蒂利希：《基督教思想史》，尹大贻译，北京：东方出版社，2008年。

3. 约翰·德雷恩：《新约概论》，胡青译，北京：北京大学出版社，2005年。

九 奥古斯丁《忏悔录》选读

奥古斯丁（Saint Augustine of Hippo，354—430），罗马后期基督教神父，古代基督教会最伟大的思想家。奥古斯丁354年出生于北非的塔加斯特城，年轻时信奉当时在西罗马帝国境内流行的摩尼教，并长期担任多地的雄辩术教授。受其母亲影响，奥古斯丁于387年在米兰受洗，成为基督徒，不久返回北非。391年到希波，接受神职，担任当时希波主教瓦勒里乌斯的副主教，并于395年在瓦勒里乌斯去世后接任主教职务直到去世。在成为基督徒之后，奥古斯丁通过自己的传教和著述孜孜不倦地宣传自己的神学思想，与当时流行的摩尼教派、多纳图派、贝拉基派等异端思想斗争，对基督教的传播和发展，尤其是基督教神学思想的发展做出了巨大贡献。他的神学思想通过中世纪神学家托马斯·阿奎那、宗教改革家约翰·卡尔文延续下来，成为基督教思想体系的重要成果。奥古斯丁的主要作品包括《忏悔录》《论三位一体》和《论上帝之城》等。

在奥古斯丁看来，基督教神学的任务在于：在《圣经》的指引下，通过人灵魂中的上帝形象认识上帝。当时不同基督教教派争论的中心问题是原罪和神恩，也即人是必须经由上帝还是借助人的自由意志实现拯救的问题。奥古斯丁反对那种强调人的自由的贝拉基派的思想，坚持认为：人的堕落就是违背了上帝的爱的原则。上帝的爱自上而下及于人，但人摆脱这种爱而追求一己之爱，于是屈从于低于自己的事物。人的堕落是出于自觉，却又无法扭转这种堕落的后果。因此必须扭转趋向，争取上帝的爱，摒弃下坠的爱，也就是说，依靠上帝赐爱于罪人心灵之中。这种强调只有经由上帝以及代表上帝的教会，才能真正成为基督徒的思想在以后的基督教历史中有广泛的影响。

《忏悔录》创作于400年前后，是奥古斯丁传诵最为广泛的作品，全书共分十三卷，分别记述了自己幼年到创作此书时的个人经历和心路历程，着重展示了他作为一个基督徒的精神体验和思想转变。其中心命题是证明自己通过内省对上帝的发现。除了神学方面的影响外，《忏悔录》还具有更为丰富的文化意义。它发展和丰富了自古希腊哲学以来欧洲文化的重视内省的传统，开创了一种表现自我的新的书写形式，丰富多彩、跌宕起伏的心灵活动成了关注的中心。其真挚的情感，大胆的自我剖析，细腻的文笔，都对后世西方文学表述方式产生了重大影响。"忏悔录"也成为后世许多西方文化人钟爱的文类形式。

《忏悔录》(节选)[①]

卷十

一

主,你认识我,我也将认识你,"我将认识你和你认识我一样。"我灵魂的力量啊,请你渗透我的灵魂,随你的心意抟塑它,占有它,使它"既无瑕疵,又无皱纹"。这是我的希望,我为此而说话;在我享受到健全的快乐时,我便在这希望中快乐。人生的其他一切,越不值得我们痛哭的,人们越为此而痛哭;而越应该使我们痛哭的,却越没有人痛哭。但是你喜爱真理,"谁履行真理,谁就进入光明"。因此我愿意在你面前,用我的忏悔,在我心中履行真理,同时在许多证人之前,用文字来履行真理。

二

主,你洞烛人心的底蕴,即使我不肯向你忏悔,在你鉴临之下,我身上能包蕴任何秘密吗?因为非但不能把我隐藏起来,使你看不见,反而把你在我眼前隐藏起来。现在我的呻吟证明我厌恶自己,你照耀我,抚慰我,教我爱你,向往你,使我自惭形秽,唾弃我自己而选择你,只求通过你而使我称心,使你满意。

[①] 选自奥古斯丁:《忏悔录》,周士良译,北京:商务印书馆,2013 年。

主，不论我怎样，我完全呈露在你的面前。我已经说过我所以忏悔的目的。这忏悔不用肉体的言语声息，而用你听得出的心灵的言语、思想的声音。如果我是坏的，那么我就忏悔我对自身的厌恶；如果我是好的，那么我只归功你，不归功于自己，因为，主，你祝福义人，是先"使罪人成为义人"。为此，我的天主，我在你面前的忏悔，既是无声，又非无声。我的口舌缄默，我的心在呼喊。我对别人说的任何正确的话，都是你先听到的，而你所听到我说的，也都是你先对我说的。

三

我和别人有什么关系？为何我要人们听我的忏悔，好像他们能治愈我的一切疾病似的？人们都喜欢探听别人的生活，却不想改善自己的生活。他们不愿听你揭露他们的本来面目，为何反要听我自述我的为人。他们听我谈我自己，怎能知道我所说的真假？因为除了本人的内心外，谁也不能知道另一个人的事。相反，如果他们听你谈论有关他们自身的事，那么绝不能说："天主在撒谎。"因为听你谈论他们自身的事，不就是认识自己吗？一人如果不说谎，那么认识自己后，敢说："这是假的"吗？但"爱则无所不信"，至少对于因爱而团结一致的人们是如此。因此，主啊！我要向你如此忏悔，使人们听到。虽则我无法证明我所言的真假，但因爱而倾听我的人一定相信我。

我内心的良医，请你向我清楚说明我撰写此书有何益处。忏悔我已往的罪过——你已加以赦免而掩盖，并用信仰和"圣事"

变化我的灵魂，使我在你里面获得幸福——能激励读者和听者的心，使他们不再酣睡于失望之中，而叹息说"没有办法"；能促使他们在你的慈爱和你甘饴的恩宠中苏醒过来，这恩宠将使弱者意识到自己的懦弱而转弱为强。对于心地良好的人们，听一个改过自新者自述过去的罪恶是一件乐事，他们的喜乐不是由于这人的罪恶，而是因为这人能改过而迁善。

我的天主，我的良心每天向你忏悔，我更信赖你的慈爱，过于依靠我的纯洁。但现在我在你面前，用这些文字向人们忏悔现在的我，而不是忏悔过去的我，请问这有什么用处？忏悔已往的好处，我已经看到，已经提出。但许多人想知道现在的我，想知道写这本《忏悔录》的时候我是怎样一个人，有些人认识我，有些人不认识我，有些人听过我的谈话，或听别人谈到我，但他们的双耳并没有准对我的心，而这方寸之心才是真正的我。为此他们愿意听我的忏悔，要知道耳目思想所不能接触的我的内心究竟如何；他们会相信我，因为不如此，他们不可能认识我。好人的所以为好人在乎爱，爱告诉他们我所忏悔的一切并非诳语，爱也使我信任他们。

四

但是他们希望得到些什么益处呢？是否他们听到我因你的恩赐而接近你，愿意向我道贺，或听到我负担重重，逡巡不前，将为我祈祷？对这样的人，我将吐露我的肺腑。因为，主、我的天主，有许多人代我感谢你，祈求你，为我大有裨益。希望他们以兄弟之情，依照你的教训，爱我身上所当爱的，恨我身上所当恨的。

这种兄弟之情，只属于同类之人，不属于"口出诳语，手行不义的化外人"；一人具有兄弟之情，如赞成我的行为，则为我欣喜，不赞成我，则为我忧伤；不论为喜为忧，都处于爱我之忱。我要向他们吐露肺腑：希望他们见我的好而欢呼，见我的坏而太息。我的好来自你，是你的恩赐；我的坏由于我的罪恶，应受你的审判。希望他们为我的好欢呼，为我的坏太息；希望歌颂之声与叹息之声，从这些弟兄心中，一如在你炉中的香烟，冉冉上升到你庭前。

主，你如果欣悦你的圣殿的馨香，那么为了你的圣名，请按照我的仁慈垂怜我，填补我的缺陷，不要放弃你的工程。

这是我的忏悔的效果，我不忏悔我的过去，而是忏悔我的现在；不但在你面前，怀着既喜且惧，既悲伤而又信赖的衷情，向你忏悔，还要向一切和我具有同样信仰、同样欢乐、同为将死之人、或先或后或与我同时羁旅此世的人们忏悔。这些人是你的仆人、是我的弟兄，你收他们为子女，又命令我侍候他们如主人，如果我愿意依靠你、和你一起生活。你的"道"如果仅用言语来命令，我还能等闲视之，但他先自以身作则。我以言语行动来实践，在你的复翼之下实践，因为假如我的灵魂不在你的复翼之下，你又不认识我的懦弱，则前途的艰险不堪设想。我是一个稚子，但我有一个永生的父亲，使我有恃无恐；他生养我，顾复我。全能的天主，你是我的万善，在我重返你膝下之前，你是始终在我左右。因此，我将向你所命我伺候的人们吐露肺腑，不是追叙我过去如何，而是诉说我目前如何，今后如何；但"我不敢自评功过"。

希望人们本着这样的精神来听我的忏悔。

五

因为主，判断我的是你。虽则"知人之事者莫若人之心"，但人心仍有不知道的事，唯有你天主才知道人的一切，因为人是你造的。虽则在你面前，我自惭形秽，自视如尘埃，但对于我自身所不明了的，对于你却知道一二。当然，"我们现在犹如镜中观物，仅能见影，尚未觌面"；因此，在我们远离你而作客尘世期间，虽则我距我自己较你为近；但是我知道你绝不会受损伤，而对我自己能抵拒什么诱惑却无法得知。我的希望是在乎你的"至诚无妄，绝不容许我受到不能忍受的试探，即使受到试探，也为我留有余地，使我能定心忍受。"

因此，我要忏悔我对自身所知的一切，也要忏悔我所不知的种种，因为对我自身而言，我所知的，是由于你的照耀，所不知的，则我的黑暗在你面前尚未转为中午，仍是无从明彻。

……

三十五

除了上述之外另有一种诱惑具有更复杂危险的形式。肉体之欲在于一切官感的享受，谁服从肉欲，便远离你而自趋灭亡，但我们的心灵中尚有另一种挂着知识学问的美名而实为玄虚的好奇欲，这种欲望虽则通过肉体的感觉，但以肉体为工具，目的不在肉体的快感。这种欲望本质上是追求知识，而求知的工具在器官中主要是眼睛，因此圣经上称之为"目欲"。

"看"，本是眼睛的专职，但对于其他器官，如我们要认识什么，也同样用"看"字。我们不说："听听这东西怎样发光"，"嗅嗅这东西多么光亮"，"尝尝这东西多么漂亮"，"摸摸这东西多么耀眼"。但对这一切都能通用"看"字。我们不仅能说："看看什么在发光"，这仅有眼睛能看到；但也能说："去看看什么在响"，"看看什么在发出香味"，"看看这有什么滋味"，"看看这东西硬不硬"。

因此，从器官得来的一般感觉都名为"目欲"，看的职务主要属于眼睛，其他器官要探索或需认识一样东西时，因性质类似，所以也袭用"看"的一字。

我们于此能更明显地确定快感与好感通过感觉有些什么作用：快感追求美丽、和谐、芬芳、可口、柔和，而好奇则在追求相反的感觉作为尝试，不是为了自寻烦恼，而是为了试验，为了认识。

观看血淋淋的死尸有什么快感呢？可是那里躺着一具尸体，人们便趋之若鹜，看得不寒而栗，觉得凄惨。人们害怕梦见死尸，一似醒时有人强迫他们去看，或听到似有什么好看的情状才被吸引着去看。

对于其他感觉也是如此，不能一一论列。由于好奇的毛病，舞台上便演出种种离奇怪诞的戏剧。好奇心驱使我们追求外界的秘密，这些秘密知道了一无用处，而人们不过为好奇而想知道，别无其他目的。好奇使人们为了同样的虚妄知识，从事巫术。好奇甚至使人们在宗教中试探神明，不为人的幸福，仅仅为了长见识而要求灵迹。

在这个密布着陷阱危险的大森林中,我已经斩断了许多祸根,把它们从我心中铲除出去,这是你天主、我的救援,赐与我如此做的。但在我日常生活的周围喧阗着形形色色的事物,什么时候我才敢说没有一样东西能吸引我的注意,攫取我虚妄的好奇心?

的确,戏剧已经勾引过我,我也不再醉心于星辰的运行了,我从未向鬼魅有所卜祝,我痛恨荒诞的迷信。主、我的天主,我本该谨敬质朴地奉事你,但人类的死敌用多少阴谋诡计挑动我的幻想,唆使我向你要求灵迹!通过我们的君主耶稣,通过我们的天乡、纯洁醇朴的耶路撒冷,我恳求你,使我现在如此深恶痛绝,更使我永久如此,且能再接再厉。但我为别人的生死祸福向你祈祷时,那么我仰求你的意志便迥乎不同与此了;你现在赏赐我,将来也乐于赏赐我完全遵照你的意志与措施。

每天有许多微不足道的琐事来考验我们的好奇心。谁能计算我们的失足的次数!多少次我们最初是碍于情面不要使人难堪,勉强听着无聊的闲谈,逐渐却听得津津有味了。我不再去竞技场看狗逐兔子,但偶然经过田野,发现走狗猎兔,可能会打断我的沉思,虽则不至于使我的坐骑改换方向,但心神已追随不舍。如果不是立即发觉我的弱点,重新收敛思想,上升到你左右,不再妄行盼视,或是想到这事的无谓,不再停留,那么我会出神地呆在那里。

我在家中闲坐时,壁虎抓苍蝇,蛛网缠飞虫不是往往会吸引我的注意吗?是否因为这些都是蕞尔小虫,情况便不一样?我能从此出发,赞颂你创造亭毒万有的奇妙,可是我的注意往往并不从此开始。迅速站立起来是一回事,从不跌倒是另一回事。

我的生活中满是这种情形。我唯一的、最大的希望是你的慈爱。我的心收藏了如是一大堆的虚幻,因此我们的祈祷也往往受骚扰而中断;在你鉴临之下,我们的心向你呼号时,不知从哪里来的空洞凌乱的思潮汹涌而至,打断了这一项重要功夫。

三十六

我们是否能把这些缺点认为不足挂齿呢?什么能为我们带来希望呢?只有你的慈爱,我们所熟悉的慈爱,因为你已经开始变化我们。变化的过程,你是最清楚的。你先治疗我欢喜报仇的积习,从此"你赦免了我其他一切罪过,医治我一切病症,救我的性命脱离死亡,用仁慈和慈爱作为我的冠冕,以美好满足我的欲望",你制服我的骄傲,使我的脖子接受你的轭。现在我负着此轭,觉得很轻松,一如你所许诺而实践的。其实本来是轻松的,但那时我不知道,因为我害怕承受羁勒。

主,唯有你通知一切而不骄矜,你是唯一的、真正的主宰,你自己没有其他主宰。是否第三类诱惑已经在我身上绝迹,或我有生之日是否可能绝迹?这诱惑是要人们畏而爱之,别无其他目的,只是求逞自己的私意,其实这并无什么乐趣。人生真是可怜,而它的妄自尊大实是丑恶!人们所以不能爱你、敬畏你,主要原因在乎此。为此,你拒绝骄傲的人,赐恩宠于谦逊的人,你对世间的名利荣华,大声呵斥,山基也为之震撼!

由于人类社会的某些义务,我们必须得到别人的敬爱畏惧,敌人不甘心我们享受真正幸福，便在各处撒下罗网，喝彩叫好，要使我们在贪婪地收拾这种诱饵时，不知不觉地为所擒获，使我们的快乐和你的真理隔绝，欢喜别人的敬爱畏惧，不是为了你，而是替代了你；这样，他使我们和他相似，占有了我们，不是为了团结于仁爱之中，而是和他同受极刑；他高坐在北方，教我们在黑暗寒冷之中，伺候这个狡狯阴险地模仿你的死敌。

主啊，我们是你一批弱小的羊群，请你保佑我们。请展开你的双翅，让我们避到你的翼下。希望你成为我们的光荣，希望我们能为了你而受人的敬畏，为了有你的圣"道"在我们身上而受人敬畏。凡是不管你的谴责而谋求别人的褒奖的人，在受你审判的时候，将得不到别人的辩护，也逃不脱你的惩罚。即使不是"恶人称心如意，受到赞美，也不是作恶的受到祝福"，而是一人由于你的恩赐而受赞美，这人如果更欢喜自身受赞美，过于所受于你的恩赐，这也是不管你的谴责而受人赞美，这样，赞美他的人优于受赞美的人。因为前者欣幸天主加给别人的恩赐，后者却更欣幸别人给他的恩赐，过于所受于天主的恩赐。

三十七

我们天天受这些诱惑的试探，我们在连续不断地受试探。人们的舌头是每天锻炼我们的洪炉。在这一方面你也命令我们节制自己。你知道对这方面我的心如何向你哀号，我的眼睛如何涕零如雨。因为我很难确定我是否已完全免于这一种疫疠。我非常害怕我的隐匿，这些隐匿，你虽则明鉴，我却无从看出。对于其他诱惑我已有了一些辨识的能力，对于这种诱惑，我还是一无所有。对于肉体的情欲和空虚的好奇心，只消我的意志不受影响，或它们不出现，我就能看出我有多少力量控制我的心灵，因为我能盘问我自己，不受这种诱惑时是否或多或少感到不痛快。

对于财帛，人们追求钱财是为了满足上述三种私欲之一二，或同时为三者；如果一人自疑虽已拥有、能否轻视，则可以弃置，作为考验。

对于所受的荣誉，为了避免荣誉，为了考验我们的能耐，是否必须趋向败坏、堕落、放肆的生活，使认识我们的人都唾弃我们？还有什么比这种论调、这种见解更荒谬呢？别人的赞美往往跟随着，而且应该跟随着良好的生活和良好的行为，二者都不能弃置。唯有事情不在目前，才能看出对这事物能否放下或有所系恋。

主，对于这一类诱惑我向你忏悔什么？当然我喜欢听人家的赞美。但我爱慕真理，过于赞美。因为如果有人向我提示：疯狂谬乱而受到普世的称扬，坚持真理而受到普世的呵责，我于二者之间知道选择什么。我所不愿的是：因我做了一些好事，便把别人的褒奖增加我的快乐。但很可惜，我坦白承认，事实上未免增加我的快乐，犹如受到别人的谴责会减少我的兴致。

我对于这种弱点感到不安时，种种借口便乘隙而入，结果如何，天主啊，你完全明了，因为这情形使我举棋不定。你不仅命令我操持谨严，对某些事情控制我们的爱情，同时又命令我们服膺于指示我们爱情的正确方向的正义，你不仅要我们爱你，也要我们爱人，为此我听了中肯的赞美而感到欣然，或听到不虞之誉、求全之毁时，我觉得我往往为了别人的进步与希望而高兴，为了另一人的乖舛而叹息。

有时别人的赞美也使我怏怏不乐，原因是别人所称许我的优点恰是我所不取的，或别人对我微薄的优点给予过高的评价。但我又要自问：我怎能确定我的所以不快，不是由于我不愿赞美我的人对我的看法和我不合，我的激动不是为了这人的利益，而是因为我本身的优长已使我沾沾自喜，如果得到别人的赞赏，则更使我快心？的确，如果别人不同意我对我自己的评价，或赞赏我所不屑的，或言过其实，在某种程度上，我自觉并未受到赞美。因此在这一方面，我对我自己不是还捉摸不定吗？

但是，真理啊，我在你身上认识到对待别人的赞美，应该着眼于别人的利益，不应从自身出发。我是否如此呢？我不知道。在这一方面我对于你，比对于我自身了解得更清楚。我的天主，我哀求你，请你把我的真面目完全揭露给我看，使我能向那些为我代求的弟兄们忏悔我所能发现的创伤。请你促使我更细致地检查自己。假使我真的为了别人的利益而欣然于别人的赞美，那么为何对于别人的无过受毁所感到的愤慨不如自身所遭受的一般呢？为何我自身所受的侮辱，比别人在我面前受到同样的侮辱更使我愤慨不平呢？这一点我真的意识不到吗？总之，是否我在欺骗自己？是否在你面前，我的心灵口舌都不在服膺真理？主啊！使我远离这种愤乱悖谬的境界，不要使"我的口舌成为罪恶的膏油傅在我头上"！

三十八

"我真是一个贫困无告的人",仅仅在我独自呻吟,自恨自怨,追求你的慈爱的时候比较好一些,我将追求你的慈爱,一直到补满我的缺陷,进入骄傲自满所看不到的和平的纯全境界。出自唇吻的言语和有目共睹的行为带着极危险的诱惑,使我们沽名钓誉,乞求别人的赏识,希望能出人头地,这诱惑就在我扪心自责的时候,就在我批评它的时候,正在试探我;往往人们以更大的虚荣心夸耀自己轻视虚荣,这样实际并非在夸耀自己轻视虚荣,因为既然夸耀,则并不轻视虚荣。

三十九

在我们内心、在内心深处,尚有同一类型的另一种诱惑,这诱惑使人自满自足,虽则别人并不欢喜他,甚至讨厌他,他也不想使人满意。这种自满自足的人最使你讨厌,他们不仅以坏为好,而且以你的好处占为己有,或以你的恩赐归功于本身,即使承认你的恩赐,但也不能与人同乐,反而要掠夺他人之所有。在这一类的危险中,你看到我的心是多么战栗恐惧,我不敢希望避免创伤,只希望在受伤后即得到你的治疗。

四十

真理啊,哪里你不是和我在一起,指示我行藏取舍?我则尽我所能的向你陈述我浅陋的见解，请你教导。

我尽力之所及用感觉周游了世界，我又观察了肉体赖以生活的生命以及感觉本身。从此我又进入了我的记忆深处，进入充满着千奇万妙无数事物的高楼大厦，我参观后惊愕不止；没有你我可能什么也分辨不出；我发现其中一切都不是你。

我周览以后，用心分析，对每一事情给予适当的评价；通过感觉的传达，我接纳了一部分，加以盘诘；我又亲身感觉到和我紧紧相联的一部分；接着我一一分析了传达的器官，最后又检查了记忆的丰富蕴藏，或舍或取。这一切不是我自己能够发现的，我在进行这工作时，或更可说我赖以进行这工作的能力也不是你。因为你是常燃不熄的光明，对于一切事物的存在、性质和价值，我都请示于你，听从你的教诲和命令。我经常如此做，感到很大乐趣；每逢必要的工作一有空暇，我便躲入这乐趣中。我遵照你的指示，周历已遍，可是除了在你怀中我为我的灵魂不能找到一个安稳的境地：只有在你怀中，我能收摄放矢的我，使我丝毫不离开你。有时你带领我进入异乎寻常的心境，使我心灵体味到一种无可形容的温柔，如果这种境界在我身内圆融通彻，则将使我超出凡尘。可惜我仍堕入困难重重的尘网中，又被结习所缠扰，我被束缚着，我痛哭流泪，可是我紧紧地被束缚着，习惯的包袱是多么沉重啊！我欲罢不能，欲行不可，真觉进退两难！

思考题：

1. 西方文化史上有多种以《忏悔录》为名的作品，试分析一下这一现象产生的原因和意义。

2. 试比较一下作为基督徒的奥古斯丁的忏悔和非基督徒的马可·奥勒留的沉思。

延伸阅读：

1. 奥古斯丁：《忏悔录》，周士良译，北京：商务印书馆，2013年。

2. 彼得·布朗：《希波的奥古斯丁》，钱金飞、沈小龙译，北京：中国社会科学出版社，2013年。

3. 周伟驰编：《奥古斯丁的基督教思想》，北京：中国社会科学出版社，2005年。

十 培根《新工具》选读

弗兰西斯·培根,第一代圣阿尔本子爵(Francis Bacon, 1st Viscount St Alban,1561—1626),英国哲学家、文学家、法学家和政治家。他出生于伦敦一个高级官员家庭,父亲尼古拉·培根爵士(Sir Nicholas Bacon)是伊丽莎白女王的掌玺大臣,母亲是一位博学多才的贵族妇女。培根十二岁起在剑桥大学三一学院就读三年,虽然未获学位,但奠定了他后来著称于时的渊博知识的基础。从十六岁起他先后任驻法使馆官员、律师、下议院议员、检察官、枢密院顾问、詹姆斯一世的掌玺大臣。1618 年任大法官兼上议院议长是培根政治生涯的高峰。他还先后受封爵士和维鲁拉姆男爵。在政治地位不断上升的同时,培根的人品受到质疑,最著名的原因是他背叛了其朋友和慷慨的捐助人、伊丽莎白女王的宠臣埃塞克斯伯爵。1621 年,培根因受贿被处罚金和监禁,后被赦免但就此结束政治生涯,于凄凉晚景中闭门著书,在一次用冰雪保存食物的科学实验中感染风寒不治。亨利·沃登爵士为他题写了如下墓志铭:"圣阿尔本子爵,如用更煊赫的头衔应称之为'科学之光''法律之舌'。"

1605 年和 1620 年,培根分别出版了《学术的进展》(The

Advancement of Learning）和《新工具》(Novum Organum)，这两本书其实是他计划中的巨著《学术的伟大复兴》(The Great Instauration) 的前两个部分，培根计划用六个部分来喻示上帝造世的六天历程，但这个规划并未完成。他的著作还包括身后出版的与托马斯·莫尔的《乌托邦》形式类似但表现出不同政治理想的《新大西岛》(The New Atlantis, 又译《新亚特兰蒂斯》, 1627)。他的《论说文集》(The Essays, 又译《随笔集》) 于1597年首版，是英国散文史上的高峰之一，也是使他在中国家喻户晓的主要原因。

作为理性主义者和经验论者，培根并不是真正意义上的科学家，他对他的时代的科学成就不甚了解，但他是近代科学的奠基人之一。他竭力冲破亚里士多德哲学与逻辑学给他的时代造成的局限，第一个意识到了科学及其方法论对人类生活的意义，提出了唯物主义经验论的一系列原则，制定了系统的归纳逻辑，强调实验对认识的作用，并试图通过上述手段揭示物理世界的最深本质。同时，培根也希望他的新逻辑可以扩展到人类事务的各个方面。因此，他被称为"英国唯物主义的第一个创始人""整个实验科学的真正始祖"，并被认为是从古代唯物论向近代唯物论转变的先驱。

在对近代哲学和科学产生深刻影响的同时，培根也因为对数学和演绎论的反感而使这种影响具有了局限性。人们常把他和笛卡尔相提并论，他比后者更注重观察和实验，但那位比培根晚一代的理性主义哲学奠基人则以其数学成就使人类认识变得更为全面。

《新工具》被认为是培根最重要的论著,用拉丁文以箴言体(在选文中被译为"语录")写成,书中提出了建立在观察和实验基础上的归纳法理论,揭示了一些简单性质的"结构",并阐述了综合的自然史。培根设想知识像一座金字塔,自然史是它的根基、物理学在中间、形而上学是它的尖顶。

选文中最重要的部分包括"人心的冒测"和"对自然的解释"这对概念以及"假象"说的提出。培根由此在批评演绎逻辑的同时提出了对新逻辑的需求,并阐述了作为整体的和个体的人类获取知识的局限性,包括存在于交流媒介和知识体系之中的局限性。

《新工具》(节选)①

序言

有些人自认把自然界的法则作为已被搜寻出来和已被了解明白的东西来加以规定,无论是出于简单化的保证的口吻,或者是出于职业化的矫饰的说法,都会给哲学以及各门科学带来很大的损害。因为,他们这样做固然能够成功地引得人们相信,却

---

① 选自培根:《新工具》,许宝骙译,商务印书馆,1984年。为照顾集中性,选文为序言全文和第一卷部分内容,所入选每条内容均完整。对阅读理解有帮助的译注均保留,对部分译注略有删改,注释序号也依选文顺序调整,不再一一说明。译注中出现的弗勒和克钦分别指 T. Fowler 和 W. Kitchin,《新工具》的英译者和研究者。——编者
拉丁文为 Novum Organum,针对亚里斯多德所著《工具论》(*Organum*)一书命名。——译者

也同样有效地压熄了和停止了人们的探讨；而破坏和截断他人努力这一点的害处是多于他们自己努力所获得的好处的。另一方面，亦有些人采取了相反的途径，断言绝对没有任何事物是可解的——无论他们之得到这种见解是由于对古代诡辩家的憎恨，或者是由于心灵的游移无准，甚至是由于对学问的专心——他们这样无疑是推进了理性对知的要求，而这正是不可鄙薄之处；但是他们却既非从真的原则出发，也没有归到正确的结论，热情和骄气又把他们带领得过远了。① 较古的希腊人② （他们的著作已轶）则本着较好的判断在这两个极端——一个极端是对一切事物都擅敢论断，另一个极端是对任何事物都不敢希望了解——之间采取了折中的立场。他们虽然经常痛苦地抱怨着探讨之不易，事物之难知，有如不耐性的马匹用力咬其衔铁，可是他们仍毫不放松尾追他们的对象，竭力与自然相搏；他们认为（似乎是这样）事物究竟是否可解这个问题不是辩论所能解决的，只有靠试验才能解决。可是他们，由于一味信赖自己理解的力量，也不曾应用什么规矩绳墨，而是把一切事物都诉诸艰苦的思维，诉诸心灵的不断动作和运用。

至于我的方法，做起来虽然困难，说明却很容易。它是这样的：我提议建立一列通到准确性的循序升进的阶梯。感官的证验，在某种校正过程的帮助和防护之下，我是要保留使用的。至于那继感官活动而起的心灵动作，大部分我都加以排斥；我要直接以

---

① 关于上述两种学派，参看一卷六七条。——译者
② 参看一卷七一条。——译者

简单的感官知觉为起点，另外开拓一条新的准确的通路，让心灵循以行进。这一点的必要性显然早被那些重视逻辑①的人们所感到；他们之重视逻辑就表明他们是在为理解力寻求帮助，就表明他们对于心灵的那种自然的和自发的过程没有信心。但是，当心灵经过日常生活中的交接和行事已被一些不健全的学说所占据，已被一些虚妄的想象所围困的时候，这个药方就嫌来得太迟，不能有所补救了。因此，逻辑一术，既是（如我所说）来救已晚，既是已经无法把事情改正，就不但没有发现真理的效果，反而把一些错误固定起来。现在我们要想恢复一种健全和健康的情况，只剩有一条途径——这就是，把理解力的全部动作另作一番开始，对心灵本身从一起始就不任其自流，而要步步加以引导；而且这事还要做得象机器所做的一样。譬如，在机械力的事物方面，如果人们赤手从事而不借助于工具的力量，同样，在智力的事物方面，如果人们也一无凭借而仅靠赤裸裸的理解力去进行工作，那么，纵使他们联合起来尽其最大的努力，他们所能力试和所能成就的东西恐怕总是很有限的。现在（且在这个例子上稍停来深入透视一下）我们设想有一座巨大的方塔为了要表彰武功或其他伟绩而须移往他处，而人们竟赤手空拳来从事工作，试问一个清醒的旁观者要不要认为他们是疯了呢？假如他们更去招请较多的人

---

① 拉丁文原本中把 dialectica 和 logica 两个名词，有时交替使用，有时分别使用，而英文本一律译作 logic。按：dialectica 是古希腊学者们以对话问难的办法追出矛盾，求得真理，克服论敌的一种方术（为别于后来的名同而实异的"辩证法"起见，拟译为"问难术"），三段论式的逻辑是和它有联系但也有不同的。如序言中所有"逻辑"字样，似可据原本改译。以后各条，不一一具注。——译者

手，以为那样就能把事情办妥，试问这位旁观者岂不要认为他们是疯得更厉害么？假如他们又进而有所挑选，屏去老弱而专用精壮有力的人手，试问这位旁观者能不认为他们更是疯到空前的程度了么？最后，假如他们还不满足于这种办法而决计求助于体育运动的方术，叫所有人手都按照运动方术的规则把手臂筋肉抹上油，搽上药，前来办事，试问这位旁观者岂不要喊叫出来，说他们只是在用尽苦心来表示自己疯得有方法、疯得有计划么？而人们在智力的事情方面亦正是这样来进行的——也正是同样作发疯的努力，也正是同样求无用的并力。他们也是希望从人数和合作中，或者从个人智慧的卓越和敏锐中，得出伟大的事物；是的，他们也还曾力图使用逻辑来加强理解力，正如用运动方术之加强筋肉。但是他们的一切这些勤苦和努力，在一个真正的判断说来，只不过是始终使用着赤裸裸的智力罢了。实则，每一巨大的工作，如果没有工具和机器而只用人的双手去做，无论是每人用力或者是大家合力，都显然是不可能的。

在提出这些前提之后，我还有两件事情要提醒人们不要忽视。第一点，当我想到要减少反对和愤慨，我看到可幸的结果是，古人们所应有的荣誉和尊崇并未由我而有所触动或有所降减；而我是既能实现我的计划又能收到谦抑的效果的。假如我是宣称与古人走同一道路，而我却要产出较好的事物，那么，在我和古人之间就必然会在智慧的能力或卓越性方面发生一种比较和竞赛（无论用什么技巧的词令也是不可避免的）。虽说这也并没有什么不合法或什么新奇之处（如果古人对于什么事物有了错误的了解和错误的论定，我又为什么不可使用大家所共有的自由来和它立异呢？）但是这一争论，不论怎样正当和可恕，以我的力量来自量，终将是一个不相匹敌的争论。但是，由于我的目的只是要为理解力开拓一条新路，而这条新路乃是古人所未曾试行、所未曾知道的，那么情事就完全不同了。在这里，门户派别的热气是没有了；我只是作为一个指路的向导而出现，而这又是一个权威很小的职务，依赖于某种幸运者多，依赖于能力和卓越性者少。这一点是仅关于人的方面的，就说到这里。至于我所要提醒人们的另一点，则是关于事情本身的。

希望大家记住，无论对于现在盛行的那种哲学，或者对于从前已经提出或今后可能提出的比较更为正确和更为完备的哲学，我都是绝不愿有所干涉的。因为我并不反对使用这种已被公认的哲学或其他类似的哲学来供争论的题材，来供谈话的装饰，来供教授讲学之用，以至来供生活职业之用。不仅如此，我还进一步公开宣布，我所要提出的哲学是无甚可用于那些用途的。它不是摆在途中的。它不是能够在过路时猝然拾起的。它不求合于先人的概念，以谄媚人们的理解。除了它的效用和效果可以共见外，它也不会降低到适于一般俗人的了解。

因此，就让知识中有双流两派吧（这会是对二者都有好处的）；同样，也让哲学家中有两族或两支吧——二者不是敌对或相反的，而是借相互服务而结合在一起的。简言之，有一种培养知识的方法，另有一种发明知识的方法，我们就听其并存吧。

谁认为前一种知识比较可取，不论是由于他们心情急躁，或者是由于他们萦心业务，或者是由于他们缺乏智力来收蓄那另一种知识（多数人的情况必然是这样），我都愿意他们能够满其所欲，得其所求。但是如果另外有人不满足于停留在和仅仅使用那已经发现的知识，而渴欲进一步有所钻掘；渴欲不是在辩论中征服论敌而是在行动中征服自然；渴欲寻求不是那美妙的、或然的揣测而是准确的、可以论证的知识；那么，我就要邀请他们全体都作为知识的真正的儿子来和我联合起来，使我们经过罪人所踏到的自然的外院，最后还能找到一条道路来进入它的内室。现在，为使我的意思更加清楚并以命名的办法来使事物变得熟习起见，我把上述两种方法或两条道路之一叫作人心的冒测，[①]而另一个则叫作对自然的解释。

此外，我还有一项请求。在我自己这方面，我已决定小心和努力，不仅要使我所提出的东西是真实的，而且还要把它们表达得在不论具有怎样奇怪成见和奇怪障碍的人心之前都不粗硬，都不难受。但对另一方面，我也不能说没有理由（特别是在这样一个伟大的学术和知识的复兴工作当中）要求人们给我一种优遇作为报答，而这就是：假如有人要对我的那些思考形成一种意见和判断，不论是出于他们自己的观察，或者是出于一大堆的权威，又或者是出于一些论证的形式（这些形式现在已经取得了象法律一样的强制力），我总请他不要希望能够于顺路一过之中来做这事；请他要把事情彻底考察一番；请他要把我所描写、所规划的道路亲身小试一下；请他要让自己的思想对经验所见证的自然的精

[①] 拉丁文为 anticipatio，英译文为 anticipation；培根使用这字，有其独具的意义，一卷一九、二六两条中有确切的说明；通常译作"预测"或"推测"，似不切当；我试译为"冒测"，以供商榷。——译者

微熟习起来；还请他要以适度的耐心和应有的迟缓把自己心上根深蒂固的腐坏习惯加以改正：当这一切都已做到而他开始成为他自己的主人时，那就请他（假如他愿意）使用他自己的判断吧。

语录①
——关于解释自然和关于人的领域——

第一卷②（节选）

一

人作为自然界的臣相③和解释者，他所能做、所能懂的只是

---

① 拉丁文为 aphorismi，英译文为 aphorism；培根在一卷八六条中对这种文体有所述说，我据以译作"语录"，试供商榷。——译者

② 本卷一三〇条，旨在"先为人心做好准备，以便它去理解并接受下卷所说的东西"。这又从两方面来做：一方面，首先"刷洗、打扫和铲平心的地面"，就是廓清"某些旧见解的强烈成见"（一至一一五条，是"破坏部分"）；然后，另一方面，"还要把心放在一个好的位置亦可说是一个便利的方位上去看摆在它面前的东西"，就是使人们对所介绍的新事物不先存"一种虚妄的预想或预期"而先得"一些健全的和真确的看法"（一一六至一三〇条，为下卷——或可说是建设部分——预作交代）。前一方面或前一部分，按其内容实质说，包含着三个驳辩：一是关于任其自流的人类天然理性的驳辩，二是关于论证的驳辩，三是关于学说亦即关于公认的哲学体系和教义的驳辩。参看一卷一一五条。——译者

③ 拉丁文为 naturae minister，英译作 servant of nature；英译本原注指出：据该伦（Galen，公元二世纪时希腊名医）在其著中所屡次引述，希波克拉特（Hippocratos，公元前五世纪时希腊名医，号称"医学之父"）曾称医生为 naturae minister。这句话似说医生有"参赞造化"的作用；培根袭用此词来说明人在自然中的地位，似乎亦有此意；若译为"臣仆"或"仆从"，似未尽达，故译作"臣相"，试供商榷。——译者

如他在事实中或思想中对自然进程所已观察到的那样多,也仅仅那样多:在此以外,他是既无所知,亦不能有所作为。

三

人类知识和人类权力归于一;① 因为凡不知原因时即不能产生结果。要支配自然就须服从自然;而凡在思辨中为原因者在动作中则为法则。

六

期望能够做出从来未曾做出过的事而不用从来未曾试用过的办法,这是不健全的空想,是自相矛盾的。

一二

现在所使用的逻辑,与其说是帮助着追求真理,毋宁说是帮助着把建筑在流行概念上面的许多错误固定下来并巩固起来。所以它是害多于益。

---

① 通常认为,这就是培根的名言"知识就是力量"的出处,但事实上这句名言出自《圣思录》(*Meditationes Sacrae*)中的"论谣言"(De Haeresibus)一节,该文附在1597年第一版《论说文集》书后,拉丁原文为 nam et ipsa scientia potestas est,即"知识本身就是权力"。"知识就是力量"这一译法并不完全符合培根使用这句话时的本意,但和培根的总体思想是一致的。——编者

一三

三段论式不是应用于科学的第一性原理,① 应用于中间性原理又属徒劳;这都是由于它本不足以匹对自然的精微之故。所以它是只就命题迫人同意,而不抓住事物本身。

一四

三段论式为命题所组成,命题为字所组成,而字则是概念的符号。所以假如概念本身(这是这事情的根子)是混乱的以及是过于草率地从事实抽出来的,那么其上层建筑物就不可能坚固。所以我们的唯一希望乃在一个真正的归纳法②。

一五③

我们的许多概念,无论是逻辑的或是物理的,都并不健全。"本体"、"属性"、"能动"、"受动"及"本质"自身,都不是健全的概念;其他如"轻"、"重"、"浓"、"稀"、"湿"、"燥"、"生成"、"坏灭"、"吸引"、"排拒"、"元素"、"物质"、"法式"以及诸如

---

① 弗勒指出,这相当于亚里斯多德所说的"最后原理";他经常申言,这种"最后原理"既是三段论所从以出发的最后大前提,所以它本身是不容更用三段论式来证明的。——译者

② 这里第一次提到真正的归纳法。参看一卷一〇四、一〇五、一〇六条;注意一七、六九和一〇五诸条中对普通归纳法的批判。——译者

③ 本条和下一条应与一卷六〇条合看。——译者

此类的概念,就更加不健全了。它们都是凭空构想的,都是界说得不当的。

一六

我们的另一些属于较狭一种的概念,如"人"、"狗"、"鸽"等等,以及另一些属于感官直接知觉的概念,如"冷"、"热"、"黑"、"白"等等,其实质性不致把我们引入迷误;但即便是这些概念有时仍不免因物质的流动变易和事物彼此掺合之故而发生混乱。至于迄今为人们所采用的一切其他概念,那就仅是些漫想,不是用适当的方法从事物抽出而形成起来的。

一九

钻求和发现真理,只有亦只能有两条道路。一条道路是从感官和特殊的东西飞越到最普遍的原理,其真理性即被视为已定而不可动摇,而由这些原则进而去判断,进而去发现一些中级的公理。这是现在流行的方法。另一条道路是从感官和特殊的东西引出一些原理,经由逐步而无间断的上升,直至最后才达到最普通的原理。这是正确的方法,但迄今还未试行过。[1]

---

[1] 参看约翰·密尔(J. S. Mill)对这条的批评,见他所著《逻辑》一书第六卷第五章第五节。(参看一卷二二、一〇四两条。——译者)

二六

为区别清楚起见，人类理性以上述那种通用方式应用于自然问题而得出的结论，我名之为对自然的冒测（指其粗率和未成熟而言）；至于另一种经由一个正当的和有方法的过程而从事实抽出的理论，我名之为对自然的解释。

二八

就着赢取同意而言，实在说来，冒测还远较解释为有力。因为冒测是搜集为数甚少而且其中大部分又是通常习见的事例而成，所以它能径直触动理解力并充填想象力；至于另一方面，解释则是随时随地搜集到处散见的各种各样的事实而成，所以它不能陡然地打动理解力，因而在当时的意见面前，它就不能不显得粗硬和不协调，很象信仰的一些神秘的东西一样。

三六

我们的传授方法只有一条，简单明了地说来就是：我们必须把人们引导到特殊的东西本身，引导到特殊的东西的系列和秩序；而人们在自己一方面呢，则必须强制自己暂把他们的概念撤在一边，而开始使自己与事实熟习起来。

三九①

围困人们心灵的假象共有四类。为区分明晰起见，我各给以定名：第一类叫作族类的假象，第二类叫作洞穴的假象，第三类叫作市场的假象，第四类叫作剧场的假象。②

---

① 弗勒在注中说：培根的最著名的、无疑亦是《新工具》全书中最重要部分之一的假象学说于本条开始。这里要指出的是，培根所举的诸种假象，其较早的形式（从"Advancement of Learning"一书中所举可见）乃相当于族类假象、洞穴假象和市场假象三种，而"这一学说所经历的一个实质变化则为剧场假象之随后加入"。这个假象学说遍见于培根各书，而以在《新工具》中所论最为完整。人们常说，这假象学说此前早经培根的那位伟大的同姓者即罗杰·培根（Roger Bacon）提出过，但是爱理斯（R. Ellis）对这点作了正确的辩驳。——译者

② 弗勒指出，培根原先曾把这四种假象分为两组，这在一卷六一条开头处还留有痕迹。在介绍剧场假象时，他在那里写道："剧场假象不是固有的，亦不是隐秘地渗入理解力之中，而是由各种哲学体系的'剧本'和走入岔道的论证规律所公然印入人心而为人心接受进去的。"从这句话可以看出，四种假象曾分为固有的和外来的两组，前者包括前三种假象，后者则就是剧场假象一种。这种分法在"Distributio Operis"一书中曾见采用。还可参看"Partis Secundae Delineatio"一书中的说法（见爱理斯和斯佩丁 [J. Spedding] 所编《培根哲学论著全集》第三卷第五四八页）。在《新工具》当中，这个更高一层的分法却不见了。这是因为，诚如斯佩丁所说，"当培根要把这些假象分别地一一加以描述时，他就觉到，若把市场假象划入固有的一组则有逻辑上的矛盾，若把它划入外来的一组又有实际上的不便；于是便决定根本放弃这个对分法而把四种假象通列起来了"。按弗勒的说法，"剧场的假象"在"Valerius Terminus"一书中叫作官殿的假象。——译者

四○

以真正的归纳法来形成概念和原理,这无疑乃是排除和肃清假象的对症良药。而首先指出这些假象,这亦有很大的效用;因为论述"假象"的学说之对于"解释自然"正和驳斥"诡辩"的学说之对于"普通逻辑"①是一样的。

四一

族类假象植基于人性本身中,也即植基于人这一族或这一类中。若断言人的感官是事物的量尺,这是一句错误的话。正相反,不论感官或者心灵的一切觉知总是依个人的量尺而不是依宇宙的量尺;②而人类理解力则正如一面凹凸镜,它接受光线既不规则,于是就因在反映事物时掺入了它自己的性质而使得事物的性质变形和褪色。

---

① 拉丁本原文为 dialectica。——译者
② 本句中的两个"量尺",在拉丁本原文均为 analogia;二卷四○条末句有相同的话,原文亦均为 analogia。而英文本在这里则译作 according to the measure of,在那里则译作 with reference to。这样,同一原文的两处译文就有分歧,两句之间意义就有不同;而就本句来说则与原文就有出入,并且还和上句中的"量尺"(拉丁本原文为 mensuram)混淆起来,以致本条整个意义不明。按:analogy 一字,在这里也和在三四条当中一样,是用其一般的意义,即"参照"、"比照"之意。据此,故本句应照拉丁本原文以及二卷四○条正确的英译文改译为"不论感官或者心灵的一切觉知总是参照着人而不是参照着宇宙"。这样,才合于原本,前后诸条之间才无歧义,而本条意义亦才得澄清。——译者

四二

　　洞穴①假象是各个人的假象。因为每一个人（除普遍人性所共有的错误外）都各有其自己的洞穴，使自然之光屈折和变色。这个洞穴的形成，或是由于这人自己固有的独特的本性；或是由于他所受的教育和与别人的交往；或是由于他阅读一些书籍而对其权威性发生崇敬和赞美；又或者是由于各种感印，这些感印又是依人心之不同（如有的人是"心怀成见"和"胸有成竹"，有的人则是"漠然无所动于中"）而作用各异的；以及类此等等。这样，人的元精②（照各个不同的人所秉受而得的样子）实际上是一种易变多扰的东西，又似为机运所统治着。因此，赫拉克利泰（Heraclitus）③曾经说得好，人们之追求科学总是求诸他们自己的小天地，而不是求诸公共的大天地。

---

① 弗勒指出，这个譬喻系袭自柏拉图所讲的洞穴的神话，见"Republic"一书第七卷开头的一段。但是如汉弥尔顿（W. Hamilton）所指出，柏拉图的原喻实相当于族类假象而无当于本条所述的这类假象。——译者

② 元精这概念在一卷五〇条以及二卷六条和四〇条中屡见讲到，尤其在后两条中有些颇为怪诞的说法，这学说是这样：一切有生的和无生的物体之中都包有元精，渗透于可触分子，它是完全触不到的，亦没有任何重量，只借动作或作用来显示它自己；活的物体之中更有两种元精：一种是粗重的，就象其他质体中所有的那样，另一种是动物元精或有生命力的元精，为肉体与灵魂之间交通的媒介，为生命现象的基础。培根深信此说，但并没有说出根据。克钦指出，这是学院派的用语和学说，而培根由于既看到自然过程中有些事物未得说明，又提不出什么较好的见解，于是就乐意依从了他们。——译者

③ 即通常译为赫拉克利特的古希腊哲学家。——编者

四三

另有一类假象是由人们相互间的交接和联系所形成，我称之为市场的假象，取人们在市场中有往来交接之意。人们是靠谈话来联系的；而所利用的文字则是依照一般俗人的了解。因此，选用文字之失当害意就惊人地障碍着理解力。有学问的人们在某些事物中所惯用以防护自己的定义或注解也丝毫不能把事情纠正。而文字仍公然强制和统辖着理解力，弄得一切混乱，并把人们岔引到无数空洞的争论和无谓的幻想上去。

四四

最后，还有一类假象是从哲学的各种各样的教条以及一些错误的论证法则移植到人们心中的。我称这些为剧场的假象；[①] 因为在我看来，一切公认的学说体系只不过是许多舞台戏剧，表现着人们自己依照虚构的布景的式样而创造出来的一些世界。我所说的还不仅限于现在时兴的一些体系，亦不限于古代的各种哲学和宗派；有见于许多大不相同的错误却往往出于大部分相同的原因，我看以后还会有更多的同类的剧本编制出来并以同样人工造作的方式排演出来。我所指的又还不限于那些完整的体系，科学当中许多由于传统、轻信和疏忽而被公认的原则和原理也是一样的。

关于上述各类假象，我还必须更扩大地和更确切地加以论列，以使理解力可以得到恰当的警告。

---

① 弗勒指出，这在"Temporis Partus Masculus"一书中叫作剧幕的假象。——译者

思考题：

1．你如何评价培根在哲学史和文化史上的地位？
2．你对演绎法和归纳法了解多少？
3．你能用自己的话归纳培根所说四类假象的含义吗？

延伸阅读：

1．弗兰西斯·培根：《新工具》，陈伟功译，北京：北京出版社，2008年。
2．弗兰西斯·培根：《学术的进展》，刘运同译，上海：上海人民出版社，2007年。
3．弗兰西斯·培根：《培根论说文集》（中英文版），乌尔沁译，南京：译林出版社，2012年。
4．余丽嫦：《培根及其哲学》，北京：人民出版社，1990年。

十一　笛卡尔《谈谈方法》选读

笛卡尔（René Descartes，1596—1650），法国著名哲学家，西方近代唯物论的开拓者，被称为"近代哲学之父"，并因将几何坐标体系公式化而被认为是解析几何之父，对现代数学的发展做出了重要贡献。他出生于法国安德尔－卢瓦尔省的图赖讷拉海，早年在欧洲著名的拉夫赖公学完成学业。1629年定居荷兰，此后发表了他的主要著作，包括《谈谈方法》（1637）、《第一哲学沉思集》（1641）、《哲学原理》（1644）等。1649年受瑞典女王克丽斯蒂娜之邀前往斯德哥尔摩，由于气候不适感染肺炎于次年逝世。

笛卡尔的时代正是欧洲面对各种新的发现、传统制度与文化土崩瓦解的时代，对确定知识的怀疑态度弥漫在整个知识界。敏锐的笛卡尔开始去发现确定的知识的无可辩驳的基础。他的思想主要体现在：1. 普遍的怀疑。他从对经院哲学和现存知识体系的批判开始，通过普遍怀疑的方法去思考那些哪怕是会引起些微疑问的定论，以寻找最终不可被怀疑的东西。这种"夸张的质疑"将他推向了认识论的新起点。2. "我思，故我在"（拉丁语：cogito, ergo sum）。他从怀疑感觉开始，包括质疑当时物理学、数学、天文学等各门知识学问，逐渐发现只有"我在怀疑"这件事情本身是不可怀疑的。因为，无论我怎么怀疑，就根据我在怀疑这个事实本身，即可表明我在思想，思想必存在一个思想者"我"，这样他就引出了"我思，故我在"。通过对这个确定的事实的承认，思考者能够感知那些成为确定性本身的特点的情况：确定的知识就是那些能够清楚明白地被体验到的东西。这里的"我"是指一个思想的主体，他把思维的我作为哲学的绝对起点，表现了近代哲学中自我意识的觉醒。3."上帝存在之证"。笛卡尔的出发点是他拥有一个关于完美存在的观念。从怀疑的"我"的确实存在出发，"我"本身是不完满、有局限的，他假定结果大于原因，笛卡尔断定必然存在完满的上帝，它自明地源于超越有限的思考者的实在，因而客观上存在万能的上帝是确定的。4."精神与物质的二元之分"。笛卡尔声称存在一个思想的存在（精神）和一个广延的存在（物质），两者根本不同，并行不悖。精神只有思维没有广延，是自由理性的，物质只有广延没有思维，遵循自然规律运动，形成了古典的二元论。5."机械论"。持机械论的人认为外部世界的一切客体由无限数量的物质微粒构成，它们在空间做机械运动，只根据力学规律碰撞，没有主观意识、目的或精神。作为纯粹物质的对象，一切物质现象在本质上可以理解为机械。这种机械论不仅对18世纪法国唯物主义产生了重要影响，也支配着19世纪以前几乎所有的自然科学家，成为他们的一种世界观和方法论。

笛卡尔的思想实现了西方哲学的"认识论转型"，对近现代西方理性主义哲学和自然科学的发展都产生了重大影响，他是西方传统世界的现代转型在思想领域的标志性人物之一。

以下选文是《谈谈方法》的第一部分和第三部分。①《谈谈方法》原名《谈谈正确运用自己的理性在各门学问里寻求真理的方法》。文章以半自传的形式介绍了作者探索的哲学方法及其形成过程。他提出了四条原则：不要把任何事物看成是真的，除非对它已经认识清楚了；用逐步分析的方法系统地解决问题；思考的时候由简到繁；要彻底复查一切，做到确实无遗漏。其中怀疑、分析、演绎和推理的方法是笛卡尔针对经院哲学陈旧的认识方法提出来的。该文被誉为西方近代哲学的宣言。

《谈谈方法》（节选）

第一部分

良知②，是人间分配得最均匀的东西。因为人人都认为自己具有非常充分的良知，就连那些在其他一切方面全都极难满足的人，也从来不会觉得自己的良知不够，要想再多得一点。这一方面，大概不是人人都弄错了，倒正好证明，那种正确判断、辨别真假

---

① 选自笛卡尔：《谈谈方法》，王太庆译，北京：商务印书馆，2009年。注释如未特殊说明均为译者注。——编者
② le bon sens，指一种良好的官能，不同于可以弄错的感觉官能如视、听等。这是一种绝对正确的分辨能力，有如孟子所谓不虑而知的良知，即理性。但是作者此处所用的意义不同于中国人所理解的分辨善恶的能力，而是指分辨真假的能力，即理性的知识论意义而非伦理学意义。此外，这里用的也不是斯多亚派智慧的意思，如《引导心智的规则》中所说的那种 bona mens [良心]。

的能力，也就是我们称为良知或理性的那种东西，本来就是人人均等的；我们的意见之所以分歧，并不是由于有些人的理性多些，有些人的理性少些，而只是由于我们运用思想的途径不同，所考察的对象不是一回事。因为单有聪明才智是不够的，主要在于正确地运用才智。杰出的人才固然能够做出最大的好事，也同样可以做出最大的坏事；行动十分缓慢的人只要始终循着正道前进，就可以比离开正道飞奔的人走在前面很多。

拿我来说，就从来没有以为自己的才智完美，有什么胜于常人的地方。甚至于我还常常希望自己能有跟某些人一样敏锐的思想，一样清楚分明①的想象②，一样广博或者一样鲜明的记忆。除了这些以外，我不知道还有什么别的品质可以使才智完美，因为拿理性或良知来说，既然它是唯一使我们成为人、使我们异于禽兽的东西，我很愿意相信它在每个人身上都是不折不扣的，很愿意在这一方面赞成哲学家们③的意见，就是：同属④的各个个体只是所具有的偶性⑤可以或多或少，它们的形式⑥或本性并不能多点

---

① net et distinct，指既干净又没有混淆。这是作者心目中的真理标准。net 有时也写作 clair［明白］。

② l'imagination，指心灵的一种能力，根据对象的痕迹形成形象，因此为发明、创造所必需，不是一般所谓胡思乱想的意思。

③ 指当时占统治地位的经院哲学家们。

④ l'espèce，拉丁文作 species，指"种"（genus）下面的"属"。

⑤ l'accident，经院哲学从亚里士多德哲学中继承来的范畴，指一种性质，缺了或加上它并不影响某物之为某物。

⑥ la forme，经院哲学从亚里士多德哲学中继承来的范畴，指一种性质，为某物之为某物所必需。

少点。

不过我可以大胆地说,我觉得自己非常幸运,从年轻的时候起,就摸索到几条门路,从而作出一些考察,得到一些准则,由此形成了一种方法。凭着这种方法,我觉得有办法使我的知识逐步增长,一步一步提高到我的平庸才智和短暂生命所能容许达到的最高水平。因为我已经用这种方法取得了那么多的成果,尽管我对自己的评判一贯从严,总是力求贬抑,不敢自负,尽管我用哲学家①的眼光看世人从事的各种活动和事业,觉得几乎没有一样不是虚浮无益的,我还是抑制不住对自己认为在寻求真理方面已经取得的那种进展感到极大的满意,觉得前途无量,如果在正派人从事的行业中有一种是确实有益而且重要的,我敢相信那就是我所挑选的那一种。

然而很可能这是我弄错了,也许只捞到点黄铜、玻璃,我却把它当成了金子、钻石。我知道,在牵涉到自己本人的事情上,我们是非常容易弄错的;朋友的评判对我有利的时候,也是非常值得我们怀疑的。不过,我很愿意在这篇谈话里向大家说清楚我走过哪些道路,把我的经历如实地一一描绘出来,使大家都能作出评判,好从群众的议论里听取大家对我的意见。这可以说是我在惯常采用的那些自我教育办法之外添上的一种新办法。

因此,我并不打算在这里教给大家一种方法,以为人人都必须遵循它才能正确运用自己的理性;我只打算告诉大家我自己是怎样运用我的理性的。从事向别人颁布训条的人一定认为自己比

---

① 指真正的哲学家,即爱智者。

别人高明，如果稍有差错就该受到责备。可是这本书里提供的只是一种传记性的东西，也可以说只是一种故事性的东西，其中除了某些可以仿效的例子以外，也许还可以找到许多别的例子大家有理由不必遵循，所以我希望它会对某些人有益而对任何人无害，也希望我的坦率能得到大家的赞许。

我自幼受书本教育。由于听信人家的话，认为读书可以得到明白可靠的知识，懂得一切有益人生的道理，所以我如饥似渴地学习。可是等到学完全部课程，按例毕业，取得学者资格的时候，我的看法就完全改变了。因为我发现自己陷于疑惑和谬误的重重包围，觉得努力求学并没有得到别的好处，只不过越来越发现自己无知。可是我进的是欧洲最著名的学校①，如果天下有饱学之士的话，我想那里就该有。我把这所学校里别人所学的功课全部学完，甚至不以学校讲授的学问为满足，凡是大家认为十分稀奇、十分古怪的学问②，只要捞得到讲它的书，我统统读了。此外，我也知道别人对我的评判，我没有见到任何人认为我不如我的同学，虽然他们当中已经有几位被选定为老师的接班人了。最后，我觉得我们这个时代人才辈出，俊杰如云，不亚于以往任何时代，这就使我可以自由地对所有的人作出我自己的判断，认为世界上根本没有一种学说真正可靠，像从前人们让我希望的那样。

尽管如此，我还是重视学校里所受的各种训练。我很明白：

---

① 法国西部安茹省拉弗莱什城的亨利四世公学，一所由国王设立、交耶稣会士办理的贵族学校。笛卡尔于1604年入学，1616年得硕士学位。

② 指炼金术、占星术、手相术、土占术、通灵术、巫术之类。

学校里教的语言文字①，是通晓古书的必要条件；寓言里的机智，可以发聋振聩；史传上的丰功伟业，可以激励人心；精研史册，可以有助于英明善断；遍读好书，有如走访著书的前代高贤，同他们促膝谈心，而且是一种精湛的交谈，古人向我们谈出的只是他们最精粹的思想。我也明白：雄辩优美豪放无与伦比；诗词婉转缠绵动人心弦；数学有十分奥妙的发明，用处很大，既能满足好奇心，又能帮助各种技艺，减轻人们的劳动；宣扬风化的文章包含许多教训、许多箴言，劝人淑世为善；神学指引升天大道；哲学②教人煞有介事地无所不谈，博得浅人敬佩；法学、医学等类学问给治学者带来盛名厚利。而且我还明白：博学旁通，连最迷信、最虚妄的东西也不放过，是有好处的，可以知道老底，不上它们的当。

可是我认为自己用在语言文字上的功夫已经够多，诵读古书、读历史、读寓言花的时间也已经不少。因为同古人交谈有如旅行异域，知道一点殊方异俗是有好处的，可以帮助我们比较恰当地评价本乡的风俗，不至于像没有见过世面的人一样，总是以为违反本乡习惯的事情统统是可笑的、不合理的。可是旅行过久就会对乡土生疏，对古代的事情过分好奇每每会对现代的事情茫然无知。何况寓言使人想入非非，把许多不可能的事情想成可能。就连最忠实的史书，如果不歪曲、不夸张史实以求动听，至少总要略去细微末节，因而不能尽如原貌；如果以此为榜样亦步亦趋，

---

① 指古代的希腊文和拉丁文，是该校的基础课，于一年级、二年级、三年级修习。
② 指当时流行的经院哲学，该校于最后三个学年讲授。

每每会同传奇①里的侠客一样陷于浮夸，想出来的计划每每会无法实现。

我很看重雄辩，并且热爱诗词。可是我认为雄辩和诗词都是才华的产物，而不是研究的成果。一个人只要推理能力极强，极会把自己的思想安排得明白易懂，总是最有办法使别人信服自己的论点的，哪怕他嘴里说的只是粗俗的布列塔尼②土话，也从来没有学过修辞学。一个人只要有绝妙的构思，又善于用最佳的辞藻把它表达出来，是无法不成为最伟大的诗人的，哪怕他根本不知道什么诗法。

我特别喜爱数学，因为它的推理确切明了；可是我还看不出它的真正用途，想到它一向只是用于机械技术，心里很惊讶，觉得它的基础这样牢固，这样结实，人们竟没有在它的上面造起崇楼杰阁来。相反地，古代异教学者们写的那些讲风化的文章好比宏伟的宫殿，富丽堂皇，却只是建筑在泥沙上面。他们把美德捧得极高，说得比世上任何东西都可贵；可是他们并不教人认识清楚美德是什么，被他们加上这个美名的往往只是一种残忍，一种傲慢，一种灰心，一种弑上。

我尊敬我们的神学，并且同别人一样要求升天。可是人家十分肯定地说：最无知的人也同最博学的人一样可以进天堂，指引人们升天的天启真理不是我们的智力所能理解的。我听了这些话，就不敢用我的软弱推理去窥测那些真理了。我想一定要有天赐的

---

① 欧洲十六世纪有著名小说《唐·吉诃德》，给人深刻印象。
② Bretagne，法国西北部一个半岛，与英国隔海相望，居民的方言很难懂。

特殊帮助，而且是个超人，才能从事研究那些真理，得到成就。

关于哲学我只能说一句话：我看到它经过千百年来最杰出的能人钻研，却没有一点不在争论中，因而没有一点不是可疑的，所以我不敢希望自己在哲学上的遭遇比别人好；我考虑到对同一个问题可以有许多不同的看法，都有博学的人支持，而正确的看法却只能有一种，所以我把仅仅貌似真实的看法一律看成大概是虚假的。

至于其他的学问，既然它们的本原①是从哲学②里借来的，我可以肯定，在这样不牢固的基础上决不可能建筑起什么结实的东西来。这类学问所能提供的名利，是不足以促使我去学习它们的，因为谢天谢地，我并不感到境遇窘迫，要拿学问去牟利，以求改善生活；我虽不像犬儒派③那样自称藐视荣誉，对于那种只能依靠虚假的招牌取得的名声我是很不在意的。最后说到那些骗人的学说，我认为已经摸清了它们的老底，再也不会上当受骗，不管它是炼金术士的包票，还是占星术士的预言，是巫师的鬼把戏，还是那些强不知以为知的家伙的装腔作势、空心牛皮。

就是因为这个缘故，一到年龄容许我离开师长的管教，我就完全抛开了书本的研究。我下定决心，除了那种可以在自己心里或者在世界这本大书里找到的学问以外，不再研究别的学问。于是趁年纪还轻的时候就去游历，访问各国的宫廷和军队，与气质

---

① le principe，原意是"开始"，即希腊哲学的 ἀρχή，我国一向译为"原则"或"原理"，是在它的本义"原始"上加了"规则"或"道理"的意思，这里用的不是这个词义。
② 指占统治地位的经院哲学。
③ le cynique，古希腊苏格拉底以后的一个支派，以愤世嫉俗著称。

不同、身份不同的人交往，搜集各种经验，在碰到的各种局面里考验自己，随时随地用心思考面前的事物，以便从中取得教益。因为在我看来，普通人的推理所包含的真理要比读书人的推理所包含的多得多：普通人是对切身的事情进行推理，如果判断错了，它的结果马上就会来惩罚他；读书人是关在书房里对思辨的道理进行推理，思辨是不产生任何实效的，仅仅在他身上造成一种后果，就是思辨离常识越远，他由此产生的虚荣心大概就越大，因为一定要花费比较多的心思，想出比较多的门道，才能设法把那些道理弄得好像是真理。我总是如饥似渴地要求学会分清真假，以便在行动中心明眼亮，一辈子满怀信心地前进。

的确，我在专门考察别国风俗的阶段，根本没有看到什么使我确信的东西，我发现风俗习惯是五花八门的，简直同我过去所看到的那些哲学家的意见一样。所以我由此得到的最大的好处就是大开眼界，看到有许多风俗尽管我们觉得十分离奇可笑，仍然有另外一些大民族一致赞成采纳，因此我懂得不能一味听从那些成规惯例坚信不疑，这样，我就摆脱了许多错误的看法，免得我们天然的灵明①受到蒙蔽，不能听从理性。可是，我花了几年工夫像这样研究世界这本大书、努力取得若干经验之后，终于下定决心同时也研究我自己，集中精力来选择我应当遵循的道路。这样做，我觉得取得的成就比不出家门、不离书本大多了。

---

① la lumière naturelle，指良知。

第三部分

我们知道,在重建住宅之前,光把旧房拆掉,备上新料,请好建筑师,或者亲自设计,并且仔细绘出图纸,毕竟还是不够的,还应该另外准备一所房子,好在施工期间舒舒服服地住着。所以,当我受到理性的驱使、在判断上持犹疑态度的时候,为了不至于在行动上犹疑不决,为了今后还能十分幸运①地活着,我给自己定下了一套临时行为规范,一共只有三四条准则,我愿意把它的内容告诉大家。

第一条是:服从我国的法律和习俗,笃守我靠神保佑从小就领受的宗教②,在其他一切事情上以周围最明智的人为榜样,遵奉他们在实践上一致接受的那些最合乎中道、最不走极端的意见,来约束自己。因为我虽然为了重新审查自己的全部意见,从那时起把它们一律当成一文不值,却深信最好还是遵从最明智的人的看法。尽管波斯和中国也许跟我们这里一样有很明智的人,我觉得还是效法自己周围的人好处最大。而且,要想知道他们真正的看法,一定要看他们的实际行动,不能光听他们说的话,这不仅是由于世风日下,有不少人不肯全说真心话,也是由于有不少人并不知道自己的真心是什么;因为相信一件事并不等于知道自己相

---

① heureusement,指安适不遭横祸。笛卡尔害怕受到攻击以至迫害,所以要争取安全,但是他并不把幸运(l'heur)与幸福(la béatitude)混为一谈,他把幸运看成我们身外之物所决定的,认为幸福才是我们内心的完全满足。后者是他的伦理学的目的,前者只是他应付环境的策略。

② 罗马天主教。

信这件事,这是两种思想活动,常常分道扬镳。在那些有同样多的人接受的看法当中,我总是选择最合乎中道的。这样做,一方面是因为这种看法永远最便于实行,既然偏激通常总是坏的,大概这也就是最好的看法;另一方面也是因为可以在犯错误的时候不致离开正道过远:万一我选择了一极端,应当走的却是另一极端,那就糟了。而且我特别认为属于偏激的是各种限制我们某项自由的诺言。这并不是我不赞成法律允许人们赌咒发誓、订立必须信守不渝的契约,以防止不坚定的人反复无常,保证达到某种正当目的,如保证公平交易之类。正好相反。这只是因为我看到,世界上的一切,特别是我这个人,并不是永远保持原状的。拿我来说,就希望把自己的判断弄得越来越完善,并不希望把它弄糟,如果由于曾经赞成过某件事,后来事情变了样我还只好说它对,我认为那就是犯了违背良知的大错,我要变卦,不认为它对。

　　我的第二条准则是:在行动上尽可能坚定果断,一旦选定某种看法,哪怕它十分可疑,也毫不动摇地坚决遵循,就像它十分可靠一样。这样做是效法森林里迷路的旅客,他们决不能胡乱地东走走西撞撞,也不能停在一个地方不动,必须始终朝着一个方向尽可能笔直地前进,尽管这个方向在开始的时候只是偶然选定的,也不要由于细小的理由改变方向,因为这样做即便不能恰好走到目的地,至少最后可以走到一个地方,总比困在树林里面强。为人处世也是这样,我们的行动常常必须当机立断,刻不容缓。有一条非常可靠的真理,就是在无法分辨哪种看法最正确的时候必须遵从或然性最大的看法,即便看不出哪种看法或然性大些也必须选定一种,然后在实践中不再把它看成可疑的,而把它当作最正确、最可靠的看法，因为我们选定这种看法的理由本来就是如此。我明白了这个道理，从那时起就不犯后悔的毛病，不像意志薄弱的人那样反复无常，一遇风吹草动就改变主意，今天当作好事去办的明天就认为很坏。

我的第三条准则是：永远只求克服自己，不求克服命运，只求改变自己的愿望，不求改变世间的秩序。总之，要始终相信：除了我们自己的思想以外，没有一样事情可以完全由我们作主。所以，我们对自身以外的事情尽了全力之后，凡是没有办到的，对于我们来说，就是绝对办不到的事情。我觉得明白了这一点就可以消除痴心妄想，凡是得不到的东西就不要盼望将来把它弄到手；这样也就安分守己、心满意足了。因为我的意志所能要求的，本来只是我的理智认为大致可以办到的事情，如果我们把身外之物一律看成由不得我们自己作主的东西，那么，在平白无故地被削除封邑的时候，就决不会因为丧失那份应当分封给我这位贵族的采地而懊恼，就像不会因为没有当上中国皇帝或墨西哥国王而懊恼一样；推而广之，生了病也就不会妄想健康，坐了牢也就不会妄想自由，就像不会妄想生成金刚不坏之身、长出高飞远翥的翅膀一样。不过我也承认，一定要经过长期训练，反复思考，才能熟练地从这个角度去看万事万物。我相信，那些古代哲学家[①]之所以能够摆脱命运的干扰，漠视痛苦和贫困，安乐赛过神仙，其秘密主要就在于此。因为他们不断地考察自然给他们划定的界限，终于大彻大悟，确信除了自己的思想之外，没有一样东西可

---

① 指古罗马的斯多亚派哲学家。

以由他们作主，确信只要认清这一点就可以心无挂碍，不为外物所动；他们对自己的思想作出了绝对的支配，因此也就有理由认为自己又富又强，逍遥安乐，胜过所有的别人，别人不懂这种哲学，不管得到自然和命运多大优待，还是不能支配一切、事事如愿以偿的。

最后，为了结束这个行为规范，我曾经想到检视一下人们这一辈子从事的各行各业，以便挑选出最好的一行。对于别人的行业我不打算说什么话，我认为我最好还是继续自己所从事的那一行，也就是把我的一生用来培养我的理性，按照我所规定的那种方法尽全力增进我对真理的认识。自从使用这种方法以来，我尝到了极大的快乐，觉得人生在世所能得到的快乐没有比这更美妙、更纯洁的了。我凭着这种方法每天发现若干真理，觉得都相当重要，都是别人所不知道的，因此满心欢喜，别的事情全都不放在心上。此外，我建立上述三条准则只有一个目的，就是继续教育我自己。因为神既然已经赐给我们每人一份分辨真假的天然灵明，我觉得自己决不应该有片刻工夫满足于别人的看法，只有打定主意在条件成熟的时候用自己的判断去审查别人的看法；我决不能马马虎虎地跟在别人的看法后面转，只希望自己不放过任何机会尽可能地找出更好的看法。最后，我决不能限制自己的要求，也不能安于现状，只能走那样一条路，我认为照着这条路走下去，凡是我能够得到的知识都一定可以到手，凡是我能够得到的真正的好东西也就一定可以到手。因为我们的意志是不是追求一样东西，只是根据我们的理智把它看成好的还是坏的；有了正确的判断，就可以有正确的行动，判断得尽可能正确，行动也就尽可能正确，就是说，可以取得一切美德以及其他一切我们能够取得的好东西；知道自己一定可以这样，当然不能不高兴。

　　我用这三条准则给自己保了险，把它们并列于信仰上的真理，我心中永远占首位的真理。这样做了之后，我认为可以放手把我的其他看法统统抛弃了。我把自己关在那间暖房里得到了这样一些思想，可是为了顺利完成我的清扫工作，我觉得与其在那里闭门长住下去还不如走出来跟人们交往，所以我不等冬天过完又开始游历了。以后整整九年，我只是在世界上转来转去，遇到热闹戏就看一看，只当观众，不当演员。对每一个问题我都仔细思考一番，特别注意其中可以引起怀疑、可以使我们弄错的地方，这样，就把我过去马马虎虎接受的错误一个一个连根拔掉了。我这并不是模仿怀疑论者①，学他们为怀疑而怀疑，摆出永远犹疑不决的架势。因为事实正好相反，我的整个打算只是使自己得到确信的根据，把沙子和浮土挖掉，为的是找出磐石和硬土。这样做我觉得相当成功，因为我对命题进行审查、揭露其错误或不确之处的时候，用的并不是软弱无力的猜测，而是明白确切的推理；我发现任何一个命题，不管如何可疑，总可以从其中推出一点相当可靠的结论来，哪怕那个命题本身是一点都不可靠的。人们拆除旧房的时候，总是把拆下的旧料保存起来，利用它盖新房。我也是这样办的。我断定自己的某种看法根据不足，把它取消不要的时候，总是从各方面观察，取得若干经验，这些经验后来都有助于建立更可靠的看法。此外我还继续练习我所制定的那种方法，

---

① 古希腊晚期以 Pyrrhon 为首的主张怀疑一切的哲学家。

因为我不仅从一般的方面着手，按照那些规则仔细地运用我的全部思想，而且还随时留下一点时间，从特殊的方面着手，解决了某些数学上的难题，甚至解决了某些其他科学上的难题；我发现那些问题所依据的本原不够牢靠，使它们脱离了那些本原，就把它们弄得几乎跟数学问题差不多了。大家可以在这本书里见到许多实例①，说明我是怎样做的。如此看来，我的生活方式表面上跟某些人没有什么两样：不做什么事情，只是愉快地、正派地过着日子，用心把欢乐和邪恶分开；为了不至于闲得无聊，从事着各种正当的娱乐。可是尽管如此，我仍然在执行我的计划，增进我对真理的认识，成绩也许比埋头读书、只跟读书人往来还要大些。

然而，时间已经过了九年，我还没有对学者们争论不休的难题作出任何评判，还没有开始寻求任何比流行学说可靠的哲学原理。过去有许多高明的人曾经打算这样做，我觉得他们并没有成功。这种失败的先例使我想到这件工作困难很多，要不是听到人们传说纷纷，说我已经完成了这件工作，我大概还不敢这样早就去做它。我说不出那种传说的根据是什么，如果与我的言论有几分联系的话，那一定是由于我比一般有点学问的人老实些，有啥说啥，不知道的就说不知道；也可能是由于我举出种种理由说明我为什么对很多别人认为可靠的看法发生怀疑，而并不是由于我吹嘘某种学说。可是我还有点志气，不愿意有名无实，所以我认为自己无论如何一定要争口气，不负大家对我的器重。整整八年，

---

① 作者在本书中附有三篇论文，作为他运用这种方法进行研究的实例。

我决心避开一切可能遇到熟人的场合,在一个地方①隐居下来。那里在连年烽火之后已经建立了良好的秩序,驻军的作用看来仅仅在于保障人们享受和平成果,居民人口众多,积极肯干,对自己的事情非常关心,对别人的事情并不注意。我住在那些人当中可享受到各种便利,不亚于通都大邑,而又可以独自一人,就像住在荒无人烟的大沙漠里一样。

思考题:

1. 笛卡尔的怀疑的方法是如何产生的?有何意义?
2. "我思,故我在"的含义是什么?

参考书目:

1. 勒内·笛卡尔:《第一哲学沉思集》,庞景仁译,北京:商务印书馆,1986年。

2. 勒内·笛卡尔:《谈谈方法》,王太庆译,北京:商务印书馆,2001年。

3. 勒内·笛卡尔:《哲人咖啡厅:笛卡尔思辨哲学》,尚新建等译,北京:九州出版社,2004年。

---

① 荷兰。

十二　牛顿《自然哲学的数学原理》选读

牛顿（Isaac Newton, 1643—1727），生于英格兰东密德兰林肯郡，英格兰物理学家、数学家、天文学家、自然哲学家和炼金术师。他毕业于剑桥大学三一学院，二十六岁时接任剑桥大学卢卡西讲座的数学教授职位，曾担任英国皇家学会会长、法国皇家学会会员和英国皇家铸币局主管，传言加入过玫瑰十字会。

牛顿生活在文艺复兴之后，启蒙运动之前，英国资产阶级革命期间。教权和传统被逐渐觉醒的主体理性所冲击，自然科学的发展开始从根本上改造和改变人们的世界观。虽然亚里士多德哲学依旧是当时的教学主流，但伽利略、布鲁诺所贯彻的哥白尼天文学革命和笛卡尔、波义耳的机械论哲学，才是使牛顿在剑桥大学期间得益最深的知识。尊重规律和实证的精神使牛顿毕生受益匪浅，在新知识的指引下，这个天才几乎凭着一己之力完成了当时的科学革命，他的科学成就几乎涵盖了同时代以数学为代表的自然科学的所有主要领域。

牛顿死后葬于西敏寺大教堂中殿，是人类历史上第一个获得国葬的科学家。亚历山大·蒲伯为牛顿写下了这样的墓志铭："自然和自然律隐没在黑暗中；神说，让牛顿去吧！万物遂成光明。"

牛顿在科学上的成就主要可归纳为以下三个方面。

一、发明微积分。牛顿和德国数学家莱布尼茨分享了发明微积分学的荣誉，数学史上称为牛顿－莱布尼茨定理，数学从此由低级的狭隘境地进入了高级的广义领域。牛顿把这种微分和积分相结合、相互递进且相互转换的、新的数学方法叫作"流数法"（method of fluxions），用这种方法对一个函数进行的积分（即找到函数曲线在数轴的广义阴影区域），就是对其微分（即找到函数曲线在数轴上的任意限定区域）的反函数运算。以微分和积分为基础，牛顿创造出了一种可靠简便的数学分析法，即把从前用于解决寻找函数区域、切线、曲线长度以及最大值最小值等各种迥异的零散的繁复的数学技巧和方法，统一地规整了起来，定理为广义二项式定理。另外，牛顿还提出了牛顿恒等式、分类了立方面曲线（两变量的三次多项式）等等，并首次运用分式指数和坐标几何学，得到丢番图方程的解；他还首次有把握地运用幂级数和反转幂级数法则，趋近了对数的调和级数部分的和并（这是欧拉求和公式的先驱）；此外，牛顿还发现了 π 的一个新公式……

二、光学。牛顿在教学期间研究了光的折射，他认为光是由微粒构成的，棱镜可以将白光发散为彩色光谱，而透镜和第二个棱镜可以将彩色光谱重组为白光。他还通过分离出单色的光束，并将其照射到不同的物体上的实验，发现了色光不会改变自身的性质，无论是反射、散射或发射，色光都会保持同样的颜色，我们观察到的颜色是物体与特定有色光相合的结果，不是物体产生颜色的结果。散射将光分解而导致不可避免的视觉误差，牛顿在折射望远镜的基础上发明了反射望远镜，即现代天文望远镜的雏形。

三、万有引力和经典力学。牛顿最著名的成就是对万有引力的描述和在《自然哲学的数学原理》（*Philosophiae Naturalis Principia Mathematica*）中由此形成的牛顿三大定律，它们提供了匀速运动、加速度运动以及作用力和反作用力的公式，由此奠定了此后三个世纪里物理世界的基础观点。牛顿使用万有引力和三大定律论证了开普勒行星运动定律，表明天体的运动和地面物体都一样遵循着相同的自然定律，为太阳中心说提供了当时最具说服力的论据。

牛顿从未写过任何哲学著作，也鲜有什么政治意见，但我们无法忽视他在人类思想史上所产生的巨大影响力。牛顿带来了一个全新的世界观，他的科学革命影响到了西方近代的思维方式，万物有规律的观念从此成为一种信仰，人类开始确信一切都像机械运动一样，可以找到规律、原理和操作方法。而牛顿通过理论推演和实验操作获得的科学上的成功，让人们看到了这种信念的力量和价值。

牛顿将世界由一个上帝主宰的世界，变成了上帝用理性及普遍原理进行设计的世界。这些原理让每个人都能去获取知识，每个人都能在此生此世积极地追求自身目标，并用自身的理性力量来完善自我。这种基于宇宙可认知的世界观促生了启蒙主义思想，启蒙哲学家如伏尔泰、洛克将牛顿作为他们将自然和自然法则应用于当时每处物理和社会领域的指南和保证，当他们在批评社会的时候，必然试图将社会带入一个进步的自然模型。以赛亚·柏林曾说道："牛顿思想的冲击是巨大的。不论对它们的理解正确与否，启蒙运动的整个纲领，尤其是在法国，是有意识地以牛顿的方法和原理为基础的。它从他惊人的成果中获得信心并产生了深远的影响。"

《自然哲学的数学原理》是牛顿经典力学最重要的论著，其中探讨了运动三大定律、阻力公式、流体力学、音速计算及天体运行等诸多问题。文章节选自第一版序言和定义部分。

《自然哲学的数学原理》（节选）①

第一版序言

由于古代人（正如帕普斯所说）在自然事物的研究中极重视力学；而现代人，抛开实体的形式和隐藏的性质（qualitates occultae），努力使自然现象从属于数学的定律：因此这一专著的目的是发展数学，直到它关系到哲学时为止。而古代人按两个部分组织力学，理性的，它通过精确的证明进行，和实践的。所有的手工技艺属于实践的力学，力学之名也取自于此。但由于工匠习惯于较不精确的工作，使得整个力学与几何学分离，凡精确的归于几何学，凡较不精确的归于力学。但是错误不在技艺，而在工匠。工作较不精确，则力学是较不完善的；且如果能有最精确的工作，就有完全的完善无比的力学。因为画直线和圆，在其上几何学被建立，属于力学。几何学不教导画这些线，但需要这些

---

① 选自伊萨克·牛顿：《自然哲学中的数学原理》，赵振江译，北京：商务印书馆，2006年。

线。即要求新手也画得如同他早先受过指导那样精确,由此他进入几何学的门槛;然后教他何以问题被这些做法解决。画直线和圆是问题,但不是几何学的问题。这些解的要求来自力学,在几何学中教导应用这些解。且几何学以从它处得来的如此少的原理得出如此多的东西为荣。所以几何学以力学的实践为基础,且它不是别的,而是普遍的力学的那个部分,它提出和证明精确的测量的技艺。但是由于手工工艺习惯用于移动物体,致使通常物体的大小从属于几何学,运动从属于力学。在这种意义上理性的力学是运动的科学,它精确地提出并证明来自无论任何种类的力的结果,以及产生任意运动所需要的力。力学的这个部分,就它的从属于手工工艺的五种能力(potentae quinque)而言,已被古代人发展过,他们考虑重力(它不是手工的能力)不过是移动重物的那些能力。但是我们讨论的是哲学而非工艺,并陈述自然的而不是手工的能力,且极力深究与重力、轻力(levitas)、弹性力、流体的阻力以及无论是吸引的或者是推动的那类力有关的事项;所以我奉献这一著作作为哲学的数学原理。因为哲学的整个困难看起来在于:从运动的现象我们研究自然界的力,然后从这些力我们证明其他的现象。为此目的,对于普遍的命题,我在第一卷和第二卷中详加研究。但在第三卷中我提出这类事情的一个例子,通过它说明宇宙的系统。因为在那里,由天体的现象,通过在前两卷中用数学证明的命题,导出重力,由它物体趋向太阳和每一个行星。然后由这些力通过也是数学上的命题,导出行星的、彗星的、月球的和海洋的运动。我期望其余的自然现象能由力学的原理用同类的论证导出。因为许多理由使我怀疑它们可能都依赖某些力，由它们物体的小部分（particula），由一些至今尚不知道的原因，彼此相互碰撞并按规则的图形凝结，或彼此驱赶并退离；由于这些力未知，哲学家迄今对自然的尝试是徒劳的。但是我希望这里建立的原理会使这一或其他更真实的哲学方法更清楚。

在本书的出版中，极聪慧且精通所有学科的杰出人士埃德蒙·哈雷勤奋工作，他不仅校正样张并监督雕刻几何图形，而且他是我走向此书出版的发起者。事实上，在他获得我对天体的轨道的证明后，他不断催促我将此呈送皇家学会，此后承蒙他的劝勉和好意，我开始计划将它公之于众。但我既已着手月球的运动的均差，而后我也开始尝试其他问题，它们属于重力和其他力的定律和度量，以及物体按照任意给定的吸引定律画出的图形，多个物体彼此之间的运动，在阻力介质中物体的运动，介质的力，密度和运动，彗星的轨道，等等，出版的时间比我预想的推迟了，以便我能探究其余问题并把它们一起刊行。属于月球的运动（它虽然不完备）的内容，我把它们都放在命题 LXVI 的诸系理中，避免用与主题不适当的一个冗长方法分别证明包含在这里的问题，而且打断其余命题的顺序。后来发现的一些结果，我宁愿把它们插在一些不大合适的地方，而不改变命题和参见的序号。我恳求读者坦诚对待他所读到的一切，在研究时不过于苛求我在如此困难的题材上的错误，而以新的努力善意地加以补充。

1686 年 5 月 8 日
剑桥，圣三一学院

定义

定义 I

物质的量是起源于同一物质的密度和大小联合起来的一种度量。

两倍空气的密度且两倍它所在的空间,有四倍的空气;三倍它所在的空间有六倍的空气。对通过压缩或液化而凝结的雪或粉末亦作同样的理解。对以任何方式或无论何种原因而被凝结的物体,理由相同。在这里我没有考虑一种介质,如果存在这种介质的话,它自由地进入物体的部分之间的缝隙。以后各处在物体或质量的名下我指的是这一量。它可以通过每个物体的重量得知:因为由极精确的摆的实验,我发现它与重量成比例,如后面所示的。

定义 II

运动的量是同一运动的起源于速度和物质的量联合起来的一种度量。

整个的运动是每个部分的运动的和;且因此对两倍大的一个物体,以相等的速度,有两倍的运动,并且以两倍的速度有四倍的运动。

定义Ⅲ

物质的固有的力（vis insita）是一种抵抗的能力，由它每个物体尽可能地保持它自身的或者静止的或者一直向前均匀地运动的状态。

这个力总与物体自身成比例，也与物体的惰性（inertia）没有差别，除了在领悟的方式上。由于物质的惰性，使得每个物质自身的静止的或运动的状态难以被剥夺。因此固有的力也能用极著名的名称惰性力（vis inertia）来称呼它。但是一个物体仅在它自身的状态被一个施加于它的力改变时才使用这个力；在不同的观点之下那种使用既是阻力又是推动力（impetus）；就物体为保持它自身的状态而抵抗外加的力而言，它是阻力；同一物体，就难于退让抵抗阻碍的力而努力改变那个阻碍的状态而言，它是推动力。通常阻力归之于静止者且推动力归之于运动者：但是运动和静止，如通常所认为的，只是由于观点而彼此被区分，且通常被认为是静止的并不总是真正的静止。

定义Ⅳ

外加的力是施加于一个物体上的作用，以改变它的静止的或者一直向前均匀地运动的状态。

这个力只存在于作用之中，作用之后并不留存在物体中。因为一个物体的新的状态只被惰性力保持。而且外加的力有不同的起源，如来自打击，来自压力，来自向心力。

定义 V

向心力是［一种作用］，由它物体被拖向、推向或以其他任何方式趋向作为中心的某个点。

这一类的力中有重力，由它物体趋向地球的中心；有磁力，由它铁前往磁石；再有那个力无论它是什么，由它行星持续被从直线运动上拉回，并被迫在曲线上运动。石块，它在投石器中旋转，努力离开旋转它的手而去；且由于它自己的努力拉伸投石器，旋转得越迅速拉伸愈甚；又当松开投石器时，石块飞去。与那种努力方向相反的力，由它投石器持续把石块向着手拉回并把石块保持在一条轨道上，指向作为轨道的中心的手，我称之为向心力。且对所有的物体，它们被迫在轨道上运动，道理是一样的。它们都努力从它们的轨道的中心退离，除非某个与退离方向相反的力参与，由它物体被抑制且被保留在轨道上，所以我称它们为向心的，否则它们以均匀的运动沿直线离开。一个抛射体，如果重力被除去，它不向地球偏折，而沿直线飞入天空，只要空气的阻力被消除。抛射体由于自身的重力从直线路径上被拉回并持续向地球偏折，且其大小依照它自身的重力和运动的速度。它的重力按照物质的量愈小，或者它被抛射的速度愈大，它离直线路径的偏折愈小且前进得愈远。如果一个铅球，以给定的速度自某一山的山巅沿地平线由炮的火药的力被抛射，在落到地面之前沿一条曲线前进二哩的一个距离；这个抛射体以二倍的速度前进二倍远，且以十倍的速度前进十倍远，只要空气的阻力被消除。且增大速度，被抛射的距离能随意增大，且减小它画出的线的曲率，如此使得它以十度或者三十度或者九十度的距离下落；或者甚至环绕整个地球，或者飞入天空并继续其运动以至无穷。且由同样的方式，一个抛射体，由于重力能被弯折到一个轨道并环绕整个地球，且月球能或者由重力，如果它有重力的话，或者由其他任意的力，由这种力它被推向地球，且总是从直线路径上被拉向地球，并弯折入它自己的轨道。这个力，如果它太小，则不能使月球从直线路径上充分地弯折；如果太大，则弯折过甚使月球被拉离它朝向地球的轨道。无疑力有恰当的大小是必须的，且数学家任务是发现力，由它物体以给定的速度能恰好被保持在任意给定的轨道上；且反之发现弯曲的路径，一个物体自任意给定的位置以给定的速度出发，由给定的力它被弯折而进入那条路径。但是这个向心力有三种量：绝对的量，加速的量和引起运动的量。

定义VI

向心力的绝对的量是同一个力的一种度量，大小与它由中心经周围环绕的区域传播引起的效力成比例。

如磁力按照磁石的尺寸或者强弱在一块磁石上较强且在另一块上较弱。

定义 VII

向心力的加速的量是同一个力的一种度量,与在给定的时间它所生成的速度成比例。

如同一块磁石的力,距离愈近愈大,距离愈远愈小;或者如重力,在山谷中较大,在较高的山顶较小,且在离地球更大的距离上(正如后面弄清楚的)甚至更小;但在相等的距离,它在各个地方是一样的,因为所有下落的物体(无论重的或者轻的、大的或者小的),除去空气的阻力,被同等地加速。

定义 VIII

向心力的引起运动的量是同一个力的一种度量,与在给定的时间它所生成的运动成比例。

如在较大的物体中的重量较大,在较小的物体中的重量较小;且同一物体靠近地球时较重,在天空中较轻。这个量是整个物体的向心性(centripetentia)或者向着中心的倾向,且(据我如此说)是它的重量;它总能通过与它方向相反且相等的力而为人所知,此力能阻止物体的下落。

力的这些量,为了简洁起见,可称之为引起运动的力、加速的力和绝对的力;为了区别起见,以物体寻求一个中心,以物体的位置以及以力的中心为标准;亦即,引起运动的力对于物体,一如整个物体趋向一个中心的努力，且它由各个部分的努力合成；加速的力对于物体的位置，一如某种效力，自中心通过周围的每个位置扩张，以使在那些位置的物质运动；又绝对的力对于中心，一如某种原因，没有它引起运动的力不通过周围的区域传播；无论那个原因是某个中心物体（如磁石在磁力的中心，或者地球在重力的中心），或者某一尚未明了的原因。这个概念只局限于数学方面：因为现在我不考虑力的物理学原因和状况。

所以加速的力比引起运动的力如同速度比运动。因为运动的量起源于速度和物质的量的联合；且引起运动的力起源于加速的力和同一物质的量的联合。因为加速的力在物体的每个小部分上的作用的和是整个物体的引起运动的力。因为临近地球的表面，那里加速的重力或者重力的产生力，对所有的物体普遍地相同，引起运动的重力或重量如同物体：如果上升到一个区域，在那里加速的重力变小，重量同等地被减小，且总是如同物体和加速的重力的联合。于是在一个区域，在那里加速的重力减半，一半或三分之一大的物体，重量小四或者六倍。此外，在同样的意义上我称吸引和推动是加速的和引起运动的。而且我无差别且不分彼此地交换使用吸引、推动，或任何种类的趋向一个中心的词；这些力不是从物理学上而是从数学来考虑的。因此读者应避免由此类的词相信我在某处定义作用的种类或者方式，或者物理学的原因和理由（ratio），或者我在真实和物理学的意义上把力归于中心（它们是数学上的点）；如果我偶尔说到中心牵引，或者中心有力的话。

解释（*Scholium*）

到目前为止对较不熟悉的词语，我已解释了它们在随后的讨论中应被理解的意义。时间、空间、地方（locus）和运动是每个人都非常熟悉的。但是必须注意，普遍人正是从他们对可感觉到的物体的关系来领悟这些量。且因此产生一定的偏见，为了消除它们把那些量区分为绝对的和相对的、真实的和表面的、数学的和普遍的是适宜的。

I. 绝对的、真实的和数学的时间，它自身以及它自己的本性与任何外在的东西无关，它均一地流动，且被另一个名字称之为持续（duratio）、相对的、表面的和普遍的时间是持续通过运动的任何可感觉到的和外在的度量（无论精确或者不精确），常人用它代替真实的时间，如小时、日、月、年。

II. 绝对的空间，它自己的本性与任何外在的东西无关，总保持相似且不动，相对的空间是这个绝对的空间的度量或者任意可动的尺度（dimensio），它由我们的感觉通过它自身相对于物体的位置而确定，且被常人用来代替不动的空间：如地下的空间的、空气的或天空的空间的尺度由它们自身相对于地球的位置而确定。绝对的和相对的空间在种类和大小上是一样的；但在数值上并不总是保持相同。因为，例如，如果地球运动，我们的空气的空间，它是相对的且相对于地球总保持相同，一会儿绝对空间的一部分在空气穿过的地方，一会儿它的另一部分在空气穿过的地方，且因此在绝对的空间中不断地变化。

III. 地方是空间的一个部分，它由一个物体占据，依赖空间，是绝对的或者相对的。我说,空间的部分,既不是物体的位置,也不是环绕物体的表面。因为相等的立体它们的地方总是相等的;但表面由于它们的形状的不同而大多不相等;位置(situs),严格地说,没有量,与其说是地方,不如说是地方的属性。整体的运动与部分的运动的和是一样的,这就是,整体从它自身的地方的移动与它的部分从它们自身的地方的移动的和是一样的;且因此整个的地方与部分的地方的和是一样的,所以在整个物体的内部。

Ⅳ. 绝对的运动是物体从一个绝对的地方移动到另一个绝对的地方;相对的运动是物体从一个相对的地方移动到另一个相对的地方。由是在一艘航行的船上,一个物体的相对的地方是船上的那个区域,它被物体占据,或者船的整个空腔的那个被物体充满的部分,因此与船一起运动:则相对的静止是物体在船的那个相同的区域或者空腔的相同的部分持续存在。而真正的静止是物体在不动的空间的那个相同的部分持续存在,在此空间中船与它自身的空腔和所有它包含的东西一起运动。因此如果地球的静止是真实的,一个与一条船相对静止的物体,它以船在地球上运动的速度真实地且绝对地运动。但是,如果地球也是运动的,则此物体的真实的和绝对的运动部分地起源于地球在不动的空间中的真实的运动,部分地起源于船在地球上的相对的运动;且如果物体在船上也有相对的运动,则它的真实的运动,部分地起源于地球在不动的空间中的真实的运动,部分地起源于船在地球上相对的运动和物体在船上的相对的运动;且由这些相对的运动引起它对地球上物体的相对的运动。倘若地球的那个部分,当船在其上,是以10010份的速度向东的真实的运动;且船扬帆顺风以十份的速度西去；又在船上一个水手以一份的速度向东走去：则水手在不动的空间以10001份的真实的和绝对的速度向东移动，且在地球上以九份的相对的速度向西移动。

绝对的时间与相对的时间在天文学中通过普遍的时间的差（aquatio）被区别开来。因为自然日是不相等的，通常为了测量时间而被认为是相等的。天文学家校正这种不等性，为了由更精确的时间测量天体的运动。可能不存在均一的运动，由它时间被精确地测量。所有的运动可能都是加速的和迟滞的，但绝对的时间的流不可能被改变。事物的存在性的持续或者保持是同样的，无论它们的运动是迅速，或者是缓慢，或者是没有；因此这一持续应能与它的能被感觉到的测量区分，且能由天文学中的差导出。而且，这个差在确定现象何时发生时的必要性既被用摆钟的实验所揭示，亦被木星的卫星的食所揭示。

正如时间的部分的次序是不能改变的，空间的部分的顺序亦然。若那些部分从它们自身的地方被移开，则它们被从（据我如此说）它们自己移开。因为时间和空间是，正如它们过去是，它们自身以及一切事物的地方。宇宙万物，在时间上居于相继的次序中，在空间中处于位置的次序中。那些事物的本质是地方，且初始的地方的运动是荒谬的。所以这些地方是绝对的地方；且仅是离开这些地方的迁移是绝对的运动。

但是，因为我们不能看到空间的这些部分，而且由我们的感觉不能彼此区分它们；我们代之以可以感觉到的测量。因为从事物离开某个我们认为是不动的物体的位置和距离，我们定义万物的地方，然后相对于前述的地方我们估计所有的运动，在此范围我们想象物体自那些地方的迁移。因此绝对的地方和运动被我们用相对的地方和运动所代替；这在人间的日常事物中不无便利；但在哲学中应从感觉抽取它们。因为可能没有真正静止的物体，地方和运动由它作参照。

但是绝对的和相对的静止和运动被它们自身的特性和原因以及效应区别开来。静止的特性是，物体真实的静止，是它们彼此之间的静止。且所以，由于可能有某个物体在恒星的区域，或者更远，是绝对静止的；但是我们的区域中，从物体彼此的位置不能知道是否这些中的某一个对那个遥远的物体保持给定的位置，从这些物体的位置彼此之间的关系不能定义真实的静止。

运动的特性是，部分，它们与整体保持给定的位置，参与这个整体的运动。因为在轨道上运动的［物体的］所有部分，努力自运动的轴退离，且［物体］前进的推动力起源于它的每个部分的推动力的联合。所以，如果周围的物体在运动，在里面的与它们相对静止的物体也参与它们的运动。且因此真实的和绝对的运动不能由离开近处物体的迁移确定，这些物体被视为是静止的。因为外面的物体不仅被视为是静止的，而且是真正地静止的。否则，所有被包含的物体，除了离开周围靠近它们的物体的迁移，也参与它们的真实的运动；且如果没有那个迁移，它们也不是真实的静止，而仅被视为是静止的。因为周围的物体对于被包围在其中的物体，如同整体的外面的部分对于里面的部分，或者如同壳对于核。且当壳运动时，核在不从壳的附近迁移的情况下，作为整体的一个部分而运动。

与以上所说的特性有关系的是，当一个地方运动时，放置在这个地方的东西与它一起运动；且所以一个物体，它从一个运动着的地方离开，也参与它自身的地方的运动。所以，一切运动，它们离开运动着的地方，都仅是整体的和绝对的运动的部分，且每一整体的运动由一个物体离开它的初始的地方的运动，以及这个地方离开它自己的地方的运动，如此等等的运动，直到某个不动的地方，复合而成，如上面提到的水手的例子。因此，整体的和绝对的运动不可能被确定，除非通过不动的地方；且所以以上我把这种运动归之于不动的地方，把相对的运动归之于可以运动的地方。但是不动的地方是没有的，除了从无限到无限彼此保持给定的位置的所有地方；且因此总保持不动，并构成一个空间，我称之为不动的。

原因，由于它们真实的和相对的运动被彼此区分，是施加在物体上以生成运动的力。真实的运动既不被生成亦不被改变，除非施加力于运动的物体；但相对运动的生成和改变不需要施加力于这个物体。因为仅在其他物体上施加力就足够了，它与那个给定的物体有关系，当那个物体退让，那个关系被改变，在此关系中构成这个物体的相对的静止或者运动。此外，真实的运动总被加在一个运动着的物体上的力改变；但相对的运动不是必须地被这种力改变。因为，如果相同的力既施加于一个运动着的物体亦施加于其他与之有关系的物体，使得相对的位置被保持。所以，每个相对的运动在真实的运动被保持时，能发生变化；且因此真实的运动绝不会由此类关系构成。

效应，由于它们绝对的和相对的运动被彼此区分，是从圆周运动的轴退离的力。因为在纯粹的相对的圆周运动中这些力是没有的，但在真实的和绝对的圆周运动中这些力的大小依照运动的量。如果由一条甚长的绳悬挂一只桶，且桶被持续转动，直到绳由于扭转过甚而变硬，再注入水，且桶与水一起静止；然后，另一个力突然使桶向相反的方向做旋转运动，且绳子扭开时，这个运动保持一段时间；刚开始时水的表面是水平的，与容器在运动之前一样。但此后容器，通过逐渐施加力于水，使水开始有感觉得到的旋转；水逐渐地从中间退离，且在容器的壁上升高，呈凹面的形状（正如我曾试验过的），且运动愈快，水上升得愈高，直到它与容器在同样的时间完成旋转，且在容器中相对静止。水的这一升高揭示它努力从运动的轴退离，且由这样的努力能知道并测量水的真实的和绝对的圆周运动，这里它与相对运动的方向正相反。在一开始，当在容器中的水的相对的运动极大时，那个运动没有引起从轴退离的努力：水没有寻求周边在容器的壁上升高，而是保持水平，且所以它的真实的圆周运动尚未开始。但后来，当水的相对运动减小，它在容器的壁上的升高揭示出水从轴退离的努力；且这一努力证明那个真实的圆周运动持续增加，且当水在容器中相对静止时成为最大。所以，那个努力不依赖水相对于周围的物体的迁移，且因此真实的圆周运动不能由此种迁移确定。每个旋转着的物体的真实的圆周运动是惟一的，对应于一种惟一的努力作为它特有的且适当的效应，而相对的运动对于外部的各种关系是不可计数的；一如其他关系，完全缺乏真实的效应，除非参与那个真实的而且惟一的运动。且因此在一些人主张的那个系统中，它在恒星天之下包含着我们的诸多天空在旋转并携带着行星一起运动，天空的每一部分以及行星在邻近它们的天空中是静止的，其实是运动的。因为它们自身的位置彼此之间会被改变（这不同于真实的静止），且被它们的天空携带着，参与天空的运动，且作为旋转着的整体的部分努力从那些整体的轴退离。

所以，相对的量不是它们承担名字的那些量自身，而是它们的那些可以感觉到的测量（无论精确或者不精确），并被常人用来代替被测量的量。但如果词的意义由用法定义；则这些可以感觉到的测量能用时间、空间、地方和运动的那些名称恰当地被理解；如果量被理解为这里的被测量的量，则表达的方式是罕见的且是纯数学的。因此，那些把这些词解释为被测量的量的人，歪曲了《圣经》。那些把真正的量与它们的关系和普通的测量相混淆的人，同样玷污了数学和哲学。

的确，从表面上的行为认识单个物体的真实的运动是极为困难的；因为那些不动的空间的部分，在其中物体真正地运动，没有触及感觉。但是，情况不是完全无望。因为能导出一些论据，部分地从表面上的运动，它们是真实的运动的差；部分地从力，它们是真实的运动的原因和效应。例如，如果两个球，用一根连结它们的绳子保持彼此给定的距离，围绕它们的重力的公共的中心旋转；由绳子的伸张能知道球自运动的轴退离的努力，且因此能计算圆周运动的量。然后，如果任意相等的力立即施加于球的交替的面上以增大或者减小它们的圆周运动；从绳子的伸张的增大或减小能知道运动的增大或减小；且因此能发现球的面，力加在它们上面能使运动有一个极大的增加，这就是，后面的面，或尾随圆周运动的面。但是知道了尾随圆周运动的面，就知道了相对的面，它在圆周运动中先行，运动的方向就被知道。按这种方式能发现在任意无限的真空中圆周运动的量和方向，那里没有外在的和能感觉到的存在能与球比较。现在，如果在那个空间中放置了一些遥远的物体并保持相互之间被给定的位置，一如在天空的区域中的恒星；从球在物体之间的相对的迁移不能明了这运动应归于球或者物体二者之中的那一个。但是如果注意绳子，并发现它的伸张正是球的运动所需的，即可做出球是运动的，且物体是静止的结论；且最后由球在物体之间的迁移，推断出这个运动的方向。但是如何从它们的原因、效应，以及表面上的差推断真实的运动；且反之，如何从真实的或者表面上的运动推断它们的原因和效应，详述于后。因为这正是我撰写这一著作的目的。

思考题：

1. 牛顿的科学成就为人类社会所带来的根本变化是什么？

2. 如何理解启蒙运动从牛顿"惊人的成就中获取信心并产生深远影响"？

延伸阅读：

1. 牛顿：《自然哲学的数学原理》，王克迪译，北京：北京大学出版社，2006年。

2. 丰特奈尔等：《牛顿传记五种》，赵振江译，北京：商务印书馆，2007年。

3. 阎康年：《牛顿的科学发现与科学思想》，长沙：湖南教育出版社，1989年。

十三　卢梭《社会契约论》选读

　　让－雅克·卢梭（Jean-Jacques Rouseau，1712—1778），18世纪法国伟大的启蒙思想家，被称为近代知识分子第一人。他于1712年6月生于瑞士日内瓦，其父亲是个钟表匠，名为伊萨克·卢梭，一个法国基督教新教徒；其母亲名为苏珊·卢梭。卢梭是父母的第二个儿子，他出生几天后，母亲就因产后失调而去世。但据卢梭的《忏悔录》记载，他虽幼年丧母，却有慈爱的姑母抚养；父亲喜好古希腊、古罗马经典，经常读给小卢梭听。卢梭十岁时，家里又发生变故——他的父亲与人发生纠纷，诉讼失败不得已而逃往里昂。从此，卢梭实际上成了孤儿，十二岁开始就过着漂泊不定的艰难生活：在公证人家中打过杂、在雕刻匠的店铺做过学徒、在贵族家当过仆役、做过土地测量员，还靠教音乐和抄写乐谱为生，卢梭饱尝了人世的艰辛，遭遇了无数不平等的待遇。卢梭从没接受过正式的学校教育，只是断断续续从牧师或家庭教师那里学习过一些零散的知识。他的学识基本上是通过实际生活和业余阅读获得。从四十年代起，卢梭开始步入贵族沙龙、上层社会，1729年，经一个神父介绍，他结识了华伦夫人，生活境况有所改变；特别是相继结识了已经成名的伏尔泰、拉摩，还与狄德罗成为知己，并受邀为《百科全书》撰写音乐词条。这些思想家宣扬的启蒙主义使卢梭眼界大开，为他日后的创作积蓄了极大的思想能量。

卢梭一生的主要著作有《论科学与艺术》《论人类不平等的起源和基础》《社会契约论》《新爱洛伊丝》《爱弥儿》《忏悔录》等。1750年，卢梭在其应征论文《论科学与艺术》中，提出科学与艺术的进步是人类堕落的根源。这一强烈的反传统观念使他"一飞冲天"（狄德罗语），令人刮目相看；而其中"自然"与"文明"对立的观点，又使他陷入了更深的思考，于是有了《论人类不平等的起源和基础》（1754）。他在文中虽然偏颇地歌颂原始社会而攻击文明社会，但他关于社会不平等的起源以及这种不平等是如何发展的观点，"却闪耀着真正的天才发现"。不过对《社会契约论》来说，这还只能算作"长篇导论"。1761年发表的《社会契约论》才是他最重要的政治理论著作。书中第一卷第一章开篇即提出："人生来是自由的，但却无处不身带枷锁，自以为是其他一切的主人的人，反而比其他一切更是奴隶。"如果说卢梭之前的著作回答了造成这种奴役状况的原因，那么在法国资产阶级革命前夕，卢梭则顺应社会政治之需，积极探索要建立一个怎样的国家组织方能确保人类的自由和幸福。其中所阐述的国家是社会契约的产物、主权在民、法律面前人人平等，在推动历史前进中产生了巨大而且深远的影响。这表现在：一是锋芒直指封建专制和封建特权；二是为资产阶级政治法律制度的确立提供了理论基础，美国的《独立宣言》、法国的《人权宣言》都宣称：人们生来是而且始终是自由平等的;三是对后来的思想家如罗伯斯庇尔、杰斐逊、潘恩等产生了极大的影响。即使到了现代,这些思想仍闪烁着光芒,照亮着人们前进的方向。

选文节选了《社会契约论》第一卷的第五至九章。作者在这里彻底否定了格老秀斯关于人民委身于一个国王的契约观;分析了社会契约要解决的根本问题、由订约者构成的"抽象的集体"特性,以及由此形成的人民"主权体"的实质意义等;阐述了主权与契约的关系及契约对个体的制约、主权体内部个体与国家的关系;进而指出建立在社会契约基础上社会进步的本质意义:一是公义取代了本能,二是每个人在享有财产权的同时也将其人身和全部力量,包括财产奉献给了社会共同体。

《社会契约论》(节选)[①]

第五章 论总需追溯到一个原始的约定

即使我对我在前面批驳的那些观点完全表示赞同,君主专制论的鼓吹者们也不可能从中捞取到什么救命稻草。压制一群人和治理一个社会,其间是有巨大的差别的。分散的人们即使一个又一个地受某一个人的奴役。不论他们的人数是多少,我也只把他们看作是一个主人和一群奴隶,而不把他们看作是一个国家的人

---

① 选自卢梭:《社会契约论》,李平沤译,北京:商务印书馆,2012年。

民和他们的首领。我认为他们只不过是聚合在一起,而不是结合在一起①;他们之间没有共同的利益,也不构成一个政治体。这个人即使奴役了半个世界的人,他也仍然是一个普通人,他的利益同其他人的利益毫无关系,因此只能是他个人的利益。如果这个人死了,他的帝国在他死后便分崩离析,立刻瓦解,同一棵被人放火烧了的橡树化成一堆灰烬一样。

格老秀斯说:人民可以把自己奉献给一位国王②。照格老秀斯的这个说法来看,人民在把自己奉献给国王之前就已经是一个国家的人民了。这种奉献,其本身是一种政治行为,它包含有一种公众的意愿,因此,在分析人民在选举国王方面所做的这种行为之前,最好是先研究一下人民是采用何种行为而使自己成为人民的,因为只有这种必须先于另一行为的行为才能构成社会的真正基础。

事实上,如果没有事先约定的话,除非选举的结果是全体一致的,否则,少数人何以必须服从多数人的选择呢?那一百个选

---

① "把人聚合在一起的方法有千百种,但把人结合在一起的方法却只有一种。因此,我在本书中只提出一种方法作为构成政治社会的方法。尽管现今以这种名称存在的团体有许许多多,但没有任何两个团体是按同样的方法形成的,也没有任何一个团体是按我说的方法结合的。"(卢梭:《社会契约论》初稿本(1760),第1卷,第5章)——译者

② 参见本书第10页脚注③。——译者[第10页脚注③:格老秀斯的这段话是这样说的:"既然按照古希伯来的法律和古罗马的法律,允许一个人愿意当谁的奴隶就当谁的奴隶,那么,为什么一个国家的人民就不能臣服于一个或几个人,把统治自己的权利毫无保留地转让给他们呢?"(格老秀斯:《战争与和平法》,第1卷,第3章)——译者]

某人为首领的人凭什么权利替那十个不选那位首领的人投票呢？少数服从多数这个法则，其本身就是一种约定，表明至少有一次是全体一致的。

第六章 论社会公约

我认为人类曾经达到过这样一种境地：在自然状态下危及他们的生存的障碍之大，已经超过了每一个人为了在这种状态下继续生存所能运用的力量，因此，这种原始状态已不可能再继续存在。人类如果不改变其生存方式，就会灭亡。

然而，由于人类不可能产生新的力量，而只能联起手来使用现有的力量，因此，除了把大家的力量集合起来形成一股力量，在一个动机的推动下，一致行动，才能战胜阻力，否则，人类就不可能继续存在。

这股大力量，只有靠许多人的共同协作才能形成。但是，由于每个人的力量和自由是他保持自己的生存的主要手段，因此，要怎样做，才能既把它们投入众人集合的大力量而又不损害自己而且不忽视对自己应有的关怀呢？对于这一难题，根据我在本书阐述的原理，我的解决办法可以用下面这段话来表述：

"创建一种能以全部共同的力量来维护和保障每个结合者的人身和财产的结合形式，使每一个在这种结合形式下与全体相联合的人所服从的只不过是他本人，而且同以往一样的自由。"社会契约所要解决的，就是这个根本问题。

这个契约的条款，由于它本身的性质，是规定得如此明确，所以，只要稍微有一点儿改变，就会使它变为一纸空文，不起作用。尽管这些条款从未被人正式公布过，但它们在所有地方都是一样的，在所有地方都为人所默认和公认。社会公约一旦被破坏，每个人便立刻恢复了他原来的权利；只要一失去约定的自由，他就可以收回他早先为了得到约定的自由而放弃的天然的自由。

这些明白无误的条款，可以归结为这么一句话：每个结合者以及他所有的一切权利已全都转让给整个集体了。因为，首先，既然每个人都把自己奉献给集体，可见这个条件对大家都是同等的。既然条件对大家都是同等的，那么，就不会有人愿意使它不利于别人。

其次，由于转让是毫无保留的，因此联合体就必然是尽可能完美的；每一个结合者就不会有什么额外的要求，否则，如果个人还保留有某些权利，如果在个人与公众之间没有一个能做出裁决的共同上级，如果每个人在某些事情上由他自己裁判。那他很快就会事事都由自己做主，这样一来，自然状态就会继续存在，而结合就一定会变成暴虐的或空有其名的。

最后，由于每个人都是把自己奉献给全体而不是奉献给任何一个个人，由于每个人都能从其他结合者那里得到与他转让的权利相同的权利，所以每个人都得到了他失去的东西的等价物，并获得了更多的保护其所有物的力量。

这样一来，如果我们把社会公约中非本质的东西都排除掉，社会公约就可简化成如下的词句：我们每一个人都把我们自身和我们的全部力量置于公意的最高指导之下，而且把共同体中的每个成员都接纳为全体不可分割的一部分。

按照上面的词句来看，每个缔约者立刻就不再是单个的个人了；这一结合行为立刻就产生了一个在全体会议上有多少成员就有多少张票的有道德的共同体。通过这一行为，这个有道德的共同体便有了它的统一性，并形成了共同的"我"，有它自己的生命和意志。这样一个由全体个人联合起来形成的公共人格，以前称为"城邦"①，现在称为"共和国"或"政治体"。当它是被动时，它的成员称它为"国家"；当它是主动时，则称它为"主权者"；把它和它的同类相比较时，则称它为"政权"；至于结合者，总起来就称为"人民"；作为主权的参与者，则每个人都称为"公民"；作为国家的法律的服从者，则称为"臣民"。不过，这几个名词经常混淆，互相通用，只要我们严格按照它们的意义使用，知道加以区分就行了。

---

① 这个词的真正意思，在现代人中几乎已完全消失；大多数人都把一个城市看作一个城邦，把一个市民看作公民。他们不知道城市是由家庭构成的，而城邦是由公民构成的。这一错误，曾经使迦太基人付出了很大的代价。我在任何一本书中都没有看到有谁把"公民"这个称号给予任何一个君主的臣民，即使是从前的马其顿人和今天的英国人都没有用过这个称号，尽管他们比所有其他国家的人都享有更多的自由。只有法国人随便乱用"公民"这个词，因为，从他们的字典中就可看出，他们根本就不明白这个词的真正意思。要是他们真的知道这个词的意思而使用这个词的话，他们就会犯大逆不道的谋叛君主罪。在法国人那里，这个词的意思是表示一种德行而不是一种权利。博丹［博丹（1530—1596）：法国政治著述家，著有《六论共和国》（1576），对绝对君主专制度大唱赞歌。——译者］在论述我们的公民和市民时，就把这个词当作另一个词来使用，因而犯了一个大错误。达朗贝尔先生就没有犯这个错误；他在他写的《日内瓦》这个词条里就非常清楚地区分了我们城市中的四等人（如果把普通的外国人也包括在内的话，是五等人），而构成那个共和国的，只是其中的两等人。就我所知，还没有另外一个法国作家了解"公民"这个词的真正的意思。——作者

第七章　论主权者

从前面那段表述①就可看出：结合的行为包含有一个公众与个人之间的相互约定；每一个个人在可以说是与他自己订约时，便有了双重身份，即：对个人来说，他是主权者的一个成员；而对于主权者来说，他又是国家的一个成员。但在这里却不适用民法中的这条准则，即任何人都可以不遵守他与他自己订的规约，因为个人同他自己订约，与个人同全体（个人只不过是全体中的一部分）订约，其间是有很大的区别的。

还需指出的是，尽管公众的决定可以使所有的人服从主权者，但由于每个人都要受两个不同的关系的制约，所以不能以相反的理由要求主权者约束其自身。因为，要求主权者给自己制定一条他不能违背的法律，那是违背政治体的本性的。既然只能按照唯一的同一种关系来考虑自己，可见每个个人都是在同他自己订约，因此，没有而且也不能有任何一种约束人民共同体的基本法律，即使是社会契约，也不能。这并不是说，这个共同体在不损害这一契约的条件下不能与外人订约，因为对外人而言，她是一个单一体，一个个体。

不过，由于政治体即主权者完全是凭借契约的神圣性而存在的，所以自己便绝对不能做任何有损于这一原始契约的事，即使对外人，也不能做，例如转让他自己的某一部分或者受制于另一个主权者。破坏了他赖以存在的契约，就等于是消灭了他自己；

---

① 指第六章中对社会公约的那段表述。——译者

自己不存在了，那就什么事情也不能做了。

人们一旦结合成了一个共同体，则侵犯其中的任何一个成员，就不能不伤害整个共同体；而且，只要稍微对政治体有一点侵犯，就更不能不使它的成员感到这一侵犯行为对他们的影响。因此，义务和利益使缔约的双方都要互相帮助，要想方设法在这种双重关系下把所有一切从这种关系中产生的利益结合在一起。

而且，主权者既然是由构成主权者的各个人组成的，所以主权者就没有而且也不可能有与他们的利益相反的利益，因此主权权力没有必要向其臣民提供什么保证，因为政治体存心伤害其成员的情况是不可能发生的，我们在后面还要谈到它也不可能伤害任何一个个人。主权者正是由于他是主权者，所以他该怎样行事，他便会永远都那样行事。

不过，臣民对于主权者就不是这样了。尽管有共同的利益，但是，如果主权者没有确保其获得臣民的忠诚的办法，那他也就没有办法能使臣民保证履行他们的承诺。

事实上，作为个人来说，每一个人都有一种与他作为公民的公意相反的或不相同的个别意志。他的个人利益对他的行为产生的影响与共同利益对他的行为产生的影响完全不同。他那绝对的和天然独立的存在，将使他把他对于共同事业所做的一切都看作是一种无偿的贡献；不做这种贡献而给别人造成的损失将少于因做这种贡献而给他自己造成的负担。他将把那种构成国家的道德人格，因为它不是一个个人，便只把它看作是一个理性的存在；因此，他就只想享受公民的权利而不愿意尽臣民的义务。这种不公正的做法长此下去，必将使政治共同体遭到毁灭。

为了使这项社会契约不致成为一纸空文，它就不言而喻地包含有这样一个约定，即：只有它才能使其他约定具有效力；谁拒不服从公意，整个共同体就要强迫他服从公意，这就是说人们要迫使他自由①，因为这是保证每个公民只依附于祖国而不依附其他人的条件②。有了这个条件，才能使政治机器有力地运作起来；只有这个条件才能使社会约定成为合法的。没有这一条件，任何社会约定都将是荒谬的，暴政的，而且会遭到严重的滥用。

第八章　论社会状态

　　人类从自然状态一进入社会状态，他们便发生了一种巨大的

---

① "人们要迫使他自由"，意为迫使他服从法律。因为，正如卢梭在本卷第八章所说的："服从人们为自己所制定的法律，才能自由。"——译者

② 卢梭在《社会契约论》中要达到的目的之一，就是要保障每个公民不受人身依附之苦，不让一个人受另一个人的意志的支配，不论另一个人是什么英明如神的伟大人物。因为，正如他在《论人与人之间不平等的起因和基础》中所说的："在人与人的关系中，最糟糕不过的是让自己听任别人的任意摆布。"卢梭希望的是：一切人都只服从法律而不服从任何个人。关于这一点，他在1762年《社会契约论》问世的同时出版的《爱弥儿》中有如下一段精辟的论述："有两种隶属：物的隶属，这是属于自然的；人的隶属，这是属于社会的。物的隶属不含有善恶的因素，因此不损害自由，不产生罪恶，而人的隶属则非常紊乱，因此罪恶丛生。正是由于这种隶属，才使主人和奴隶都互相败坏了。如果说有什么方法可以医治社会中的这个弊病的话，那就是要用法律来代替人，要用那高于任何个别意志行动的真正力量来武装公意。如果国家的法律也像自然规律那样不稍变易，不为任何人的力量所左右，则人的隶属又可以变成物的隶属，我们在国家中就可以把所有的自然状态和社会状态的好处统一起来，就可把使人免于罪恶的自由和培养节操的道德结合在一起。"（卢梭：《爱弥儿》，李平沤译，商务印书馆2007年版，上卷，第82—83页）——译者

变化：在他们的行为中，正义代替了本能，从而使他们的行为具有了他们此前所没有的道德性；只是在义务的呼声代替了生理的冲动和权利代替了贪欲的时候，此前只关心他自己的人才发现他今后不能不按照其他的原则行事，即：在听从他的天性驱使前先要问一问他的理性。尽管在这种状态中他失去了他从自然界中得到的一些好处，但他也得到了许多巨大的收获：他的能力得到了锻炼和发展，他的眼界开阔了，他的感情高尚了，他的整个心灵提升到了如此之高的程度，以致，如果不是由于滥用这种新的状态，因而使他往往堕落到比他原先的状态还糟的地步的话，他将无限感激使他进入社会状态的那一幸福的时刻的，因为正是从这个时刻起，他从一个愚昧的和能力有限的动物变成了一个聪明的生物，变成了一个人。

现在让我们把人类的收获和损失中的容易比较的东西列举如下，看一看他们的所得和所失。人类由于社会契约而损失的，是他们的天然的自由和他们企图取得和能够取得的一切东西的无限权利；而他们得到的，是社会的自由和他们对他们拥有的一切东西的所有权。为了不至于对以上开列的收支项目发生误解，就必须把以个人体力为界限的天然的自由和受公意限制的社会的自由加以区别，把依靠个人强力或最先占有权而拥有的财产权和根据正式的身份而拥有的财产权加以区别。

除以上所说的以外，还应当在收获中加上得自社会状态的道德的自由；只有这种自由才能使人真正成为他自己的主人，因为，单有贪欲的冲动，那是奴隶的表现，服从人们为自己所指定的法律，才能自由。不过，在这一点上，我已经讲得太多，何况"自由"

这个词的哲学意思,在这里不属于本书讨论的范围。

第九章　论财产权[①]

共同体的每一个成员,在共同体形成的那一刹那间便把他当时所有的一切——他本人和他所有的力量(他的财产是其中的一部分)——都交给共同体了。不过,这并不是说,由于这一行为,在转手的时候所有权便改变了性质而成为主权者手中的财产了。但是,由于城邦的力量无可比拟地大于个人的力量,所以公共的所有权虽然不是更合法(至少对外邦人来说是如此)但实际上比个人的所有权更强大和更不可变更,因为,根据社会契约(在一个国家中,它是一切权利的基础)对一个国家的成员来说,国家是他们的一切财产的主人;但对于其他国家而言,国家便只能根据它得自个人的最先占有权,才能成为财富的主人。

最先占有者的权利,虽然比最强者的权利更为真实,但也只能在财产权确立之后才能成为一种真正的权利。每一个人都天然有权获得为他所需要的一切东西;但是,这一使他成为某些财富

[①] 人类进入社会状态后,财产观念必将产生,这是人类思想发展过程中必然出现的问题。卢梭在他的《爱弥儿》中主张,应当使孩子从小就获得这个观念。用什么办法使孩子获得这种观念呢?是直接灌输,教他长大以后如何聚敛钱财吗?不是,恰恰相反,卢梭采取的办法是从"追溯财产的起源开始",使孩子通过劳动,对财产,特别是对土地占有权有一个正确的认识。书中关于种蚕豆的对话很有趣,用天真平凡的语言阐明了复杂的经济学问题。(参见卢梭:《爱弥儿》,李平沤译,商务印书馆 2007 年版,上卷,第 104—106 页)——译者

的主人的积极行为,便排除了他成为其他财富的主人的权利。他一旦取得了他所需要的那一份,他就要以此为限,就不应当对共同体要求更多的权利。这就是为什么最先占有者的权利在自然状态下是那样的脆弱,但却为处于社会状态中的人所尊重的原因。在行使这一权利时,人们对属于他人所有的东西的尊重程度,是不如对不属于自己所有的东西的尊重的。

一般地说,要认可最先占有者占有某块土地的权利,就必须符合这样几个条件:首先,这块土地尚无人居住;其次,他只能占有为了维持他的生活所需要的数量;第三,对于这块土地的占有,不能单凭某种表面的仪式,而要凭他的劳作与耕耘——在缺乏法律观念的情况下,这两项是财产权受到他人尊重的唯一标志。

事实上,把最先占有权按需要和劳动而给予,这难道不意味着将把它尽可能扩大吗?难道不能对这种权利加以限制吗?只要把脚一踏上某块公有的土地上,就能宣称自己是那块土地的主人吗?难道凭强力把别人从一块土地上一时赶走,就永远剥夺了别人回来的权利吗?一个人或一个民族如果不是用该受惩罚的篡夺手段夺取了大自然给予其他人的居住地和食物,又怎能占有人类的一大块土地呢?努涅斯·巴尔博亚① 以卡斯提国王的名义站在海边上一宣布占有了南太平洋和整个南美洲,就能剥夺那里所有居民的土地,并把世界上其他国家的君主都排斥在外吗?这种毫无法律效力的仪式,如果越来越多地进行的话,那位信奉天主教

---

① 努涅斯·巴尔博亚(1475—1517),西班牙航海家,1513年发现南美洲和南太平洋,即宣布它们为西班牙的领土和领海。——译者

的国王[①]坐在他的宝座上只要一挥手,就可以占领整个世界,尽管在他的帝国的版图中有些地方以前是早已由其他君主占领了的。

人们可以想象得到个人所有的一块一块联结在一起的土地是怎样变成公共的土地的,可以想象得到主权权利的行使只要从臣民本身扩展到他们所占有的土地,就会变成既是对物的又是对人的权利,从而使土地的占有者陷入更加依附的地位,并使他们的力量本身转变成使他们效忠的保证。这种便宜,古代的君主们似乎并未充分觉察到,因此,他们只把自己称为波斯人的王、塞族人的王或马其顿人的王,只把自己看作是人的首领而不看作是国土的主人。今天的君主们就很聪明了,他们把自己称为法兰西国王、西班牙国王、英格兰国王,等等。这样,他们既占有了土地,而且还更加可靠地把土地上的居民变为他们的臣民。

在这一转让行为中,奇特之处在于:共同体在接受个人的财富时,不仅没有真正剥夺个人的财富,反而保证了个人对财富的合法拥有,把占有转化为一种真正的权利,把对财富的享用转化为对财富的所有权。这时候,财富的拥有者将被看作是公共财富的保管者,他们的权利将受到国家所有成员的尊重,以国家的全部力量保证它不受外邦人的侵犯。这种转让对公众有利,对他们自己更为有利,可以说他们得到了他们所献出的一切。这是一个"悖论",但只要明白了主权者和所有者对同一块土地的权利是有区别的,这个悖论就不难理解了。这一点,我们在后文还要谈到[②]。

---

① 指前面所说的卡斯提国王。——译者
② 见第二卷第四章。——译者

也可能出现这种情形：人们在未占有任何土地之前就开始结合，然后去占有一块足以供大家之用的土地，大家共同享有，或者同等地平分，或者按主权者规定的比例来分。这种占有，不论是用什么方式取得的，每一个个人对他的土地的权利都应从属于共同体对大家的土地的权利。没有这一条，社会联系就不可能巩固，主权的运用就没有真正的力量。

现在让我用这样一句足以构成一切社会制度的基础的话来结束本章和本卷："基本公约不仅没有摧毁自然的平等，反而以道德的和法律的平等来代替自然所造成人与人之间的身体上的不平等①，因而，虽然人与人之间在体力和智力上不相等，但由于公约和权利的保证，他们人人都是平等的。"②

---

① "我认为人类当中存在着两种不平等，其中一种，我称之为自然的或生理上的不平等，因为它是由自然确定的，是由于年龄、健康状况、体力、智力或心灵的素质的差异而产生的。另外一种，可以称为精神上的或政治上的不平等，因为它的产生有赖于某种习俗，是经过人们的同意或至少是经过人们的认可而产生的。这种不平等，表现在某些人必须损害他人才能享受到的种种特权，例如比他人更富有，更尊荣，更有权势，或者至少能让他人服从自己。"（卢梭：《论人与人之间不平等的起因和基础》，李平沤译，商务印书馆2009年版，第45页）——译者

② 在坏政府治理下，这种平等只是表面的和徒具形式的，只能使穷人永远陷于贫困，使富人不断夺取财富。事实上，法律总是有利于拥有财富的人而不利于一无所有的人。[卢梭在他的《爱弥儿》中也表述了同样的见解。他说："所有一切国家的法律的普遍精神，都是袒护强者，欺凌弱者；袒护富人，欺凌穷人。这个缺点是不可避免的，而且是没有例外的。"（卢梭：《爱弥儿》，李平沤译，商务印书馆2009年版，上卷，第328页）"这个缺点是不可避免的，"这个话说得多么沉痛！连神圣的法律都如此无奈，这难道不是可悲的吗？当今世界各国的议会和司法界与学术界的人们能不能特别关注一下这个问题，找到一个解决的办法呢？——译者]由此可见，只有在人人都有一些东西，而又没有任何一个人拥有太多的东西的时候，社会状态才对大家有利。

思考题：

1. 谈谈卢梭的社会契约观对传统观念的沿袭、否定和超越。

2. 卢梭认为，社会契约中"这些明白无误的条款，可以归结为这么一句话：每个结合者以及他所有的一切权利已全都转让给整个集体了"，为什么？

3. 怎样理解卢梭社会契约中所包含着的"一个公众与个人之间的相互约定"？

延伸阅读：

1. 叶秀山、王树人总主编：《西方哲学史》（第五卷），北京：人民出版社，2011年。

2. 张衡山编著：《卢梭与〈社会契约论〉》，北京：人民出版社，2010年。

3. 卢梭：《社会契约论》，施新州编译，北京：北京出版社，2012年。

4. 卢梭：《〈社会契约论〉导读本》，乔坤、张静编译，北京：中国商业出版社，2010年。

十四　康德《实践理性批判》选读

　　康德（Emmanuel Kant，1724—1804），德国古典主义哲学创始人，启蒙运动最后一位重要的思想家，出生在普鲁士王国哥尼斯堡（今俄罗斯加里宁格勒境内）一个虔诚的马具师家里，终身未离开故乡。康德早年受莱布尼茨—沃尔夫唯理主义影响，曾在哥尼斯堡大学教授数学、物理、逻辑、形而上学、伦理学、自然地理、人类学和自然神学等科目，出任过哥尼斯堡大学校长以及皇家图书馆副馆长。康德一生著作颇丰，核心三帙被称为"三大批判"：《纯粹理性批判》《实践理性批判》和《判断力批判》。他调和了欧陆唯理主义和英国经验主义，由此发动"哲学上的哥白尼革命"；他也提出了第一个现代意义上关于太阳系形成的假设，即"康德—拉普拉斯假设"，是欧洲具有重大影响力的思想家。

　　康德所处时代里，唯理主义者和经验主义者对知识的来源争论不休，思想的解放和科学的进步一面将理性推到至高无上的地位，一面展示着理性不可避免的局限性，使人类价值陷于阴郁的怀疑。对此，哲学必须做出回答，康德承担了这个责任。他一方面恢复知识的可靠性，对人类理性进行考察，另一方面使自由、灵魂和上帝的命题重新找到道德价值。

康德的哲学思想主要体现为以下几个关键点：

1. 不是知识依照对象，而是对象依照知识。这直接导致康德带来"哲学上的哥白尼革命"。他认为人类所能够知觉的、秩序井然的自然王国，其实依赖于知性（Verstand）的形式。凭借心灵的范畴，才可能有经验世界，是知性把它的规律给予了自然而不是相反。

2. 先天综合判断。康德反对休谟关于知识的怀疑，肯定人天生具备获取知识的能力，即纯粹理性的先天综合判断。感觉由感性排列在时空的格局中形成知觉。综合的、能思维的心灵，即知性，取得不同的知觉，通过判断将它们联系起来（不同的判断形式就是心灵天生具有的不同纯粹概念或者范畴，例如因果律），从中产生概念。理性根据知性生成的概念，提出使概念形成系统的最高的假设和观念，统一知性的判断，使知识围绕某种既定的观念形成体系，逐渐完善。

3. 物自体（das Ding an sich）和现象界。康德将世界划分为"物自体"和"现象界"。他所提到的"知识"都是经验中的知识，以感官经验为前提，在"现象界"。感官无法提供材料的超感觉的"物自体"的部分（比如心灵、上帝、自由和灵魂不死），人类无法获取相关知识。但人类理性往往试图超越这个界限，试图将仅仅在感官世界有效的概念，用来论述超感觉的"物自体"，这是"先验的幻觉"，不具有效性。

4. 无上命令。康德否定了纯粹理性从客观知识的角度接近物自体的尝试，但认为实践理性所指向的道德途径具备这种可能性。康德的道德哲学中，无上命令是绝对的、无条件的、适用于所有情况的。它要求当人在做某件事情的时候，必须确定自己希望别人在同样的情况下和自己做得一样，他必须平等对待其他每一个有理性的生物，而不是把他人当作工具。只有在一个人完全遵从无上命令，顺从自己的良心，不受私欲和外物支配时，他才可以说自己是自由的；如果只是因为自己想做而做，人不过是自己和外物的奴隶，没有自由可言。这种道德中自由的终极目标是实践理性先验的观念，人需要无尽的时间去达成，灵魂在这种情况下得以不朽。

康德是个承前启后者。他不仅调和了唯理主义和经验主义的争论，还为后代的哲学潜移默化地提供了思维方式：理性的局限让人类被迫反思自己的处境，但道德的途径可以联系更广阔的领域。他在狭隘的经验世界里打开了缺口，人类由此窥探到了另一个无垠的真实的宇宙。他的道德法则所指向的自由，是其后继者们偏爱的出发点。

选文节选自康德的三大批判之一《实践理性批判》的序言、导言和第一部分。文中否定意志受外因支配，而是认为意志为自己立法，人类辨别是非的能力是与生俱来的，而不是从后天获得，只有顺从良心而不是以欲望、同情、自爱或者功利原因为动机的行为，才算道德行为，才算拥有自由。这套自然法则是无上命令，适用于所有情况，是普遍性的道德法则，是自由意志的保障，也是康德道德哲学的核心。

《实践理性批判》（节选）[①]

序言

这个批判为什么不题名为纯粹实践理性批判，而是简单地题名为一般实践理性批判，虽然它与思辨理性批判的对应关系看起来需要前一个名称，对此这部著作做出了充分的说明。这个批判应当单单阐明纯粹实践理性是存在的，并且出于这个意图批判理性的全部实践能力。如果它在这一方面成功了，它就无需批判纯粹能力本身，以发现理性是否以这样一个过分僭越的要求，超越了自己（一如发生在思辨理性那里的情况）。因为如果它作为纯粹理性是现实地实践的，那么它就通过事实证明了它的实在性和它的概念的实在性，而反驳它有可能具有实在性的一切诡辩便是徒然的了。

凭借这种能力，先验自由从现在起也就确立了起来，而且这里所谓自由是取其绝对意义而言的，思辨理性在应用因果性概念时需要这种意义上的自由，为着当它要在因果联结的系列中思维无条件者时，将它自己从它不可避免地陷于其中的二律背反中挽救出来；但是思辨理性只能将自由概念以或然的，即并非不可思维的方式树立起来，而不能确保它的客观实在性，而且思辨理性如此办理，只是以免将那些它至少必须承认可以思维的东西，假

[①] 选自康德：《实践理性批判》，韩水法译，北京：商务印书馆，1999年。

定为不可能，从而危及了理性的存在，使它陷入怀疑主义的深渊之中。

自由概念的实在性既然已由实践理性的一条无可争辩的法则证明，它就构成了纯粹的、甚至思辨的理性体系的整个建筑的拱顶石，而所有其他概念（上帝的概念和不朽的概念）作为单纯的理念原来在思辨理性里面是没有居停的，现在依附于自由概念，与它一起并通过它得到安定和客观实在性，这就是说，这些概念的可能性已由自由是现实的这个事实得到了证明，因为这个理念通过道德法则展现了自己。

但是，在思辨理性的所有理念里面，自由是我们先天地知道其可能性却仍然不理解的唯一理念，因为它是我们所知道的道德法则的条件。不过，上帝和不朽的理念不是道德法则的条件，而只是被这条法则所决定的意志的必然客体的条件，这就是说，是我们纯粹理性的单纯实践应用的条件。于是，对于这些理念，不仅我不想说及现实性，而且甚至我们也不能断言认识和理解它们的可能性。然而，它们却是道德上受决定的意志运用于其先天所与的客体（至善）时的条件。因此，在这种实践的关联里，它们的可能性是能够而且必须被认定的，虽然并未从理论上认识它们，理解它们。因为就实践的意图而言，这些理念不包含任何内在的不可能性（矛盾），对于后一个要求就足够了。这里与思辨理性相比较，现在有一个信念的单纯主观的根据，不过这个根据对于一个同样纯粹却又实践的理性来说则是客观有效的，而且这个根据凭借自由概念还使上帝和不朽两个理念获得了客观实在性和权限，甚至还带来非认定这些理念不可的主观必然性（纯粹理性的一种需要）。但是，理性并不因此在理论知识方面有所拓展，只是被给予了一种可能性，后者先前只是一个问题，而现在成了一个断言，这样，理性的实践应用就和理论理性的原理结合起来了。这个需要并不是思辨的一个任意意图的假设性的需要：如果人们想把思辨中的理性应用推进至圆满地步，就必须认定某种东西；这种需要乃是一种法则的需要：认定某种东西，而假若没有它，那么人们应当谨严地树立为自己所作所为的意图的那种东西就不会发生。

如果不用如此迂回寻绎就可以解决那些课题，而把它们保存为供实践应用的洞见，这当然会令我们的思辨理性更为满意；然而我们的思辨能力却没有这么良好的禀赋。自诩有这种高妙认识的人，不应该藏而不露，而应该将它公开呈现出来，以便检验，让人赞叹。他们想来证明；那好！就让他们来证明罢，而且批判将全副武装放在作为胜利者的他们的脚下。为什么还站着？他们不肯。他们原是可以幸福的（Quid statis？ Nolunt. Atqui licet esse beatis）。——由于事实上他们也不肯，所以估计因为他们不能，那么，我们只得将那些武器重新拾起，为着在理性的道德应用中寻找并在其上建立上帝、自由和不朽这些概念，而思辨无法为这些概念的可能性觅得充分的保障。

在这里，批判之谜的确也就首次解开了：为什么我们能够在思辨里面否定各种范畴超感性应用时的客观实在性，而鉴于纯粹实践理性的客体却又承认这种实在性；设若我们只依名称来认识这样一种实践的应用，那么这一点初看起来必定是前后不一贯的。但是，现在通过详细分析理性的实践应用我们就会明白：这里所想到的实在性并不涉及范畴的理论规定和知识向超感性界的拓展，而只是因此指出，这些概念在这种关联中毕竟有一个客体，因为这些概念或者包含在先天必然的意志决定之中，或者与意志的对象不可分割地联结在一起；这样，那个前后不一贯就便消失了，因为我们是以异于思辨理性所要求的方式应用那些概念的。相反，现在关于思辨批判的前后一贯的思想方式，出现了一个出乎意料而令人十分满意的证明：这种思辨原来谆谆告诫说，经验对象本身，包括我们的主体在内，只可承认是现象，但同时将物自身置为它们的基础，这样，一切超感性的东西才不至于被看作是虚构，它们的概念也才不至于被看作是空无内容的；现在实践理性自身并未与思辨理性约定，就独自给因果性范畴的超感性对象，也就是自由提供了实在性（虽然作为一个实践概念还只供实践的应用），而且实践理性通过一个事实也证实了在思辨理性那里只能够思维的东西。于是，思辨批判里面那个虽然令人惊奇却无可争辩的主张，即连思维的主体在内直观里面对于它自身也只是一个现象，在实践理性批判之中也得到其完全的证实，这个证实如此有说服力，以至于我们必须接受它，尽管第一批判根本没有证明这个命题。

由此我也就理解了，为什么我迄今所遇到的针对批判的驳难恰好都围绕着如下两点：一方面，在理论知识中被否定，而在实践知识中却又受肯定的那些用于本体的范畴的客观实在性；另一方面，那个自相矛盾的要求，即既把自己看作自由的主体，使自己成为本体，又同时因自然的意图使自己成为自己经验意识中的一个现象。因为只要他们对于德性和自由还没有构成任何明确的概念，那么他们就不能猜测，一方面人们会取什么作为本体构成所谓现象的基础，而在另一方面也不能猜测，究竟是否有可能形成有关它的任何概念，因为我们先前已经把理论应用方面的纯粹知性的一切概念都归于现象了。只有对实践理性的详尽批判，才能消除所有这些误解，并使构成它最大优点的那种前后一贯的思维方式明白地显示出来。

……

这样一个体系，一如它在这里从经过批判之后的纯粹实践理性之中所发挥出来的那样，尤其为着不致错失这个体系的整体所由以勾勒出来的正确观点，是否花费了或大或小的工夫，我必须听由了解这样一种工作的人来判断。这个体系虽然以《道德形而上学基础》为前提条件，不过这仅限于那部著作使人暂先认识职责原则，诠释一个确定的职责公式并证明其正当的理由；至于其他方面，这个体系是独立自足的。这里附加的所有实践科学的分类没有像思辨理性批判所做的那样完整，这一点可以在这个实践理性能力的性质之中找到有效的根据。因为决定作为人类职责的职责，以便将它们分类，只有在作为这个决定的主体（人）依照其性质的实际面目，哪怕只是在一般职责所必需的范围以内，首先被认识之后，才是可能的。但是这个任务不属于一般实践理性批判，后者只应该详尽阐明它的可能性、范围和界限，而与人性没有特别的关系。因此，职责分类在这里只属于科学的体系，而不属于批判的体系。

……

于是在这种方式之下，心灵两个能力，即认识能力和欲求能力的先天原则从现在起就被查明了，它们应用的条件、范围和界限也就得到了规定,不过,稳固的基础也因此为作为科学的、成体系的理论哲学和实践哲学奠立起来了。

但是,如果有人竟然出乎意料地发现,根本就不存在先天知识,而且也不可能存在先天知识,那么这番辛苦所能遭受的噩运就莫甚于此了。但是这种危险并不存在。这就犹如有人想通过理性证明理性不存在。因为当我们意识到某种东西即使不像在经验里面那样呈现出来我们也能够知道它时,我们才说,我们通过理性认识了它;因此,理性的知识和先天的知识是一样的。要从经验之中榨取必然性(ex pumice aquam〈石中取水〉),并想借此给一个判断谋得真正的普遍性(没有普遍性,就没有理性的推理,因而也就没有类比推理,后者至少具有一种推测的普遍性和客观必然性,并且因而始终以此为先决条件),是一个不折不扣的矛盾。用主观必然性,即习惯,来代替只发生于先天判断之中的客观必然性,就是否认理性有判断对象的能力,亦即否认理性有认识对象以及属于对象的东西的能力;这就是不能说,譬如对于某种常常或者始终随着某种在先的状态而来的东西,人们能够从前者推论后者(因为这就意指客观必然性和先天联结的概念),而只能说,人们可以期待(就像动物一样)相似的情形,这也就是说,人们把原因概念看作是完全虚假的并且只是一种幻觉而抛弃了。有人为了补救客观的和由之而来的普遍的有效性的这种缺乏,就说:人们并没有看到给另外一种理性存在者赋予另外一种表象方式的根据;如果这个推论是有效的话,那么我们的无知就会比所有的沉思更有助于拓展我们的知识了。正是因为我们除了人类以外不再认识其他种类的理性存在者,所以我们有权利假定他们具有我们在自己身上认识到的那种性质，这就是说，我们会现实地认识他们。我在这里并未说及：普遍同意并不证明一个判断的客观有效性（即这个判断作为认识的有效性），而是提到：如果这种普遍同意偶尔切合实际，这仍然不能证明它与客体符合一致；相反，只有客观有效性才构成必然的普遍一致的基础。

休谟会相当满意在原理方面的这种普遍的经验主义体系；因为众所周知，他所要求的无非是，在原因概念方面认定一个单纯主观意义的必然性即习惯来替代客观意义的必然性，以剥夺理性对于上帝、自由和不朽的所有判断；并且他非常清楚，一旦人们只承认他的这些原理，如何以全部的逻辑准确性从中推出种种结论来。但是甚至休谟也没有使经验主义包罗一切，以致将数学也纳入其中。他认为数学的命题是分析的，而如果这种主张有其正确性的话，它们在事实上就是必然的；但同时人们并不能由此推论说，理性也有在哲学里面作出必然判断的能力，因为这样一种判断是综合的（犹如因果性命题）。但是，假使人们认定经验主义的原则是普遍的，那么数学也会被纳入其中。

现在倘若数学陷入与单单承认经验原理的理性的冲突，比如，这一点在二律背反里面就是不可避免的，在那里数学无可争辩地证明空间的无穷可分性，而经验主义却不能允许这一点，那么数学证明的最大可能的明证性与来自经验原则的所谓结论就是明显矛盾的；于是现在人们就和切斯尔登的盲人一样不得不问：什么在欺骗我，视觉还是触觉？（因为经验主义建立在一种感觉到的必然性上面，而理性主义建立在一种领会到的必然性上面。）这样，普遍的经验主义就表现为地地道道的怀疑主义了；人们曾在这样一种毫无限制的意义上把怀疑主义诿于休谟，这是错误的，因为他至少在数学上留下了一块有关经验的可靠试金石，而彻底的怀疑主义根本不承认任何有关经验的试金石（它始终只是在先天的原则里面才能被发现的），虽然经验不单是由情感，而且也是由判断组成的。

因为在这样一个哲学和批判的时代，很难说有人能够认真地对待这种经验主义，而且它们之所以被提出来，或许只是为了练习判断力，并且通过对比使先天理性原则的必然性更加清楚地显示出来，所以我们对于那些甘愿劳心费神于这种原本并无教益的工作的人们，只能感激而已。

导言 实践理性批判的理念

理性的理论应用处理单纯认识能力的对象，并且着眼于这种应用的理性批判根本上只涉及纯粹的认识能力，因为这个能力激起疑虑，这个疑虑后来也得到证实：这个能力容易逾越它的界限而迷失于不可达到的对象或者甚至相互冲突的概念之中。至于理性的实践应用，情形就完全不一样了。在这种情形下，理性处理意志的决定根据，而意志或者是产生与表象相符合的对象的一种能力，或者竟然就是决定自身而导致这些对象（不论自然的能力是否足以胜任）的能力，亦即决定其自身的因果性的能力。因为在这里理性至少足以决定意志，并且如果只是事关愿欲的话，那么理性总是具有客观实在性的。于是，这里第一个问题就是：纯粹理性是否自身就足以决定意志，抑或它只有作为以经验为条件的理性才能成为意志的决定根据呢？现在这里出现了一个已由纯粹理性批判证明其有正当理由然而无法经验地描述的因果性概念，这就是自由概念；现在倘使我们能够找到根据证明，这个特性事实上属于人类意志（并且因而也属于一切理性存在者的意志），那么这就不但表明纯粹理性能够是实践的，而且还表明，唯有它，而不是以经验为条件的理性才是无条件地实践的。因此，我们无需从事纯粹实践理性批判，而只需从事一般实践理性批判。因为纯粹理性一经证明存在，就无需任何批判了。正是纯粹理性自身包含着批判其全部应用的准绳。因此，一般实践理性批判就有责任去防范以经验为条件的理性想要单独给出意志决定根据的狂妄要求。只有纯粹理性的应用，倘若这种理性的存在得到证明的话，才是内在的；相反，自封为王的以经验为条件的理性应用则是超验的，并且表现在完全逾越自己领域以外的种种无理要求和号令之中。这与能够就思辨应用中的纯粹理性所说的，刚好是相反的情形。

不过，因为正是纯粹理性的认识在这里构成了实践应用的基础，所以实践理性批判的布局在大体上仍然必须按照思辨理性的布局来安排。于是，我们必须有实践理性批判的要素论和方法论，而作为第一部分的要素论必须有作为真理规则的分析论，以及描述和解决实践理性判断中的假象的辩证论。不过，分析论之下的布局次序将与纯粹思辨理性批判中的次序相反。因为在当下的批判中，我们将从原理出发而至于概念，随后才从这里，如果可能的话，进到感觉；与此相反，在思辨理性那里我们必须从感觉出发而在原理处结束。其所以如此的根据又在于：我们现在必须处理意志，并且必须不是从与对象的关系中，而是从与这个意志及其因果性的关系中来考虑理性，因为不以经验为条件的因果性原理必须先行，然后我们才能设法确定我们关于这样一种意志的决定根据的概念，确定这些概念在对象上、最后在主体和主体的感性上的运用。源于自由的因果性法则，亦即任何一个纯粹实践原理，在这里不可避免地形成开端，并且决定惟有它才能与之相关联的那些对象。

第一章 纯粹实践理性原理

第一节 定义

实践原理是包含意志一般决定的一些命题，这种决定在自身之下有更多的实践规则。如果主体以为这种条件只对他的意志有效，那么这些原理就是主观的，或者是准则；但是，如果主体认识到这种条件是客观的，亦即对每一个理性存在者的意志都有效，那么这些原理就是客观的，或者就是实践法则。

注释

我们如果认定，纯粹理性能够在自身就包含一个实践的，即足以决定意志的根据，那么实践法则就是存在的；否则，那么一切实践原理都将是单纯的准则。在理性存在者受本能刺激的意志之中，人们便能够见及准则与他认识到的实践法则的冲突。譬如，一个人能够把受辱必报作为准则，并且同时也能够明白：这不是实践法则，而只是他的准则，倘使相反被当作每一个理性存在者的意志的规则，那么它在同一个准则中就不能自相一致了。在自然知识里面，所发生的事件的原则（譬如，在传递运动时作用力与反作用力相等的原则），同时就是自然法则；因为理性的应用在那里是理论的，是由客体的性质决定的。在实践知识里面，即在单纯处理意志的决定根据的知识里面，人为自己所立的原理并不因此就是他势必服从的法则，因为理性在实践层面只处理主体，亦即欲求能力，而规则会以各种形式取决于欲求能力的特殊性质。实践的规则始终是理性的产物，因为它指定作为手段的行为，以达到作为目标的结果。但是，对于不以理性为意志的唯一决定根据的存在者，这个规则是一个命令，亦即是以表达了行为的客观强制性的应当为其特征的一条规则；它意指：如果理性完全决定意志，那么行为就会不可避免地依照这个规则发生。命令因而是客观有效的，与作为主观原理的准则完全不同。但是命令或者单单就一个结果和足以达到结果的充分性而言，决定作为现实化原因的理性存在者的因果性条件，或者它只是决定意志，而不论它是否足以达到这个结果。前者是假言命令，单单包含技巧规矩；与之相反，第二种是定言命令和唯一的实践法则。由此可见，准则虽然是原理，但不是命令。但是命令自身如果是有条件的，也就是说，如果它们不是决定作为意志的意志本身，而只是着眼于欲求的结果决定意志，即它们是假言命令，那么它们虽然是实践规矩，但决非法则。法则必须充分决定作为意志的意志．而不待我问：我是否有为达到所欲求的结果而必需的能力，或者为了产生这个结果，我应该做什么。法则因而是定言的，否则它们便不是法则；因为它们缺乏必然性，而如果它们想要是实践的话，这种必然性必须独立于本能的、从而偶然地粘在意志上的条件。譬如对某个人说，他在年青时必须勤劳节俭，以免老来贫困，那么，这是正确而同时又重要的意志的实践规矩。但是我们同时看到：意志在这里被引向人们预先假定它所欲求的别种东西上去了；而这种欲求人们必须托付给他，即行为者本人：或者他除了自己所获财富之外尚可指望其他财源，或者他根本不希望活到老，或者自忖有朝一日身处穷困亦可勉强应付。唯一能够产生一切包含必然性的规则的理性，虽然也赋予这条规矩以必然性（因为没有必然性，它就不是命令），但这种必然性是以主观为条件的，并且我们也不能假设这种必然性以同样程度存在于一切主体之中。但是，至于理性的立法，所要求的就是：理性需要只以它自身为先决条件，因为规则只有在没有那些使理性存在者彼此相异的主观偶然条件而可行时，才是客观地和普遍地有效的。现在告诉一个人说，他决不应当许人虚诺，那么这是一个只涉及他意志的规则；不论这个人可能怀抱的意图是否能够通过这个规则达到；唯有这个愿欲是应当由那个规则完全先天地决定的。倘使现在人们发现，这个规则是实践地正确的，那么它就是一条法则，因为它是一个定言命令。于是，实践法则单单关涉意志，而并不顾及通过意志的因果性成就了什么，并且人们可以不顾后者（因为属于感性世界）而保持法则的纯粹。

第二节　定理一

凡是把欲求能力的客体（质料）作为意志决定根据的先决条件的原则，一概都是经验的，并且不能给出任何实践法则。

所谓欲求能力的质料，我是指其现实性为人所欲求的对象。如果对于这个对象的欲望先行于实践规则，并且是后者成为原则的条件，那么我就说（第一）：这条原则就始终是经验的。因为意愿的决定根据就是客体的表象以及客体与主体的关系，而欲求能力是通过这种关系而被决定去实现那个客体的。但是与主体的这种关系就是对于对象现实性的快乐。这样，我们必须设定这种快乐乃意愿之决定的可能性条件。但是，我们对于任何一种对象的表象，不论它是什么，都不能够先天地知道：它是与快乐或不快联结在一起的还是了无相干的。那么，在这种情形下，意愿的决定根据就必定时时都是经验的，从而那以此为先决条件的实践的质料原则也必定时时都是经验的。

现在（第二）一个以对快乐与不快（这时时只能以经验的方式被认识，并且对一切理性存在者是不能同样有效的）的接受性这种主观条件为基础的原则，虽然成为具有这种接受性的主体的准则，但是甚至也不能用作这个主体自身的法则（因为它缺乏那必须被先天地认识的客观必然性），由此可见，这样一个原则决不能给出实践法则。

第三节　定理二

一切质料的实践原则本身皆为同一种类,并且从属于自爱或个人幸福的普遍原则。

出自一个事物实存的表象的快乐,在它应当是对这个事物的欲求的决定根据范围内,是以主体的接受性为基础的,因为它依赖于一个对象的此在;从而它属于感觉(情感),而不属于知性,后者依照概念表达表象与一个客体的关系,而不依照情感表达表象与主体的关系。于是,只有在主体期待于对象现实性的那种愉悦感受决定欲求能力的范围之内,这种快乐才是实践的。但是,现在一个理性存在者有关贯穿他整个此在的人生愉悦的意识就是幸福,而使幸福成为意愿的最高决定根据的那个原则,正是自爱原则。于是,一切质料的原则,既然将意愿的决定根据置于从任何一个对象的现实性那里感受到的快乐与不快之中,便在它们一并属于自爱原则或个人幸福的范围以内,皆为同一种类。

……

注释二

求得幸福,必然是每一个理性的然而却有限的存在者的热望,因而也是他欲求能力的一个不可避免的决定根据。因为对他自己整个此在的满足不是某种天然的禀赋和洪福,后者当以他自己的独立自足的意识为先决条件,而是一个由他自己的有限本性强加在他头上的问题,因为人们有所需求;而这种需求涉及人们欲求能力的质料,也就是说,它涉及某种与构成主观基础的快乐或不快的情感相关联的东西,而这种情感决定了人们为满足于他们的状态所必需的东西。但是,因为这个质料的决定根据只能在经验中被主体认识到,所以我们就不可能把这样一个任务看作一个法则,因为法则客观地在一切场合和对于一切理性存在者包含着意志的同一个决定根据。因为虽然幸福概念处处构成了客体与欲求能力的实践关系的基础,它仍然只是种种主观决定根据的一个通名,并不专门决定某种东西,因此后者仍然是要在这个实践任务中单独处理的,并且若无那个决定,这个任务便完全不能够得到解决。

……

第五节 任务一

……

因为法则的单纯形式只能由理性来表象,从而不是感性对象,因而也不从属于现象:那么,作为意志决定根据的这种形式的表象,就区别于在自然中依照因果性法则的事件的所有决定根据,因为在这些事件方面,这些起决定作用的根据自身就必定是现象。但是如果除了那个普遍的立法形式之外,并没有其他的意志决定根据能够用作这个意志的法则,那么这样一个意志必须被思想为在相互关系上完全独立于现象的自然法则,亦即因果性法则。但是这样一种独立性在最严格的意义上,亦即在先验的意义上称为自由。因此,一个只有准则的单纯立法形式能够用作其法则的意志,是自由意志。

第六节　任务二

因为实践法则的内容，亦即准则的客体，是决不能以经验之外的方式被给予的，但是自由意志必须既独立于经验的（即属于感性世界的）条件，又是可以决定的：因此，一个自由意志必须既独立于法则的质料，又在法则之中觅得其决定根据。但是在一条法则里面，除了法则的质料而外，无非就只包含着立法的形式。因此，这个立法形式，就其包含在准则之中而言，是唯一能够构成意志的决定根据的东西。

……

第七节　纯粹实践理性基本法则

……

系定理

纯粹理性只是自为地实践的，并且给予（人）一条我们称为道德法则的普遍法则。

注释

前面所述的事实是无法否认的。我们只需解析一下人类对自己行为的合乎法则性所下的判断，便会发现，不论禀好在这其间说了些什么，而他们廉洁自守的理性，因为把自己看作是先天实践的，便始终把某一行为方面的意志准则置于纯粹意志，即它自己之前。现在，由于为了立法的普遍性，而后者不顾意志的各种主观差异而使这个德性原则成为意志最高的形式的决定根据，理性就宣称这个德性原则对于一切理性存在者乃是一个法则，只要理性存在者一般具有意志，亦即具有通过规则的表象来决定其因果性的能力，因而只要理性存在者有能力依照原理行动，从而也就是有能力依照先天的实践原则（因为只有它才具有理性所要求于原理的那种必然性）行动。因此，它并非仅限于人类，而且也扩展到一切具有理性和意志的有限存在者，它甚至将作为最高理智的无限存在者也包括进来了。但是在人类这里，这个法则具有一个命令的形式，因为我们虽然设定作为理性存在者的人类具有纯粹意志，但是我们无法设定作为受需要和感性动机刺激的存在者的人类具有神圣意志，亦即不可能有任何与道德法则相抵触的准则这样一种意志。因此，道德法则在人类这里就是一个命令，这个命令是用定言方式提出来，因为这条法则是无条件的；这样一个意志与这个法则的关系就是在义务名下的依赖性，这种依赖性就意味着对行为的一种强制性，尽管是凭借单纯理性和其客观法则的一种强制性，这种行为因此就称为职责，因为受本能刺激的（虽然它并不是受此决定的，因而还是自由的）意愿，就身怀一个由主观原因发生并因而能够常常与纯粹客观的决定根据相抵触的愿望，这样就需要作为道德强制性的实践理性加以抵抗，而这种抵抗能够称为内在的却是理智的约束。在全足的理智存在者那里，意愿被正确地表象为不可能是一条同时并非客观法则的准则；出于这个缘故而赋予意愿的神圣性概念，纵然不使这种意愿超越一切实践法则,却也使它超越了一切起限制作用的实践法则,因而超越了义务和职责。意志的这种神圣性同时就是一个必定充任榜样的实践理念,无止境地趋近这个理念是一切有限的理性存在者唯一有权做的事情,并且这种神圣性也就把因此而称为神圣的纯粹道德法则持续而正确地置于他们眼前;有限的实践理性能够成就的极限,就是确信他们的准则朝着这个法则的无穷前进,以及他们向着持续不断的进步的坚定不移:这就是德行;而德行自身,至少作为自然地获得的能力,是绝不能完成的,因为在这种情形下确信决不会成为必然的确实性,而它作为一种劝说则是十分危险的。

思考题:

1. 在康德的道德哲学中,为什么说遵循无上命令的人才是自由的?

2. 如何理解选文的最后一句话:"有限的实践理性能够成就的极限,就是确信他们的准则朝着这个法则的无穷前进,以及他们向着持续不断的进步的坚定不移:这就是德行;而德行自身,至少作为自然地获得的能力,是绝不能完成的,因为在这种情形下确信决不会成为必然的确实性,而它作为一种劝说则是十分危险的"?

延伸阅读：

1．康德：《实践理性批判》，韩水法译，北京：商务印书馆，1999年。

2．梯利、伍德：《西方哲学史》，葛力译，北京：商务印书馆，1995年。

3．李泽厚：《批判哲学的批判：康德述评》，北京：生活·读书·新知三联书店，2007年。

4．曼弗雷德·库恩：《康德传》，黄添盛译，上海：上海人民出版社，2008年。

5．阿尔森·古留加：《康德传》，贾泽林等译，北京：商务印书馆，1981年。

十五　杰斐逊《美国独立宣言》

托马斯·杰斐逊（Thomas Jefferson，1743—1826），美国著名政治家、哲学家、科学家和教育家，《美国独立宣言》主要起草人，先后担任了美国第一届国务卿、第二届副总统和第三届总统。1743年4月13日，托马斯·杰斐逊出生于弗吉尼亚州阿尔贝马尔县夏德威尔镇，1760年，进入威廉斯堡"威廉-玛丽"学院攻读法律。他广泛研读包括洛克[①]、孟德斯鸠和伏尔泰等人著作在内的各类书籍。1767年获得律师资格。1791年，他创建共和党，后更名民主共和党，并演变为现在的民主党。1819年，他创建了弗吉尼亚大学。他的其他著述包括《英属美洲权利综论》(1774)、《弗吉尼亚纪事》(1781)和《杰斐逊自传》(1821)等。

在十八世纪六十年代，英国为了维护本土的垄断利益，极力阻遏北美殖民地经济的自由发展，对殖民地不断增加税收，但在议会中却没有殖民地的席位。英国议会先后颁布《糖税法》(1764)、《货币法》(1764)、《印花税法》(1765)、《汤森税法》

---

① 约翰·洛克（John Locke，1632—1704），英国哲学家、经验主义的开创人，著有《政府论》《人类理解论》和《教育漫话》等。

（1767）等损害北美殖民地人民利益的法案，引发了他们强烈的反英浪潮。英军对殖民地人民的抗议活动血腥镇压，于1770年3月5日造成轰动一时的"波士顿惨案"，开枪打死了黑人领袖C.阿塔克斯等五人。1773年，英国议会颁布《茶税法》，激发了12月16日马萨诸塞州波士顿市民的倾茶事件。1774年9月5日，除佐治亚州以外的十二个北美殖民地的代表在费城召开了第一届大陆会议。此次会议向英王呈递了《和平请愿书》，并通过了约翰·亚当斯①起草的《权利宣言》。英国政府的高压政策使殖民地人民与英国王室和解的幻想彻底破灭，"要求独立"成为北美殖民地人民的普遍呼声。1775年4月18日，一队英国士兵前往波士顿近郊的康科德收缴民兵的军火武器，在经过莱克星顿村时与当地民兵发生枪战，后又在康科德镇受到民兵的伏击，被打死打伤247人，莱克星顿的枪声标志着美国独立战争的开始。

在北美殖民地人民反英武装斗争和高涨的革命情绪推动下，1775年5月10日，第二届大陆会议在费城召开，托马斯·杰斐逊作为弗吉尼亚代表参加了此次会议。1776年1月10日，托马斯·潘恩②的《常识》在北美发表。潘恩以简练而生动的语言阐释了北美殖民地独立，建立自己的共和国的必要性。1776年6月7日，在第二届大陆会议中，弗吉尼亚州的理查德·亨利·李提出北美殖民地独立于英王室，成为自由独立的合众国的议案。1776年6

---

① 约翰·亚当斯（John Adams，1735—1826），美国第一届副总统（1789—1797）、第二届总统（1797—1801）。

② 托马斯·潘恩（Thomas Paine，1737—1809），美国启蒙思想家，著有《常识》《人的权利》和《理性的时代》等作品。

月10日托马斯·杰斐逊被会议指定为五人委员会成员之一,和马萨诸塞州的约翰·亚当斯、宾夕法尼亚州的本杰明·富兰克林①、纽约州的罗伯特·R.利文斯通②和康涅狄格州的罗杰·谢尔曼③一起起草独立宣言。大陆会议对经杰斐逊起草、富兰克林等人修订的《独立宣言》进行了长时间的、激烈的辩论和修改,最后于7月4日通过了该宣言,并分送十三州的议会签署及批准。这十三个州分别是:新罕布什尔州、马萨诸塞州、罗得岛州、康涅狄格州、纽约州、新泽西州、宾夕法尼亚州、特拉华州、马里兰州、弗吉尼亚州、北卡罗来纳州、南卡罗来纳州、佐治亚州。这一天也成为美国独立纪念日。《独立宣言》的原件永久展示于美国华盛顿特区美国国家档案馆。

《独立宣言》包括三个部分:第一部分为前言,阐述了宣言的目的,高度概括了十八世纪欧洲启蒙运动思想家宣扬的天赋人权、社会契约、自由平等等思想原则。第二部分历数乔治三世和整个英国政府压迫北美殖民地人民的条条罪状,力陈独立的合法性和正义性。第三部分郑重宣布独立,并宣誓支持该项宣言。

《独立宣言》继承并发展了洛克的天赋人权学说,主张人具有"生命、自由和追求幸福"等大自然所赋予的不可剥夺的权利;政

---

① 本杰明·富兰克林(Benjamin Franklin,1706—1790),美国著名政治家、文学家和科学家。
② 罗伯特·R.利文斯通(Robert R. Livingston,1746—1813),美国首任外交部长(1781—1783)及法官。
③ 罗杰·谢尔曼(Roger Sherman,1721—1793),美国政治家,曾任美国众议员(1789—1791)和美国参议员(1791—1793)。

府的一切权力来自人民，并因为保障人民权利而存在，一旦政府不履行职责，侵犯人民的权利，人民就有权改变或废除它，建立新的政府。《独立宣言》在人类历史上第一次以政治纲领的形式确立了天赋人权、主权在民和人民革命权利的原则，并成为以后美国的意识形态，为美国此后200多年的发展奠定了思想基础。它大大鼓舞了北美人民的革命斗志，也直接影响了法国大革命，是1789年法国《人权宣言》的范本，因此马克思称它是"第一个人权宣言"。

《美国独立宣言》①
（1776年7月4日）

在有关人类事务的发展过程中，当一个民族必须解除其和另一个民族之间的政治联系，并在世界各国之间依照自然法则和自然神明，取得独立和平等的地位时，出于对人类公意的尊重，有必要宣布他们不得不独立的原因。

我们认为下述真理是不言而喻的：人生而平等，造物主赋予了他们若干不可剥夺的权利，其中包括生命权、自由权和追求幸福的权利。为保障这些权利，人们才在他们中间建立政府，而政府的正当权力来自被统治者的同意。任何形式的政府，只要破坏上述目的，人民就有权利改变或废除它，并建立新政府；新政府

---

① 选自大卫·阿米蒂奇：《独立宣言：一种全球史》，孙岳译，北京：商务印书馆，2021年。

赖以奠基的原则，得以组织权力的方式，都要在最大的程度上增进民众的安全和幸福。诚然，出于慎重的考虑，不应当由于轻微和短暂的原因而改变成立多年的政府。过去的一切经验也都说明，任何苦难，只要尚能忍受，人类都宁愿容忍，而无意废除他们久已习惯了的政府来恢复自身的权益。但是，当一连串执迷不悟的滥用职权和强取豪夺的发生，证明政府企图把人民置于专制统治之下时，人民就有权利，也有义务推翻这个政府，并为他们未来的安全建立新的保障——这就是殖民地诸邦过去逆来顺受的情况，也是它们现在不得不改变以前政府制度的原因。当今大不列颠国王的历史，是一再伤害和强取豪夺的历史，所有这些暴行的直接目的就是要在这些邦建立一种绝对的暴政。为证明所言属实，现把下列事实向公正的世界宣布。

　　他拒绝批准对公众利益最有益、最必要的法律。

　　他禁止他的总督们批准急需且至关重要的法律，要不就把这些法律搁置起来等待他的同意；而一旦这些法律被搁置起来，他就完全置之不理。

　　他拒绝批准便利广大地区民众的其他法律，除非那里的人们情愿放弃自己在立法机关中的代表权；但这种权利对他们有无法估量的价值，只有暴君才畏惧这种权利。

　　他把各地立法机构召集到既不不便、也不舒适且远离公文档案保存地的地方去开会，其唯一目的是使他们疲于奔命，顺从他的意旨。

　　他一再解散各殖民地的议会，因为它们坚定果敢地反对他侵犯人民的各项权利。

在解散各殖民地议会之后，他又长时间拒绝另选新议会。但立法权是无法被取消的，因此这项权力已经回到广大人民手中并由他们来行使；其时各邦仍然险象环生，外有侵略之患，内有动乱之忧。

他竭力抑制各殖民地人口的增加，为此，他阻挠《外国人归化法》的通过，拒绝批准其他鼓励外国人移居各邦的法律，并提高分配新土地的条件。

他拒绝批准建立司法机关的法律，借以阻挠公正司法。

他控制了法官的任期、薪金数额和支付，从而使法官完全屈从于他个人的意志。

他建立了许多新衙门，派遣蝗虫般多的官员来骚扰我们的人民，并蚕食民脂民膏。

在和平时期，未经我们立法机关的同意，他就在我们中间驻扎常备军。

他使军队独立于民政权力之外，并凌驾于民政之上。

他同一些人勾结，把我们置于一种与我们的体制格格不入且不为我们的法律认可的管辖之下；他还批准这些人炮制的假冒法案，以达到如下的目的：

在我们中间驻扎大批武装部队；

用假审讯来包庇他们，使那些杀害我们各邦居民的谋杀者逍遥法外；

切断我们同世界各地的贸易；

未经我们同意便向我们强行征税；

在许多案件中剥夺我们享有陪审团的权益；

编造罪名把我们递解到海外去受审；

在一个邻近地区废除英国法律的自由制度，在那里建立专横政府，并扩大它的疆界，企图使之迅速成为一个样板和得心应手的工具，以便在这里的各殖民地推行同样的专制统治；

取消我们的特许状，废除我们最宝贵的法律，并从根本上改变了我们的政府形式；

中止我们自己的立法机构，宣称他们自己在任何情况下都有权为我们立法。

他宣布我们已不在他的保护之下，并向我们开战，从而放弃了这里的政权。

他在我们的海域大肆掠夺，蹂躏我们的海岸，焚烧我们的市镇，残害我们人民的生命。

此时他正在运送大批外国雇佣兵来完成屠杀、破坏和专制的勾当，这种勾当早就开始了，其残酷卑劣的程度甚至连最野蛮的时代也难出其右。他完全不配做一个文明国家的元首。

他强迫在公海被他俘虏的我们的公民同胞充军，反对自己的国家，成为残杀自己朋友和亲人的刽子手，或是死于自己朋友和亲人的手下。

他在我们中间煽动内乱，并且竭力挑唆那些残酷无情的印第安人来杀掠我们边疆的居民。众所周知，印第安人的作战方式是不分男女老幼，一律格杀勿论。

在这些压迫的每一阶段中，我们都曾用最谦卑的言辞请愿，要求纠正或革除上述弊端，但我们一再的请愿所得到的答复却是一再的伤害。这样，一个君主，在其品格已打上了十足暴君的烙印时，便不配做自由人民的统治者。

我们不是没有顾念我们的英国弟兄。我们一再警告过他们，他们的立法机关企图把无理的管辖权横加到我们的头上。我们也提醒过他们，我们移民并定居来这里的状况。我们曾试图唤起他们内心的正义感和侠肝义胆，我们恳切陈词，请他们念在同宗同种的份上，弃绝这种必然会破坏我们彼此关系和往来的无理掠夺。对于这种来自正义和基于血缘的呼声，他们却也同样地置若罔闻。迫不得已，我们不得不宣布和他们分离。我们会以对待其他民族一样的态度对待他们：战时是仇敌，平时是朋友。

因此，我们，集合在大陆会议的美利坚联合邦全体代表，吁请全世界最崇高的正义为我们的各项正当意图作证：我们以各殖民地善良人民的名义并经他们授权，极为庄严地宣布，这些联合一致的殖民地从此成为，而且是名正言顺地成为自由和独立的国家；它们解除效忠英国王室的一切义务，它们和大不列颠国之间的一切政治关系从此全部断绝，而且理应断绝；作为自由和独立的国家，它们完全有权宣战、媾和、结盟、通商并处理独立国家理当处理的一切事务和事宜。为支持这篇宣言，并带着深信神明保佑的信念，我们谨以自己的生命、财富和神圣的荣誉相互保证，共同宣誓。

附:

《人权与公民权利宣言》①

1789年8月26日由法国制宪会议通过

拉法耶特②

组成国民议会的法国人民的代表们,认为不知人权、忽视人权或轻蔑人权是公众不幸的政府腐败的唯一原因,所以决定把自然的,不可剥夺的和神圣的人权阐明于庄严的宣言之中,以便本宣言可以经常呈现在社会各个成员之前,使他们不断地想到他们的权利和义务;以便立法权的决议和行政权的决定因能随时和整个政治机构的目标两相比较,从而能更加受到他们的尊重;以便公民们今后以简单而无可争辩的原则为根据的那些要求能经常针对着宪法与全体幸福之维护。

因此,国会议会在主宰面前并在他的庇护之下确认并宣布下述的人与公民的权利:

第一条 在权利方面,人们生来是而且始终是自由平等的。社会差别只能基于对公共利益的考虑。

第二条 任何政治结合的目的都在于保护人的自然的和不可

---

① 选自格奥尔格·耶里内克:《〈人权与公民权利宣言〉——现代宪法史论》,李锦辉译,北京:商务印书馆,2013年。
② 拉法耶特(1757—1834),法国贵族,法国革命时期立宪派的代表人物,著名的《人权宣言》就出自他手。

动摇的权利。这些权利就是自由、财产、安全和反抗压迫。

第三条　一切主权在本质上均源于国民。任何团体、任何个人都不得行使主权所未明确授予的权力。

第四条　自由就是指有权从事一切无害于他人的行为。因此，各人的自然权利的行使，只以保证社会上其他成员能享有同样权利为限制。这些限制只能通过法律加以确定。

第五条　法律仅有权禁止有害于社会的行为。凡未经法律禁止的事情都不得阻止，而且任何人都不得去做法律并没有明确规定的行为。

第六条　法律是公共意志的表现。所有的公民都有权亲身或经由其代表去参与法律的制定。法律对于所有的人，无论是施行保护或处罚都是一样的。在法律面前，所有的公民都是平等的，故他们都能平等地按其能力担任一切官职，公共职位和职务，除德行和才能上的差别外不得有其他差别。

第七条　除非在法律所规定的情况下并按照法律所指示的手续，不得控告、逮捕或拘留任何人。凡动议、发布、执行或令人执行专断命令者应受处罚；但根据法律而被传唤或被扣押的公民应当立即服从；抗拒则构成犯罪。

第八条　法律只应规定确实需要和显然不可少的刑罚，而且除非根据在犯法前已经制定和公布的且系依法施行的法律以外，不得处罚任何人。

第九条　任何人在其未被宣告为犯罪以前应被推定为无罪，即使认为必须予以逮捕，但为扣留其人身所不需要的各种残酷行为都应受到法律的严厉制裁。

第十条 意见的发表只要不扰乱法律所规定的公共秩序,任何人都不得因其意见、甚至信教的意见而遭受干涉。

第十一条 自由传达思想和意见是人类最宝贵的权利之一;因此,各个公民都有言论、著述和出版的自由,但在法律所规定的情况下,应对滥用此项自由负担责任。

第十二条 人权的保障需要有武装的力量;因此,这种力量是为了全体的利益而不是为了此种力量的受任人的个人利益而设立的。

第十三条 为了武装力量的维持和行政管理的支出,公共赋税就成为必不可少的;赋税应在全体公民之间按其能力作平等的分摊。

第十四条 所有公民都有权亲身或由其代表来确定赋税的必要性,自由地加以认可,注意其用途,决定税额、税率、客体、征收方式和时期。

第十五条 社会有权要求机关公务人员报告其工作。

第十六条 凡权利无保障和分权未确立的社会,就没有宪法。

第十七条 财产是不可侵犯的和神圣的权利,除非当合法认定的公共需要所显然必需时,且在公平而预先赔偿的条件下,任何人的财产权不得受到剥夺。

思考题：

1. 结合《美国独立宣言》的内容分析该宣言发表的进步意义。

2. 对比阅读 1789 年法国《人权与公民权利宣言》，为什么说《美国独立宣言》是它的范本？

延伸阅读：

1. 王波主编：《美国历史与文化选读》，北京：北京大学出版社，2004 年。

2. 王加丰、周旭东编：《美国历史与文化》，杭州：浙江大学出版社，2007 年。

3. J. 艾捷尔：《美国赖以立国的文本》，赵一凡、郭子良等译，海口：海南出版社，2000 年。

4. 托马斯·杰斐逊：《杰斐逊自传》，王秀莉、朱慧斯译，北京：中国长安出版社，2011 年。

5. 詹姆斯·柯比·马丁等：《美国史（上下册）》，范道丰等译，北京：商务印书馆，2012 年。

6. 格奥尔格·耶里内克：《〈人权与公民权利宣言〉——现代宪法史论》，李锦辉译，北京：商务印书馆，2013 年。

7. 大卫·阿米蒂奇：《独立宣言：一种全球史》，孙岳译，北京：商务印书馆，2021 年。

十六　黑格尔《美学》选读

黑格尔（Georg Wilhelm Friedrich Hegel，1770—1831），出生于德国西南部斯图加特城，父亲是税务局的书记官，母亲是虔诚的宗教徒。黑格尔十八岁进入杜宾根大学神学院学习，与谢林、荷尔德林是同学。黑格尔天生不是一名优秀的传教士，而是一位伟大的哲学家。1793年黑格尔以并不出色的成绩从神学院毕业。1801年经谢林推荐，经答辩成为耶拿大学编外讲师。1807年出版《精神现象学》，这部书后来被马克思称为"黑格尔哲学的真正诞生地和秘密"。黑格尔1816年被聘为海德堡大学哲学教授。1818年被聘为柏林大学哲学教授。1829年普鲁士国王任命其为柏林大学校长。黑格尔1831年去世，终年六十一岁。黑格尔重要的著作包括：《精神现象学》（1807）、《逻辑学》（1812）、《哲学全书》（1817）、《法哲学原理》（1821）。黑格尔去世后他的学生根据其讲稿和听课笔记整理出版了《宗教哲学》《哲学史讲演录》《美学》《历史哲学》。

选文节选了黑格尔《美学》对悲剧的论述。黑格尔是西方古典哲学的集大成者，创建了西方哲学史上最为包罗万象的哲学体系。在黑格尔的客观唯心主义哲学体系中，"理念"主宰一切、推动一切。理念是世界的实体和本质，万事万物都是由绝对理念的运动发展而产生。黑格尔《美学》是其庞大哲学思想体系的组成部分。黑格尔美学的最重要特点和最主要成就，是把辩证法思想运用到美学研究中。恩格斯指出，"它的最大功绩，就是恢复了辩证法这一最高的思维形式"。辩证法的实质，在于强调对立统一、矛盾斗争和运动发展。黑格尔给"艺术美"下了一个著名的定义："美是理念的感性显现"，即艺术美的本质就是用具体的感性形象来体现出理念。此定义强调概念与实在的统一、感性与理性的统一，富于辩证色彩，在美学史上具有积极的意义。但其将美看成是绝对理念的派生物，否定了艺术美的现实根源。黑格尔还将辩证法的矛盾法则运用于揭示悲剧实质，从而对西方悲剧理论的发展做出了重要贡献。黑格尔强调悲剧冲突乃是悲剧的基础。没有冲突，悲剧的动作和情节就不能够展开。没有冲突，悲剧人物性格就不能鲜明地凸现。冲突的根源在于"伦理的实体"分化为不同人物所抱的不同的具体目的，导致不同的具体动作。这种伦理性的实体，或抽象的普遍伦理力量原来处于和平统一状态，是"寂然不动的""停留于福慧中的神"。但当它们具体转化为每一个凡人的某一种情致的时候，它们各自要求实现，所涉及的各种力量之间原有的和谐就被破坏掉，就转为对立和斗争。悲剧的悲剧性就在于冲突的双方所代表的伦理力量都是合理的，但都带有伦理理想的片面性，都只能通过否定对方来实现自己，因而全都是有罪的。冲突双方矛盾斗争的结果，不是一方否定另一方，而是"和解"。黑格尔客观唯心主义的辩证法认为事物的发展都经历正—反—合的三个阶段，矛盾双方都由对立斗争而达到和解，达到较高阶段的统一。悲剧里混杂的抽象伦理力量分化为不同人物的目的及性格，导致对立冲突，否定了原来伦理理想的和谐统一。而这种否定本身也要被否定掉。冲突的结局，是悲剧人物的毁灭或退让甘休，即他们所代表的片面性伦理力量的毁灭，随着这种个别特殊性的毁灭，永恒正义就把伦理的实体的统一恢复过来了。这即是"和解"，是否定之否定，永恒正义仍然保持住了它的普遍效力。

　　黑格尔依据其辩证法，强调悲剧的命脉系于矛盾冲突，这种矛盾冲突不是来自外在的、神秘的命运，而是来自两种互不相容的伦理力量，有其内部的合理的、必然的矛盾运动规律。这种观点打破了欧洲自古希腊以来对悲剧的神秘的、形而上学的看法，比古希腊的"命运冲突"前进了一步，无疑是正确的。另外，此前亚里士多德的"净化说"悲剧观对悲剧内容的规定和阐释显得空泛，没有把净化"和内容的原则联系起来"，而黑格尔的伦理冲突悲剧观则对悲剧内容做了具体的阐释。这些都是值得肯定的。但黑格尔的辩证法被纳入了其客观唯心主义的哲学体系，因而其悲剧理论也有明显的局限：他不是从人类的现实生活中去寻找艺术冲突产生的根源，而是从绝对理念的运动发展中去研究所谓"普遍力量"，按他的话说是"神"与"神"之间的矛盾和冲突，这是值得商榷的。他认为悲剧冲突的双方各有其合理性，也各有其片面性，处于同等的地位，冲突结果不是真善美的毁灭，而是矛盾双方通过毁灭而各自克服其片面性，达到永恒正义的胜利。这种各打五十大板的矛盾冲突说淡化了悲剧中正义与非正义、善与恶的区别，因而是否真正揭示出悲剧的本质也可商榷。后来马克思、恩格斯批判性地继承了黑格尔矛盾冲突说的悲剧观，指出悲剧的实质是"历史的必然要求和这个要求的实际上不可能实现之间的冲突"，提供了对悲剧内涵的另一种揭示。此外，黑格尔的悲剧定义只是基于《安提戈涅》等极个别的戏剧实践，几乎无法适用于所有现存的古希腊悲剧，更不用说近代悲剧（这一点黑格尔自己也承认），具有明显的理论上的局限性。

《美学》（节选）①

戏剧体诗的原则

　　戏剧的任务一般是描述如在眼前的人物的动作和情况来供表象的意识观照，因此它就用剧中人物自己的话语来表达。但是戏剧的动作并不限于某一既定目的不经干扰就达到的简单的实现，而是要涉及情境，情欲和人物性格的冲突，因而导致动作和反动作，而这些动作和反动作又必然导致斗争和分裂的调解。因此我们眼前看到的是一些个别具体化为生动的人物性格和富于冲突情境的抽象目的，这些目的在显示自己和实现自己的过程中互相影响，互相制约，——这一切都要在瞬息间陆续地外现出来。这里还要加上人物在超意志和实现意志之中各自活动，互相冲突，但终于得到解决，归于平静的这一整套齿轮联动机器的出自内因的

---

① 选自黑格尔：《美学》第三卷（下），朱光潜译，北京：商务印书馆，1996年。

终极结果,它也要展现在眼前。

对这种新的掌握方式,像我已经说过的,戏剧应该是史诗的原则和抒情诗的原则经过调解(互相转化)的统一。

1. 这里首先可以明确的就是戏剧体诗在什么时代才可以成为一个主要诗种而发挥作用。戏剧是一个已经开花的民族生活的产品。事实上它在本质尚须假定正式史诗的原始时代以及抒情诗的独立的主体性都已过去了。戏剧之所以要把史诗和抒情诗结合成一体,正是因为它不能满足于史诗和抒情诗分离为两个领域。要达到这两种诗的结合,人的目的,矛盾和命运就必须已经达到自由的自觉性而且受过某种方式的文化教养,而这只有在一个民族的历史发展的中期和晚期才有可能。所以一个民族的早期的伟大功业和事迹一般都是史诗性多于戏剧性的,它们大半是对外族的征讨,例如特洛伊战争,中世纪民族大迁徙的浪潮,十字军东征之类;或是民族对外敌的防御战,例如波斯战争。只有到了较晚时期,才出现比较独立的单枪匹马的个别英雄人物,自己独立地定出目的和实现这个目的。

2. 其次,关于史诗原则和抒情诗原则的统一,我们可以提出以下一些看法。

史诗就已经把一个动作(情节)摆在我们眼前,但是把这动作当作民族精神的实体性的整体所采取的客观的具体的行动和事迹的形式,其中主体的意志和个别目的与环境的外在情况及其阻力保持着平衡。在抒情诗里却不然,是主体凭他的独立的内心活动自己站出来表现自己。

2a)戏剧如果要把史诗和抒情诗这两方面因素都结合在它自

己身上，它首先就要像史诗那样，把一件事，行为或动作摆在眼前供观照，但是特别重要的是要把外在因素剔除开，用自觉的活动的主体来代替外在因素，作为行动的原因和动力。事实上戏剧不能落到抒情诗只顾到内在因素而和外在因素对立起来的地位，而是要把一个内在因素及其外在的实现过程一起表现出来。因此，事件的起因就显得不是外在环境，而是内心的意志和性格，而且时间也只有从它对立体的目的和情欲的关系上裁剪出它的戏剧的意义。但是个别人物（主体）也不能停留在独立自足的状态，他必须处在一种具体的环境里才能本着自己的性格和目的来决定自己的意志内容，而且由于它所抱的目的是个人的，就必然和旁人的目的发生对立和斗争。因此，动作总要导致纠纷和冲突，而纠纷和冲突又要导致一种违反主体的原来意愿和意图的结局。在这种结局中人物的目的，性格和冲突的真正内在本质就揭示出来了。这种在凭自己独立发出动作的个别人物身上发生作用的实体性因素原是史诗原则中的一个方面，现在在戏剧体诗的原则里也很活跃地起作用。

2b）所以不管个别人物在多大程度上凭他的内心因素成为戏剧的中心，戏剧却不能满足于只描绘心情处在抒情诗的那种情境，把主体写成只在以冷淡的同情对待既已完成的行动，或是寂然不动地欣赏，关照和感受，戏剧必须揭示出情境及其情调取决于个别人物性格，这个别人物抉择了某些具体目的作为它的起意志的自我所要付诸实践的内容。因此，在戏剧里，具体的心情总是发展成为动机或推动力，通过意志达到动作，达到内心理想的实现，这样，主体的心情就使自己成为外在的，就把自己对象化了，因此就转向史诗的现实方面，但是这种外在的显现却不只是出现在客观世界里的一个单纯的事件，其中还包含着个别人物（主体）的意图和目的。动作就是实现了的意志，而意志无论就它出自内心来看，还是就它的终极结果来看，都是自觉的。这就是说，凡是动作所产生的后果是由主体本身的自觉意志造成的，而同时又对主体性格及其情况起反作用。全体现实对自决的个别人物（主体）的内心生活的这种持续不断的关系（这种个别人物即是这种现实的基础，反过来又把现实吸收进来）正是在戏剧体诗中起作用的抒情诗的原则。

2c）只有这样，动作才能成为戏剧的动作，才能成为内在的意图和目的的实现。主体和这些意图和目的所面对的现实融成一片，使它成为他自己的一部分，要在其中实现自己，欣赏自己，而且以整个人格对凡是由自我转化于客观世界的一切负完全责任。戏剧中的人物摘取他自己行动的果实。

但是戏剧的旨趣既然只限于内在目的，而这内在目的的主体也就是发出动作的个别人物，那么，就只有与这种自觉决定的目的有本质关系的外在材料才能用在戏剧的艺术作品里，所以戏剧首先比史诗较抽象（有选择）。这可以从两方面来看。第一，动作既然是由人物自己决定的，即从他的内心源泉流出的，它就无须有事实所要求的那种要向四面八方伸展的广阔的完整的世界观作为先决条件，它的动作却集中在主体定下目的和实现着目的时所处的比较确定的简单环境里。其次，戏剧中的个别人物的性格也不像史诗中的那样把全部民族特性的复合体都展现到我们眼前，而是只展现与实现具体目的的动作有关的那一部分主体性格，这个目的即剧中的主旨要超出个别人物所特有的广度，个别人物显得只是这个目的的活的器官和灌注生气的承担者。如果个别人物性格要向许多方面广泛地展现出来，而这些方面与动作这个集中点毫无关系或是只有很疏远的关系，那就会成为赘疣。所以就发出动作的个别人物性格来看，戏剧体诗也比史诗较单纯，较集中。这种差别在人物的数目多少和彼此之间的差异上也可以见出。像上文已说过的，戏剧的发展并不以一个民族的全部现实情况为基础，所以无须揭示这种情况中多方面的差异如社会地位，性别，年龄和职业等等，但是必须使观众的眼光集中到某一个具体目的及其实现上，与此不相干的客观方面的节外生枝，不但惹人厌烦，而且有害。

其次，一个动作的目的和内容只有在下述情况下才能成为戏剧性的：由于这种目的是具体的，带有特殊性的，而且个别人物还要在特殊具体情况中才能定下这个目的，所以这个目的就必在其他个别人物中引起一些和它对立的目的。每一个动作后面都有一种情致在推动它，这种推动的力量可以是精神的，伦理的和宗教的，例如正义，对祖国，父母，兄弟姊妹的爱之类。这些人类情感和活动的本质意蕴如果要成为戏剧性的，它（本质意蕴）就必须分化成为一些不同的对立的目的，这样，某一个别人物的动作就会从其他发出动作的个别人物方面受到阻力，因而就要碰到纠纷和矛盾，矛盾的各方面就要互相斗争，各求实现自己的目的。真正的内容，真正普遍发生作用的动力所以是一些永恒的，自在自为的（绝对的）伦理的力量，是生动的实在界中的一些神，总之，它就是神性和真理，——但不只是静止的，像雕刻出来的那样寂然不动，泰然自得地停留在福慧中的神，而是在社会中作为人类个性的内容和目的，作为具体存在物而号召行动的处在运动中的神。

不过神性的东西如果形成动作的客观外在情况中最内在的客观真实（像上文所说的），我们就要提到第三点：决定上述纠纷和冲突的过程及其终局的就不是那些互相冲突的个别人物，而是自成整体的神性本身；所以不管哪一种戏剧都要显示出一种必然性在起活跃的作用，单凭它本身就足以解决每一种斗争和矛盾。

3. 所以对创作主体（即诗人）所提出的首要的要求就是：他必须彻底洞察到人的目的，斗争及其终局是以内在的普遍的力量为根据的。他应该意识到在哪些矛盾和纠纷里，按照事物的本质，会有某种动作出现。这可以从两个方面来看，一是剧中人物主体方面的情欲和个性，二是一般人的计谋和决定的内容与外界具体情况和环境。同时他还应认识到究竟是哪些统治的力量对人所完成的事分配理所应得的一份。在人胸中动荡的推动人动作的那些情欲究竟是正确的还是错误的，这对戏剧体诗人应该是一目了然的。这样，普通眼光所视为由黑暗，偶然和混乱统治着的东西对于诗人却显示出绝对理性在实在界的自我实现。所以戏剧体诗人不应对人类心灵深处只有模糊的认识，而在思想方式和世界观方面也不应片面固执任何排它性的心情和狭隘的偏私态度。他应该有最开朗最广阔的胸襟。事实上在神话史诗里，性质有区别的，而因为经过多方面的实际的个别具体化，在意义上就变得模糊不清的那些精神力量，在戏剧里却按照它们的单纯的实体性的内容，作为个别人物的情致而互相对立地出现着，而戏剧的任务就是解决或消除这些在不同的个别人物身上各自独立化的那些精神理论的片面性。这些片面的精神力量在悲剧里以敌对的方式彼此对立，在喜剧里则直接由它们自己互相抵消来取得解决。

悲剧，喜剧和正剧的原则（节选）

1. 关于悲剧，我在这里只约略地提到它的最普遍的基本定性，至于这些定性的较具体的分化只有从历史发展阶段中所现出的差异才见得出来。

1a）形成悲剧动作情节的真正内容意蕴，即决定悲剧人物去追求什么目的的出发点，是在人类意志领域中具有实体性的本身就有理由的一系列的力量：首先是夫妻，父母，儿女，兄弟姐妹之间的亲属爱；其次是国家政治生活，公民的爱国心以及统治者的意志；第三是宗教生活，不过这里指的不是不肯行动的虔诚，也不是人类胸中仿佛根据神旨的判别善恶的意识，而是对现实生活的利益和关系的积极参预和推进。真正的悲剧人物性格就要有这种优良品质。他们完全是按照原则所应该做到的而且能做到的那样人物。他们不是像在史诗里那样只是许多分散因素并列在一起的整体，而是每个人物尽管本身是活的具有个性的，却只代表这种人物性格的某一种力量，凭这种力量，他按照他的个性把自己和真纯的生活内容的某一特殊方面紧密结合成为一体，而且负责维护它。在这样高度上，直接的（原始自然的）个性中纯粹的偶然性都已消失，戏剧艺术中的英雄才仿佛提高到雕刻作品的地位，无论是把他们作为实体性生活领域的活的代表来看，还是把他们作为凭自由信任自己而显得伟大和坚定的人物来看。所以本身抽像的雕刻中的人像和神像,比起任何其它方式的阐明和解释,都更好地说明希腊悲剧的人物性格。

所以大体上可以说,原始悲剧的真正题旨是神性的东西,这里指的不是单纯宗教意识中那种神性的东西,而是在尘世间个别人物行动上体现出来的那种神性的东西,不过在这种实际体现里他的实体性的性格既没有遭到损害,也还没有转化到对立面上去。在这种形式里意志及其所实现的精神实体就是伦理性的因素。这种伦理性的因素就是处在人世现实中的神性的因素,如果我们对伦理性的因素是按照它的直接的真正意义来理解,而不是按照主观思索作为形式的道德教条来理解,这种神性的因素也就是实体性,其中本质的方面和特殊的方面都对真正的人类动作提供引起动作的内容,同时也就在动作本身中展现出它的本质,使自己达到实现。

1b) 一切外化为实际客观存在的概念都要服从个别具体化的原则。根据这个原则,各种伦理力量和各种发出动作的人物性格,无论在内容意蕴上还是个别显现形式上,就得互相区别开来,各不相同。按照戏剧体诗的要求,这些互相区别开来的力量就须显现于活动,追求某一种人类情致所决定的某一具体目的,导致动作情节,从而使自己获得实现。在这个过程中,所涉及的各种力量之间原有的和谐就被否定或消除掉,它们就转到互相对立,互相排斥;从此每一动作在具体情况下都要实现一种目的或性格,而这种目的或性格在所说的前提之下,由于各有独立的定性,就片面孤立化了,这就必然激发对方的对立情致,导致不可避免的冲突。这里基本的悲剧性就在于这种对立冲突中对立的双方各有它那一方面的辩护理由，而同时每一方拿来作为自己所坚持的那种目的和性格的真正内容的却只能是把同样有辩护理由的对方否定掉或破坏掉。因此，双方都在维护伦理理想之中而且就通过实现这种伦理理想而陷入罪过中。

关于这种冲突的必然性及其一般辩护理由，我在上文已经提到了。作为一个具体的统一体，伦理性的实体是由各种不同的关系和力量所形成的整体，而这些不同的关系和力量还只是处于寂然不动的状态，作为有福的神们，在享受平静生活中完成精神的工作。但是另一方面，也正是这种整体概念本身要求这些不同的力量由抽象概念转化为具体现实和人世间的现象。由于这些因素的性质，个别人物在具体情况下所理解的各有不同。这就必然要导致对立和冲突。只有在神们住在奥林普山峰上那种想像和宗教观念的天空中，我们才可以认真地把他们当作神来对待；而现在他们下凡了，每个神体现为一个凡人个性中某一种情致了，尽管他们各有辩护的理由，他们也就由于各有特殊或片面性，也必然要和他们的同类处于矛盾对立，要陷入罪过和不正义之中了。

1c）与此同时也就产生了一种未经调解的矛盾冲突，这个矛盾尽管成为实际存在的东西，却不能作为实体性的和真正实在的东西而保持住自己，它只有在作为矛盾而否定自己，才能获得它的存在权，悲剧的目的和人物性格各有辩护的理由和必然性。悲剧的第三个因素，即悲剧的冲突导致这种分裂的解决，也是如此。这就是说，通过这种冲突，永恒的正义利用悲剧人物及其目的来显示出他们的个别特殊性（片面性）破坏了伦理的实体和统一的平静状态；随着这种个别特殊性的毁灭，永恒的正义就把伦理的实体和统一恢复过来了。悲剧人物所定下的目标，单就它本身来看，尽管是有理可说的，但是他们要达到这种目标，却只能通过起损害作用的片面性引起矛盾的悲剧方式。因为真正实体性的因素的实现并不能靠一些片面的特殊目的之间的斗争（尽管这种斗争在世界现实生活和人类行动中可以找到重要的理由），而是要靠和解，在这种和解中，不同的具体目的和人物在没有破坏和对立的情况中和谐地发挥作用。所以在悲剧结局中遭到否定的只是片面的特殊因素，因为这些片面的特殊因素不能配合上述和谐，在它们的活动的悲剧过程中不能抛开自己和自己的意图，结果只有两种，或是完全遭到毁灭，或是在实现的过程中（假如它可实现），至少要被迫退让罢休。

关于这一点，像众所周知的，亚里士多德曾认为悲剧的真正作用在于引起哀怜和恐惧而加以净化。他所指的并不是对自我主体性格协调或不协调的那种单纯的愉快或不愉快的情感，即好感和反感。这是最肤浅的一种看法。只有到近代才有人把快感或不快感看成悲剧成功或失败的原因。艺术作品的任务只是把精神的理性和真理表现出来。在这方面如果要研究出一个原则来，就必须抛弃上述肤浅的观点而把注意力引到正确的方向。因此，对于亚里士多德的说法，我们必不能死守着恐惧和哀怜这两种单纯的情感，而是要站在内容原则的立场上，要注意内容的艺术表现才能净化这些情感。人感到恐惧不外两种原因，一是碰到外界有限事物的威力，一是认识到自在自为的绝对真理的威力。人应该感到恐惧的并不是外界的威力及其压迫，而是伦理的力量，这是人自己的自由理性中的一种规定，同时也是永恒的颠扑不破的真理，如果人要违反它，那就无异于违反他自己。像恐惧一样，哀怜也有两种对象。一种就是对于旁人的灾祸和苦痛的同情，这是一种有限的消极的平凡感情。这种怜悯是小乡镇妇女们特别容易感觉到的。高尚伟大的人的同情和怜悯却不应该采取这种方式。因为就只突出灾祸的空虚的消极方式，其中就含有贬低受灾祸者的意味。另一种是真正的哀怜，这就是对受灾祸者所持的伦理理由的同情，也就是对他所必然显现的那种正面的有实体性的因素的同情。这种哀怜当然不是流氓恶棍所能引起的。所以悲剧人物的灾祸如果要引起同情，他就必须本身具有丰富内容意蕴和美好品质，正如他的遭到破坏的伦理理想的力量使我们感到恐惧一样，只有真实的内容意蕴才能打动高尚心灵的深处。因此，对于悲剧结局所感到的兴趣是一回事，对于一种单纯灾祸或一个悲惨故事所引起的同情时那种单调的满足感却另是一回事，不应该把这二者混淆起来。这种单纯灾祸不是由受害人招致的或应负责的，而是外在的偶然事故与环境的凑合，例如疾病，财产损失，死亡等等，无辜地碰到他身上的，这种场合所应引起的兴趣只是一种设法营救和援助的迫切愿望。如果援救不可能，那种苦痛和灾难的情景只能使人痛心。真正的悲剧苦难却不然，它落到剧中人物身上，只是作为他们自己所作所为的后果，他们是全心全意投入这种动作的，既有辩护的理由，又由于导致冲突而有罪过。

因此在单纯的恐惧和悲剧的同情之上还有调节的感觉。这是悲剧通过揭示永恒正义而引起的，永恒正义凭他的绝对威力，对那些各执一端的目的和情欲的片面理由采取了断然的处置，因为它不容许按照概念原是统一的那些伦理力量之间的冲突和矛盾在真正的实在界中得到实现而且能站住脚。

按照这个原则,悲剧情感主要起于对冲突及其解决的认识,所以只有戏剧体诗才能凭它的全部表现方式,把悲剧性的情节按照它的完整的范围和展现过程,作为艺术作品的原则,把它完全表现出来。因此我到现在才有机会来讨论悲剧的观照方式,尽管这种观照方式在较小程度上也多方面推广到其它艺术领域去发挥作用。

思考题:

1. 黑格尔悲剧观与亚里士多德悲剧观的异同。
2. 黑格尔悲剧观对西方悲剧理论的重大贡献及其局限性。
3. 黑格尔的客观唯心主义哲学与辩证法的矛盾在其美学理论中的体现。

延伸阅读:

1. 科耶夫:《黑格尔导读》,姜志辉译,南京:译林出版社,2005年。
2. 沃尔特·考夫曼:《黑格尔——一种新解说》,张翼星译,北京:北京大学出版社,1989年。
3. 朱光潜:《西方美学史》,北京:人民文学出版社,1985年。
4. 朱立元:《黑格尔美学论稿》,上海:复旦大学出版社,1986年。

5. 陈望衡、李丕显：《黑格尔美学论稿》，南宁：贵州人民出版社，1986年。

6. 查尔斯·泰勒：《黑格尔》，张国清、朱进东译，南京：译林出版社，2002年。

十七　马克思《1844年经济学哲学手稿》选读

卡尔·海因里希·马克思（Karl Heinrich Marx，1818—1883），德国哲学家，政治社会学之父，与涂尔干、马克思·韦伯并称经典社会学理论三大奠基人，与恩格斯并为马克思主义的创始人，是19世纪出现的最具影响力的社会主义思想家。

在马克思的早期创作中，《黑格尔法哲学批判》《论犹太人问题》《1844年经济学哲学手稿》《关于费尔巴哈的提纲》最为重要。后期与恩格斯合著的《德意志意识形态》《共产党宣言》以及《资本论》也是反映马克思的思想的核心著作。青年马克思的思想主要浓缩于《1844年经济学哲学手稿》，此前马克思对宗教的批判以及对法的批判其实都与他的异化理论、解放思想紧密相关。在马克思看来，资本主义社会中宗教、国家、经济都既是异化的表现又是异化的力量。在《论犹太人问题》中马克思总结道，个人既可以在精神与政治上通过世俗的身份获得自由，也可以因为物质生活中的经济地位的不平等而失去自由。这为马克思之后对资本主义的批判奠定了基础。《关于费尔巴哈的提纲》可以视为1845年《德意志意识形态》的大纲，成为马克思后期历史观的基础。马克思大胆批评了包括费尔巴哈在内的从前的一切唯物主义和唯心主义,辩证地指出人类自己创造了世界,不单单靠物质活动,也不单单靠思维,而是二者的合力。《德意志意识形态》是历史唯物主义的奠基之作,马克思提出了物质生活决定社会历史的历史观,并在《共产党宣言》中得到进一步的加深。恩格斯在《〈共产党宣言〉序言》中总结了宣言的基本思想,即上层建筑以经济生产和由此产生的社会结构作为基础,一切社会的历史就是阶级斗争的历史,无产阶级必须使整个社会都从资产阶级的剥削中解放出来自己才能获得解放。马克思继承了古典经济学,在《资本论》中以剩余价值理论为核心,解释了资本的生产、流通、积累过程。唯物的历史观再加上《资本论》中提出的生产资料私有制与生产产品社会化之间的根本矛盾,使马克思大胆预言历史的终结必将是以共产主义社会取代资本主义社会。

马克思在《1844年经济学哲学手稿》第一手稿中深入探讨了劳动力异化的问题。"异化"一词是黑格尔提出的,但马克思使用这个词时已从绝对精神领域扩展到了现实领域,并被西方马克思主义者作为核心概念进一步继承发展了下去。马克思描绘了资本主义下异化劳动的四个规定:工人与自己的劳动产品形成一种异化关系,劳动活动本身异化外化,导致人的类的属性的异化,人同自身相对立时也同他人相对立。异化的个人既是异化劳动的创造者,又是异化劳动的牺牲品。对于异化的解释必然导向对于异化的解决,由于异化产生的基础是资本主义社会,那么对于异化的解决就不能仅依靠个人而需要经济、社会基础的转变。《1844年经济学哲学手稿》由此成为连接马克思早期异化分析理论和晚期社会学理论的桥梁。马克思的异化理论之所以影响深远,是因为马克思描述的资本主义社会中无产者的异化处境与今日中产阶级的处境并无本质差异，不过是异化形式的转变。西方马克思主义者继承了马克思对资本主义社会的批判，努力在新的异化形式中继续寻求人的解放，但同时又在唯经济基础决定论上与马克思决裂。存在主义者也从黑格尔出发，在异化理论上与马克思并驾齐驱。但不论是存在主义者、结构主义者还是解构主义者，不论他们是马克思的支持者还是反对者，都不可避免地与马克思主义的"幽灵"一路纠缠。

马克思的影响如今已经遍布人文科学的各个领域，产生了新马克思主义经济学、新马克思主义政治学、新马克思主义社会学等分支学科。马克思的思想还直接影响了世界范围内的许多社会科学家，如卢卡齐、葛兰西、本雅明、哈贝马斯等。马克思的革命理论未能完全实现，但他对资本主义经济危机的预言却一再应验，他的阶级理论、价值理论之深刻使他至今仍在社会学领域享有不可取代的地位。但更为重要的却是马克思的批判精神，以及对人类解放的不懈追求。正如马克思所言，哲学家们只是用不同的方式解释世界，而关键却是改变它。哲学的迫切任务是要使对天国的批判变成对尘世的批判，对宗教的批判变成对法的批判，对神学的批判变成对政治的批判。这使他不同于学院派的做着智力游戏的哲学家们，而真正触及了哲学的根本目的。

《1844年经济学哲学手稿》（节选）[①]

[异化劳动]

[XXII]我们是从国民经济学的各个前提出发的。我们采用了它的语言和它的规律。我们把私有财产，把劳动、资本、土地的互相分离，工资、资本利润、地租的互相分离以及分工、竞争、交换价值概念等等当作前提。我们从国民经济学本身出发，用它自己的话指出，工人降低为商品，而且是最贱的商品；工人的贫困同他的产品的力量和数量成正比；竞争的必然结果是资本在少数人手中积累起来，也就是垄断的更可怕的恢复；最后，资本家和靠地租生活的人之间、农民和工人之间的区别消失了，而整个社会必然分化为两个阶级，即有产者阶级和没有财产的工人阶级。

国民经济学从私有财产的事实出发，但是，它没有给我们说明这个事实。它把私有财产在现实中所经历的物质过程，放进一般的、抽象的公式，然后又把这些公式当作规律。它不理解这些规律，也就是说，它没有指明这些规律是怎样从私有财产的本质中产生出来的。国民经济学没有给我们提供一把理解劳动和资本分离以及资本和土地分离的根源的钥匙。例如，当它确定工资和资本利润之间的关系时，它把资本家的利益当作最后的根据；也就是说，它把应当加以论证的东西当作前提。同样，竞争无孔不

[①] 选自《马克思恩格斯全集》（第四十二卷），北京：人民出版社，1979年。

入，人们却用外部情况来说明。国民经济学也根本没有告诉我们，这种似乎偶然的外部情况在多大程度上仅仅是一种必然的发展过程的表现。我们已经看到，交换本身在它看来是偶然的事实。贪欲以及贪婪者之间的战争即竞争，是国民经济学家所推动的唯一的车轮。

正因为国民经济学不理解运动的相互联系，所以才会把例如竞争的学说同垄断的学说，营业自由的学说同同业公会的学说，地产分割的学说同大地产的学说对立起来。因为竞争、营业自由、地产分割仅仅被理解和描述为垄断、同业公会和封建所有制的偶然的、蓄意的、强制的结果，而不是必然的、不可避免的、自然的结果。

因此，我们现在必须弄清楚私有制，贪欲同劳动、资本、地产三者的分离之间的本质联系，以及交换和竞争之间、人的价值和人的贬值之间、垄断和竞争等等之间、这全部异化和货币制度之间的本质联系。

我们不象国民经济学家那样，当他想说明什么的时候，总是让自己处于虚构的原始状态。这样的原始状态什么问题也说明不了。国民经济学家只是使问题堕入五里雾中。他把应当加以推论的东西即两个事物——例如分工和交换——之间的必然的关系，假定为事实、事件。神学家也是这样用原罪来说明罪恶的起源，也就是说，他把他应当加以说明的东西假定为一种历史事实。

我们从当前的经济事实出发吧：

工人生产的财富越多，他的产品的力量和数量越大，他就越贫穷。工人创造的商品越多，他就越变成廉价的商品。物的世界的增值同人的世界的贬值成正比。劳动不仅生产商品,它还生产作为商品的劳动自身和工人,而且是按它一般生产商品的比例生产的。

这一事实不过表明:劳动所生产的对象,即劳动的产品,作为一种异己的存在物,作为不依赖于生产者的力量,同劳动相对立。劳动的产品就是固定在某个对象中、物化为对象的劳动,这就是劳动的对象化。劳动的实现就是劳动的对象化。在被国民经济学作为前提的那种状态下,劳动的这种实现表现为工人的失去现实性,对象化表现为对象的丧失和被对象奴役,占有表现为异化、外化。

劳动的实现竟如此表现为失去现实性,以致工人从现实中被排除,直至饿死。对象化竟如此表现为对象的丧失,以致工人被剥夺了最必要的对象——不仅是生活的必要对象,而且是劳动的必要对象。甚至连劳动本身也成为工人只有靠最紧张的努力和极不规则的间歇才能加以占有的对象。对对象的占有竟如此表现为异化,以致工人生产的对象越多,他能够占有的对象就越少,而且越受他的产品即资本的统治。

这一切后果包含在这样一个规定中:工人同自己的劳动产品的关系就是同一个异己的对象的关系。因为根据这个前提,很明显,工人在劳动中耗费的力量越多,他亲手创造出来反对自身的、异己的对象世界的力量就越强大,他本身、他的内部世界就越贫乏,归他所有的东西就越少。宗教方面的情况也是如此。人奉献给上帝的越多,他留给自身的就越少。工人把自己的生命投入对象;但现在这个生命已不再属于他而属于对象了。因此,这个活动越多，工人就越丧失对象。凡是成为他的劳动产品的东西，就不再是他本身的东西。因此，这个产品越多，他本身的东西就越少。工人在他的产品中的外化，不仅意味着他的劳动成为对象，成为外部的存在，而且意味着他的劳动作为一种异己的东西不依赖于他而在他之外存在，并成为同他对立的独立力量；意味着他给予对象的生命作为敌对的和异己的东西同他相对抗。

[XXIII] 现在让我们来更详细地考察一下对象化，即工人的生产，以及对象即工人的产品在对象化中的异化、丧失。

没有自然界，没有感性的外部世界，工人就什么也不能创造。它是工人用来实现自己的劳动、在其中展开劳动活动、由其中生产出和借以生产出自己的产品的材料。

但是，自然界一方面在这样的意义上给劳动提供生活资料，即没有劳动加工的对象，劳动就不能存在，另一方面，自然界也在更狭隘的意义上提供生活资料，即提供工人本身的肉体生存所需的资料。

因此，工人越是通过自己的劳动占有外部世界、感性自然界，他就越是在两个方面失去生活资料：第一，感性的外部世界越来越不成为属于他的劳动的对象，不成为他的劳动的生活资料；第二，这个外部世界越来越不给他提供直接意义的生活资料，即劳动者的肉体生存所需的资料。

因此，工人在这两方面成为自己的对象的奴隶：首先，他得到劳动的对象，也就是得到工作；其次，他得到生存资料。因而，他首先作为工人，其次作为肉体的主体，才能够生存。这种奴隶状态的顶点就是：他只有作为工人才能维持作为肉体的主体的生存,并且只有作为肉体的主体才能是工人。

(按照国民经济学的规律,工人在他的对象中的异化表现在:工人生产得越多,他能够消费的越少;他创造价值越多,他自己越没有价值、越低贱;工人的产品越完美,工人自己越畸形;工人创造的对象越文明,工人自己越野蛮;劳动越有力量,工人越无力;劳动越机巧,工人越愚钝,越成为自然界的奴隶。)

国民经济学以不考察工人(即劳动)同产品的直接关系来掩盖劳动本质的异化。当然,劳动为富人生产了奇迹般的东西,但是为工人生产了赤贫。劳动创造了宫殿,但是给工人创造了贫民窟。劳动创造了美,但是使工人变成畸形。劳动用机器代替了手工劳动,但是使一部分工人回到野蛮的劳动,并使另一部分工人变成机器。劳动生产了智慧,但是给工人生产了愚钝和痴呆。

劳动同它的产品的直接关系,是工人同他的生产的对象的关系。有产者同生产对象和生产本身的关系,不过是前一种关系的结果和证实。对问题的这另一个方面我们将在后面加以考察。

因此,当我们问劳动的本质关系是什么的时候,我们问的是工人同生产的关系。

以上我们只是从一个方面,就是从工人同他的劳动产品的关系这个方面,考察了工人的异化、外化。但异化不仅表现在结果上,而且表现在生产行为中,表现在生产活动本身中。如果工人不是在生产行为本身中使自身异化,那么工人怎么会同自己活动的产品象同某种异己的东西那样相对立呢?产品不过是活动、生产的总结。因此,如果劳动的产品是外化,那么生产本身就必然是能动的外化,或活动的外化,外化的活动。在劳动对象的异化中不过总结了劳动活动本身的异化、外化。

那么，劳动的外化表现在什么地方呢？

首先，劳动对工人说来是外在的东西，也就是说，不属于他的本质的东西；因此，他在自己的劳动中不是肯定自己，而是否定自己，不是感到幸福，而是感到不幸，不是自由地发挥自己的体力和智力，而是使自己的肉体受折磨、精神遭摧残。因此，工人只有在劳动之外才感到自在，而在劳动中则感到不自在，他在不劳动时觉得舒畅，而在劳动时就觉得不舒畅。因此，他的劳动不是自愿的劳动，而是被迫的强制劳动。因而，它不是满足劳动需要，而只是满足劳动需要以外的需要的一种手段。劳动的异化性质明显地表现在，只要肉体的强制或其他强制一停止，人们就会象逃避鼠疫那样逃避劳动。外在的劳动，人在其中使自己外化的劳动，是一种自我牺牲、自我折磨的劳动。最后，对工人说来，劳动的外在性质，就表现在这种劳动不是他自己的，而是别人的；劳动不属于他；他在劳动中也不属于他自己，而是属于别人。在宗教中，人的幻想、人的头脑和人的心灵的自己活动对个人发生作用是不取决于他个人的，也就是说，是作为某种异己的活动，神灵的或魔鬼的活动的，同样，工人的活动也不是他的自己活动。他的活动属于别人，这种活动是他自身的丧失。

结果，人（工人）只有在运用自己的动物机能——吃、喝、性行为，至多还有居住、修饰等等的时候，才觉得自己是自由活动，而在运用人的机能时，却觉得自己不过是动物。动物的东西成为人的东西，而人的东西成为动物的东西。

吃、喝、性行为等等，固然也是真正的人的机能。但是，如果使这些机能脱离了人的其他活动,并使它们成为最后的和唯一的终极目的,那么,在这种抽象中,它们就是动物的机能。

我们从两个方面考察了实践的人的活动即劳动的异化行为。第一,工人同劳动产品这个异己的、统治着他的对象的关系。这种关系同时也是工人同感性的外部世界、同自然对象这个异己的与他敌对的世界的关系。第二,在劳动过程中劳动同生产行为的关系。这种关系是工人同他自己的活动——一种异己的、不属于他的活动——的关系。在这里,活动就是受动;力量就是虚弱;生殖就是去势;工人自己的体力和智力,他个人的生命(因为,生命如果不是活动,又是什么呢?),就是不依赖于他、不属于他、转过来反对他自身的活动。这就是自我异化,而上面所谈的是物的异化。

[XXIV] 我们现在还要根据异化劳动的已有的两个规定推出它的第三个规定。

人是类存在物,不仅因为人在实践上和理论上都把类——自身的类以及其他物的类——当作自己的对象;而且因为——这只是同一件事情的另一种说法——人把自身当作现有的、有生命的类来对待,当作普遍的因而也是自由的存在物来对待。

无论是在人那里还是在动物那里,类生活从肉体方面说来就在于:人(和动物一样)靠无机界生活,而人比动物越有普遍性,人赖以生活的无机界的范围就越广阔。从理论领域说来,植物、动物、石头、空气、光等等,一方面作为自然科学的对象,一方面作为艺术的对象,都是人的意识的一部分,是人的精神的无机界,是人必须事先进行加工以便享用和消化的精神食粮;同样,从实践领域说来，这些东西也是人的生活和人的活动的一部分。人在肉体上只有靠这些自然产品才能生活，不管这些产品是以食物、燃料、衣着的形式还是以住房等等的形式表现出来。在实践上，人的普遍性正表现在把整个自然界——首先作为人的直接的生活资料，其次作为人的生命活动的材料、对象和工具——变成人的无机的身体。自然界，就它本身不是人的身体而言，是人的无机的身体。人靠自然界生活。这就是说，自然界是人为了不致死亡而必须与之不断交往的、人的身体。所谓人的肉体生活和精神生活同自然界相联系，也就等于说自然界同自身相联系，因为人是自然界的一部分。

异化劳动，由于（1）使自然界，（2）使人本身，他自己的活动机能，他的生命活动同人相异化，也就使类同人相异化；它使人把类生活变成维持个人生活的手段。第一，它使类生活和个人生活异化；第二，把抽象形式的个人生活变成同样是抽象形式和异化形式的类生活的目的。

因为，首先，劳动这种生命活动、这种生产生活本身对人说来不过是满足他的需要即维持肉体生存的需要的手段。而生产生活本来就是类生活。这是产生生命的生活。一个种的全部特性、种的类特性就在于生命活动的性质，而人的类特性恰恰就是自由的自觉的活动。生活本身却仅仅成为生活的手段。

动物和它的生命活动是直接同一的。动物不把自己同自己的生命活动区别开来。它就是这种生命活动。人则使自己的生命活动本身变成自己的意志和意识的对象。他的生命活动是有意识的。这不是人与之直接融为一体的那种规定性。有意识的生命活动把人同动物的生命活动直接区别开来。正是由于这一点，人才是类存在物。或者说，正因为人是类存在物，他才是有意识的存在物，也就是说，他自己的生活对他是对象。仅仅由于这一点，他的活动才是自由的活动。异化劳动把这种关系颠倒过来，以至人正因为是有意识的存在物，才把自己的生命活动，自己的本质变成仅仅维持自己生存的手段。

通过实践创造对象世界，即改造无机界，证明了人是有意识的类存在物，也就是这样一种存在物，它把类看作自己的本质，或者说把自身看作类存在物。诚然，动物也生产。它也为自己营造巢穴或住所，如蜜蜂、海狸、蚂蚁等。但是动物只生产它自己或它的幼仔所直接需要的东西；动物的生产是片面的，而人的生产是全面的；动物只是在直接的肉体需要的支配下生产，而人甚至不受肉体需要的支配也进行生产，并且只有不受这种需要的支配时才进行真正的生产，动物只生产自身，而人再生产整个自然界；动物的产品直接同它的肉体相联系，而人则自由地对待自己的产品。动物只是按照它所属的那个种的尺度和需要来建造，而人却懂得按照任何一个种的尺度来进行生产，并且懂得怎样处处都把内在的尺度运用到对象上去；因此，人也按照美的规律来建造。

因此，正是在改造对象世界中，人才真正地证明自己是类存在物。这种生产是人的能动的类生活。通过这种生产，自然界才表现为他的作品和他的现实。因此，劳动的对象是人的类生活的对象化：人不仅象在意识中那样理智地复现自己，而且能动地、现实地复现自己，从而在他所创造的世界中直观自身。因此，异化劳动从人那里夺去了他的生产的对象，也就从人那里夺去了他的类生活，即他的现实的、类的对象性，把人对动物所具有的优点变成缺点，因为从人那里夺走了他的无机的身体即自然界。

同样，异化劳动把自我活动、自由活动贬低为手段，也就把人的类生活变成维持人的肉体生存的手段。

因而，人具有的关于他的类的意识也由于异化而改变，以致类生活对他说来竟成了手段。

这样一来，异化劳动造成如下的结果：

人的类本质——无论是自然界，还是人的精神的、类的能力——变成人的异己的本质，变成维持他的个人生存的手段。异化劳动使人自己的身体，以及在他之外的自然界，他的精神本质，他的人的本质同人相异化。

人同自己的劳动产品、自己的生命活动、自己的类本质相异化这一事实所造成的直接结果就是人同人相异化。当人同自身相对立的时候，他也同他人相对立。凡是适用于人同自己的劳动、自己的劳动产品和自身的关系的东西，也都适用于人同他人、同他人的劳动和劳动对象的关系。

总之，人同他的类本质相异化这一命题，说的是一个人同他人相异化，以及他们中的每个人都同人的本质相异化。

人的异化，一般地说人同自身的任何关系，只有通过人同其他人的关系才得到实现和表现。

因而，在异化劳动的条件下，每个人都按照他本身作为工人所处的那种关系和尺度来观察他人。

［XXV］我们已经从经济事实即工人及其产品的异化出发。

我们表述了这一事实的概念：异化的、外化的劳动。我们分析了这一概念，因而我们只是分析了一个经济事实。

现在我们要进一步考察异化的、外化的劳动这一概念在现实中必须怎样表达和表现。

如果说劳动产品对我说来是异己的，是作为异己的力量同我相对立，那么，它到底属于谁呢？

如果我自己的活动不属于我，而是一种异己的活动、被迫的活动，那么，它到底属于谁呢？

属于有别于我的另一个存在物。

这个存在物是谁呢？

是神吗？确实，起初主要的生产活动，如埃及、印度、墨西哥的神殿建造等等，是为了供奉神的，而产品本身也是属于神的。但是，神从来不单独是劳动的主人。自然界也不是主人。而且，下面这种情况会多么矛盾：人越是通过自己的劳动使自然界受自己支配，神的奇迹越是由于工业的奇迹而变成多余，人就越是不得不为了讨好这些力量而放弃生产的欢乐和对产品的享受！

劳动和劳动产品所归属的那个异己的存在物，劳动为之服务和劳动产品供其享受的那个存在物，只能是人本身。

如果劳动产品不属于工人，并作为一种异己的力量同工人相对立，那么，这只能是由于产品属于工人之外的另一个人。如果工人的活动对他本身来说是一种痛苦，那么，这种活动就必然给另一个人带来享受和欢乐。不是神也不是自然界，只有人本身才能成为统治人的异己力量。

还必须注意上面提到的这个命题：人同自身的关系只有通过

他同他人的关系，才成为对他说来是对象性的、现实的关系。因此，如果人同他的劳动产品即对象化劳动的关系，就是同一个异己的、敌对的、强有力的、不依赖于他的对象的关系，那么，他同这一对象所以发生这种关系就在于有另一个异己的、敌对的、强有力的、不依赖于他的人是这一对象的主人。如果人把自身的活动看作一种不自由的活动，那么，他是把这种活动看作替他人服务的、受他人支配的、处于他人的强迫和压制之下的活动。

人同自身和自然界的任何自我异化，都表现在他使自身和自然界跟另一个与他不同的人发生的关系上。因此，宗教的自我异化也必然表现在俗人同僧侣或者俗人同耶稣基督（因为这里涉及精神世界）等等的关系上。在实践的、现实的世界中，自我异化只有通过同其他人的实践的、现实的关系才能表现出来。异化借以实现的手段本身就是实践的。因此，通过异化劳动，人不仅生产出他同作为异己的、敌对的力量的生产对象和生产行为的关系，而且生产出其他人同他的生产和他的产品的关系，以及他同这些人的关系。正象他把他自己的生产变成使自己失去现实性，使自己受惩罚一样，正象他丧失掉自己的产品并使它变成不属于他的产品一样，他也生产出不生产的人对生产和产品的支配。正象他使他自己的活动同自身相异化一样，他也使他人占有非自身的活动。

上面，我们只是从工人方面考察了这一关系；下面我们还要从非工人方面来加以考察。

总之，通过异化的、外化的劳动，工人生产出一个跟劳动格格不入的、站在劳动之外的人同这个劳动的关系。工人同劳动的关系，生产出资本家（或者不管人们给雇主起个什么别的名字）同这个劳动的关系。从而，私有财产是外化劳动即工人同自然界和自身的外在关系的产物、结果和必然后果。

因此，我们通过分析，从外化劳动这一概念，即从外化的人、异化劳动、异化的生命、异化的人这一概念得出私有财产这一概念。

诚然，我们从国民经济学得到作为私有财产运动之结果的外化劳动（外化的生命）这一概念。但是对这一概念的分析表明，与其说私有财产表现为外化劳动的根据和原因，还不如说它是外化劳动的结果，正象神原先不是人类理性迷误的原因，而是人类理性迷误的结果一样。后来，这种关系就变成相互作用的关系。

私有财产只有发展到最后的、最高的阶段，它的这个秘密才重新暴露出来，私有财产一方面是外化劳动的产物，另一方面又是劳动借以外化的手段，是这一外化的实现。

这些论述使至今没有解决的各种矛盾立刻得到阐明。

国民经济学虽然从劳动是生产的真正灵魂这一点出发，但是它没有给劳动提供任何东西，而是给私有财产提供了一切。蒲鲁东从这个矛盾得出了有利于劳动而不利于私有财产的结论。然而我们看到，这个表面的矛盾是异化劳动同自身的矛盾，而国民经济学只不过表述了异化劳动的规律罢了。

因此，我们也看到工资和私有财产是同一的，因为用劳动产品、劳动对象来偿付劳动本身的工资，不过是劳动异化的必然的后果，因为在工资中，劳动本身不表现为目的本身，而表现为工资的奴仆。下面我们要详细说明这个问题，现在不过再作出

[XXVI] 几点结论。

强制提高工资（不谈其他一切困难，也不谈这种强制提高工资作为一种反常情况，也只有靠强制才能维持），无非是给奴隶以较多报酬，而且既不会使工人也不会使劳动获得人的身分和尊严。

甚至蒲鲁东所要求的工资平等，也只能使今天的工人同他的劳动的关系变成一切人同劳动的关系。这时社会就被理解为抽象的资本家。

工资是异化劳动的直接结果，而异化劳动是私有财产的直接原因。因此，随着一方衰亡，另一方也必然衰亡。

从异化劳动同私有财产的关系可以进一步得出这样的结论：社会从私有财产等等的解放、从奴役制的解放，是通过工人解放这种政治形式表现出来的，而且这里不仅涉及工人的解放，因为工人的解放包含全人类的解放；其所以如此，是因为整个人类奴役制就包含在工人同生产的关系中，而一切奴役关系只不过是这种关系的变形和后果罢了。

正如我们通过分析从异化的、外化的劳动的概念得出私有财产的概念一样，我们也可以借助这两个因素来阐明国民经济学的一切范畴，而且我们将发现其中每一个范畴，例如商业、竞争、资本、货币，不过是这两个基本因素的特定的、展开了的表现而已。

思考题：

1．按马克思的分析，无产者是如何在劳动的过程中降为非人的？

2．异化劳动的四个规定及其相互关系是什么？

3．试简要概括西方马克思主义对马克思异化理论的继承和发展。

延伸阅读：

1．特里·伊格尔顿：《马克思为什么是对的》，李杨、任文科、郑义译，北京：新星出版社，2011年。

2．戴维·麦克莱伦：《马克思传》，王珍译，北京：中国人民大学出版社，2010年。

3．王贵贤、田毅松编著：《〈1844年经济学哲学手稿〉导读》，北京：中国民主法制出版社，2012年。

4．余源培、吴晓明编：《马克思主义哲学经典文本导读》，北京：高等教育出版社，2005年。

十八　尼采《悲剧的诞生》选读

　　尼采（Friedrich Wilhelm Nietzsche，1844—1900），德国十九世纪哲学家，唯意志论者。大学时专攻神学和古典语言学，后任语言学教授。晚年患有严重精神病。早年深受叔本华影响，认为世界的本体是非理性的意志，但把叔本华的强调万物苟延求生的"生存意志"发展为强调生命力之丰盈扩展的"强力意志"。尼采认为生活与道德的最高原则是以强力意志来统治一切，发展强力，肯定生命，进而"重估一切价值"。他以艺术为重估的标准，对欧洲传统文明尤其是科学理性和基督教道德进行猛烈抨击。在"上帝死了"进而"重估一切价值"的新的世界观和价值体系中，最理想的人是"超人"。尼采认为人类进化的原则就在于优先发展最强的人，即"超人"，他们具有健全的生命本能和旺盛的强力意志，是世界的强者。尼采哲学从强力意志出发追问各种价值的基础，对欧洲无数世纪以来被普遍接受的真理、科学、文化、宗教等进行重估和批判，对西方现代和后现代思想产生了重大影响。尼采的主要著作有：《悲剧的诞生》《查拉图斯特拉如是说》《道德的谱系》《偶像的黄昏》《看哪，这人！》等。

　　《悲剧的诞生》是尼采的处女作，也是他主要的美学著作。尼采哲学的重要命题——重估一切价值、超人、强力意志，都与本书提出的"酒神精神"有本质联系。尼采认为此书是他"对所有价值的第一次重估"。他认为全书有两大贡献："其一是对希腊人的酒神现象的理解；对它做了首次心理分析，视它为整个希腊艺术的根源之一。再就是对苏格拉底主义的理解；苏格拉底第一次被认识到是使希腊解体的工具，是典型的颓废主义者。"本书中尼采批判地考察了前人的悲剧理论，第一次把日神和酒神视为矛盾的对立面，认为他们的斗争构成了艺术发展的基础，也是悲剧诞生的基础。希腊人由于认识到人生的悲剧性质，被迫从艺术中寻求解脱，其方式分为日神精神和酒神精神。日神作为光明之神，其光辉使万物呈现美的外观。日神如"梦"，在梦境中，人们暂时忘却了现实世界的苦难，为自己创造一个美丽的幻景，从而使人生值得一过。日神是个体化原则的壮丽神像。造型艺术、史诗是典型的日神艺术。酒神的象征来自希腊酒神祭。在这仪式上，人们狂饮滥醉，自由发泄，日神式的自我主体消失了，个体化原则遭到彻底毁坏，从而获得了一种解除个体化束缚、复归原始自然的体验。对个体而言，个体生命的解体是最高的痛苦，然而由于个体生命的解体却复归了永恒生命的循环，获得了与宇宙本体融合的最高的快乐。酒神如"醉"，是一种痛苦和狂喜相交织的癫狂状态。非造型艺术如音乐，是典型的酒神艺术。日神和酒神都根植于人的至深本能，前者创造个体，是借外观幻觉以自我肯定的冲动，后者消灭个体，是自我否定以复归宇宙本体的冲动。两者的关系类似弗洛伊德"生本能"与"死本能"的关系，均属非理性领域。悲剧是日神艺术与酒神艺术的结合，但悲剧的本质是酒神精神，它实质上是以一种理性无法解释的神秘方式对世界本质，即意志或永恒生命力的感知。等到以苏格拉底为代表的科学理性以及具有苏格拉底美学观点的诗人欧里庇德斯出现，希腊悲剧就衰落了。

  尼采同意叔本华将世界划分为表象和意志两部分，但相同的哲学体系却导致了截然不同的人生态度。叔本华认为世界由盲目的、非理性的意志统治。在其驱使下，人类追求无止境的欲望。想要解除痛苦，就必须彻底否定生命意志。尼采也认同人生的悲剧性质，认为悲观主义是真理。但真理并非最高的价值标准。真理是丑的，为了战胜真理，我们只有求助于艺术。艺术的意义，就在于赋予本无意义的人生以意义和价值。日神和酒神正是作为人生的两位救世主登上尼采美学的舞台的。日神沉湎于美的幻象以使痛苦的人生值得一过。酒神撕破美的面纱，直视人生悲剧。问题是，在充满了痛苦与毁灭的人生真相面前，如何再次肯定人生？在尼采看来，这便需要依靠"酒神精神"：悲剧表现的虽是个体的痛苦与毁灭，但通过个体的毁灭，我们反而感觉到世界生命意志的丰盈和不可毁灭。悲剧快感正来自个体毁灭时产生的与宇宙本体合为一体的神秘陶醉，尼采称之为"形而上的慰藉"。"形而上的慰藉说"的实质，乃是用审美的眼光来看待世界之变化生成，将我们生活的本体世界艺术化，视世间万物及人类所有生成毁灭为艺术创造，为最广义的"美学现象"，赋予它一种审美的意义。生命的痛苦正是经由审美的桥梁转化为极致的快乐。世界不断创造生命又毁灭生命，乃是"意志在其永远洋溢的快乐中借以自娱的一种审美游戏"。可见，与叔本华为逃避痛苦而否弃生命不同，尼采为了肯定生命而肯定痛苦，与痛苦相嬉戏，并从人生的悲剧性中获得审美快感。这是尼采对悲剧功能的说明，也是他对人生态度的主张，也是酒神精神的要义。

尼采通过酒神精神提出了与叔本华相对的悲剧思想，显示出昂扬乐观的人生态度，无疑是有积极意义的。问题是尼采赋予艺术以本体意义，视之为苦难人生的救世主，未免过分夸大了艺术的功能，很容易陷入空想而导致悲观主义。但无论如何，尼采一反学术界对希腊艺术"宁静、和谐"的理性主义定位，发掘出非理性的酒神精神，视之为希腊艺术发展的深刻基础，并将之当作遏制启蒙运动以来日渐强大的理性主义的武器，这个影响是巨大的。尼采之后，柏格森、厨川白村、克尔凯郭尔、海德格尔、弗洛伊德等越来越多的理论家深入人类深层心理和潜意识，以此寻找悲剧产生的原因。可以说，尼采开创的非理性的悲剧理论影响了整整一个世纪的文学和哲学的非理性转向。

《悲剧的诞生》（节选）[①]

1

如果我们不仅达到了逻辑的洞见，而且也达到了直接可靠的直观，认识到艺术的进展是与阿波罗和狄奥尼索斯之二元性联系

[①] 选自尼采：《悲剧的诞生》，孙周兴译，北京：商务印书馆，2016年。

在一起的，恰如世代繁衍取决于持续地斗争着的、只会周期性地出现和解的两性关系，那么，我们就在美学科学上多有创获了。这两个名词，我们是从希腊人那里借用来的；希腊人虽然没有用概念、但却用他们的诸神世界透彻而清晰的形象，让明智之士感受到他们的艺术观深邃而隐秘的信条。与希腊人的这两个艺术神祇——阿波罗（Apollo）与狄奥尼索斯（Dionysus）——紧密相联的，是我们的以下认识：在希腊世界里存在着一种巨大的对立，按照起源和目标来讲，就是造型艺术（即阿波罗艺术）与非造型的音乐艺术（即狄奥尼索斯艺术）之间的巨大对立。两种十分不同的本能并行共存，多半处于公开的相互分裂中，相互刺激而达致常新的更为有力的生育，以便在其中保持那种对立的斗争，而"艺术"这个共同的名词只不过是在表面上消除了那种对立；直到最后，通过希腊"意志"的一种形而上学的神奇行为，两者又似乎相互结合起来了，在这种交合中，终于产生出既是狄奥尼索斯式的又是阿波罗式的阿提卡悲剧的艺术作品。

  为了更细致地了解这两种本能，让我们首先把它们设想为由梦（Traum）与醉（Rausch）构成的两个分离的艺术世界；在这两种生理现象之间，可以看出一种相应的对立，犹如在阿波罗与狄奥尼索斯之间一样。按照卢克莱修的观点，庄严的诸神形象首先是在梦中向人类心灵显现出来的，伟大的雕塑家是在梦中看到超凡神灵的迷人形体的，而且，若要向这位希腊诗人探听诗歌创作的奥秘，他同样也会提到梦，给出一种类似于诗人汉斯·萨克斯的教诲——这位德国诗人在《工匠歌手》中唱道：

我的朋友，解释和记录自己的梦，
这正是诗人的事业。
相信我，人最真实的幻想
总是在梦中向他开启：
所有诗艺和诗体
无非是真实之梦的解释。

在梦境的创造方面，每个人都是完全的艺术家。梦境的美的假象乃是一切造型艺术的前提，其实，正如我们将会看到的，也是一大半诗歌的前提。我们在直接的形象领悟中尽情享受，所有形式都对我们说话，根本没有无关紧要的和不必要的东西。而即便在这种梦之现实性的至高生命中，我们却仍然具有对其假象的朦胧感觉：至少我的经验是这样，这种经验是经常的，甚至是一种常态，为此我蛮可以提供许多证据，也可以提供出诗人们的名言来作证。哲学人士甚至预感到，在我们生活和存在于其中的这种现实性中，还隐藏着第二种完全不同的现实性，因而前一种现实性也是一种假象。叔本华就径直把这种天赋，即人们偶尔会把人类和万物都看作单纯的幻影或者梦境，称为哲学才能的标志。就如同哲学家之于此在之现实性，艺术上敏感的人也是这样对待梦之现实性的；他明察秋毫，乐于观察：因为他根据这些形象来解说生活，靠着这些事件来历练自己的生活。……

这种梦境体验的快乐必然性，希腊人同样也在他们的阿波罗形象中表达出来了：阿波罗，作为一切造型力量的神，同时也是预言之神。按其词根来讲，阿波罗乃是"闪耀者、发光者"，是光明之神，他也掌管着内心幻想世界中的美的假象。这种更高的真理，这些与无法完全理解的日常现实性相对立的状态的完满性，还有对在睡和梦中起治疗和帮助作用的自然的深度意识，同时也是预言能力的象征性类似物，一般地就是使生活变得可能、变得富有价值的各门艺术的象征性类似物。然而，有一条柔弱的界线，梦境不可逾越之，方不至于产生病态的作用，不然的话，假象就会充当粗鄙的现实性来欺骗我们——这条界线在阿波罗形象中也是不可或缺的：造型之神（Bildnergott）的那种适度的自制，那种对粗野冲动的解脱，那种充满智慧的宁静。按其来源来讲，他的眼睛必须是"太阳般发光的"；即便在流露愤怒而不满的眼神时，它也依然沐浴于美的假象的庄严中。于是，在某种古怪的意义上，叔本华关于那个围于摩耶面纱下的人所讲的话，大抵也适用于阿波罗。《作为意志和表象的世界》第一篇第416页："有如在汹涌大海上，无边无际，咆哮的波峰起伏不定，一个船夫坐在一只小船上面，只好信赖这脆弱的航船；同样地，在一个充满痛苦的世界里面，孤独的人也安坐其中，只好依掌和信赖 principium individuationis［个体化原理］了。"是的，对于阿波罗，我们或许可以说，对个体化原理的坚定信赖，以及受缚于其中者的安坐，在阿波罗身上得到了最突出的表达，而且我们可以把阿波罗本身称为个体化原理的壮丽神像，其表情和眼神向我们道出了"假象"的全部快乐和智慧，连同它的美。

在同一处，叔本华为我们描述了那种巨大的恐惧，即当人由于根据律在其某个形态中似乎遭遇到例外、从而突然对现象的认识形式生出怀疑时，人就会感到无比恐惧。如果我们在这种恐惧之外还加上那种充满喜悦的陶醉，即在 principii individuationis［个体化原理］破碎时从人的内心深处、其实就是从本性中升起的那种迷人陶醉，那么，我们就能洞察到狄奥尼索斯的本质——用醉来加以类比是最能让我们理解它的。无论是通过所有原始人类和原始民族在颂歌中所讲的烈酒的影响，还是在使整个自然欣欣向荣的春天强有力的脚步声中，那种狄奥尼索斯式的激情都苏醒过来了，而在激情高涨时，主体便隐失于完全的自身遗忘状态。即便在中世纪的德意志，受同一种狄奥尼索斯强力的支配，也还有总是不断扩大的队伍，载歌载舞，辗转各地：在这些圣约翰节和圣维托节舞者身上，重又现出希腊人的酒神歌队，其前史可溯源于小亚细亚，直到巴比伦和放纵的萨卡人。如今有些人，由于缺乏经验或者由于呆头呆脑，感觉自己是健康的，便讥讽地或者怜悯地躲避此类现象，有如对待"民间流行病"：这些可怜虫当然不会知道，当狄奥尼索斯的狂热者的炽热生命从他们身旁奔腾而过时，恰恰是他们这种"健康"显得多么苍白、多么阴森。

在狄奥尼索斯的魔力之下，不仅人与人之间得以重新缔结联盟：连那疏远的、敌意的或者被征服的自然，也重新庆祝它与自己失散之子——人类——的和解节日。大地自愿地献出自己的赠礼，山崖荒漠间的野兽温顺地走来。狄奥尼索斯的战车缀满鲜花和花环：豹和虎在它的轭下行进。我们不妨把贝多芬的《欢乐颂》转换成一幅画，让我们的想象力跟进，想象万民令人恐怖地落入尘埃，化为乌有：于是我们就能接近狄奥尼索斯了。现在，奴隶也成了自由人；现在，困顿、专横或者"无耻的风尚"在人与人之间固定起来的全部顽固而敌意的藩篱，全都分崩离析了。现在，有了世界和谐的福音，人人都感到自己与邻人不仅是联合了、和解了、融合了，而且是合为一体了，仿佛摩耶面纱已经被撕碎了，只还有些碎片在神秘的"太一"（das Ur-Eine）面前飘零。载歌载舞之际，人表现为一个更高的共同体的成员：他忘掉了行走和说话，正要起舞凌空飞翔。他的神态透露出一种陶醉。正如现在野兽也能说话，大地流出乳汁和蜂蜜，同样地，人身上发出某种超自然之物的声音：人感觉自己就是神，正如人在梦中看见诸神的变幻，现在人自己也陶醉而飘然地变幻。人不再是艺术家，人变成了艺术品：在这里，在醉的战栗中，整个自然的艺术强力得到了彰显，臻至"太一"最高的狂喜满足。人这种最高贵的陶土，这种最可珍爱的大理石，在这里得到捏制和雕琢，而向着狄奥尼索斯的宇宙艺术家的雕凿之声，响起了厄琉西斯的秘仪呼声："万民啊，你们倒下来了？宇宙啊，你能预感到造物主吗？"——

2

前面我们已经把阿波罗与它的对立面，即狄奥尼索斯，看作两种艺术力量，它们是从自然本身中突现出来的，无需人类艺术家的中介作用；而且在其中，两者的艺术冲动首先是直接地获得满足的：一方面作为梦的形象世界，其完美性与个体的知识程度和艺术修养毫无联系，另一方面乃作为醉的现实性，它同样也不重视个体，甚至力求消灭个体，通过一种神秘的统一感使个体得到解脱。相对于这两种直接的自然之艺术状态，任何一个艺术家就都是"模仿者"了，而且，要么是阿波罗式的梦之艺术家，要么是狄奥尼索斯式的醉之艺术家，要不然就是——举例说，就像在希腊悲剧中那样——两者兼有，既是醉之艺术家，又是梦之艺术家。对于后一类型，我们大抵要这样来设想：在狄奥尼索斯的醉态和神秘的忘我境界中，他孑然一人，离开了狂热的歌队，一头倒在地上了；尔后，通过阿波罗式的梦境感应，他自己的状态，亦即他与宇宙最内在根源的统一，以一种比喻性的梦之图景向他彰显出来了。

……

3

……

……希腊人认识和感受到了人生此在的恐怖和可怕：为了终究能够生活下去，他们不得不在这种恐怖和可怕面前设立了光辉灿烂的奥林匹斯诸神的梦之诞生。那种对自然之泰坦式强力的巨大怀疑，那冷酷地高踞于一切知识之上的命运（Moira），那伟大的人类之友普罗米修斯的兀鹰，那聪明的俄狄浦斯的可怕命运，那迫使俄瑞斯忒斯去干弑母勾当的阿特里德斯的家族咒语，质言之，那整个森林之神的哲学，连同它那些使忧郁的伊特鲁利亚人走向毁灭的神秘榜样——所有这一切，都被希腊人通过奥林匹斯诸神的艺术的中间世界持续不断地重新克服掉了，至少是被掩盖起来了，从视野中消失了。为了能够生活下去，希腊人基于最深的强制性不得不创造了这些诸神；我们也许要这样来设想这个过程，即由于那种阿波罗的美之冲动，经过缓慢的过渡，原始的泰坦式的恐怖诸神制度演变为奥林匹斯的快乐诸神制度了,有如玫瑰花从荆棘丛中绽放出来。倘若人生此在没有被一种更高的灵光所环绕,已经在其诸神世界中向这个民族显示出来了,那么,这个如此敏感、如此狂热地欲求、如此独一无二地能承受痛苦的民族,又怎么能忍受人生此在呢?把艺术创建出来的同一种冲动,作为引诱人们生活下去的对人生此在的补充和完成,也使得奥林匹斯世界得以产生,而在这个世界中,希腊人的"意志"就有了一面具有美化作用的镜子。于是,诸神因为自己过上了人的生活,从而就为人类生活做出辩护——此乃唯一充分的神正论!在这些诸神的明媚阳光之下的人生此在,才被认为是本身值得追求的,而荷马式的人类的真正痛苦,就在于与这种此在相分离,尤其是快速的分离,以至于我们现在可以把西勒尼的格言颠倒一下来说他们:"对于他们来说,最糟的事体是快快死掉,其次则是终有一死。"这种悲叹一旦响起,听起来就又是对短命的阿卡琉斯的悲叹,对于人类落叶般变幻和转变的悲叹,对于英雄时代的没落的悲叹。渴望继续活下去,哪怕是当临时劳工,也不失旷世英雄的体面。在阿波罗阶段,"意志"是如此狂热地要求这种人生此在,而荷马式的人类感到自己与人生此在融为一体了,以至于连悲叹也变成了人生此在的颂歌。

……凡在艺术中发现"朴素"之处,我们都必须认识到阿波罗文化的至高效果:这种文化总是首先要推翻泰坦王国,杀死巨魔,并且必须通过有力的幻觉和快乐的幻想,战胜了那种可怕而深刻的世界沉思和极为敏感的受苦能力。然而,要达到这种朴素,即与假象之美完全交织在一起,这是多么难得!因此,荷马的崇高是多么难以言说，他作为个体与阿波罗的民族文化的关系，有如个别的梦之艺术家之于一般民族的和自然的梦想能力。荷马式的"朴素性"只能被把握为阿波罗幻想的完全胜利：正是这样一种幻想，是自然为了达到自己的意图而经常要使用的。真正的目标被某种幻象所掩盖：我们伸手去抓取这个幻象，自然则由于我们的错觉而达到了真正的目标。在希腊人那里，"意志"力求在天才和艺术世界的美化作用中直观自身；为了颂扬自己，"意志"的产物必须首先感觉到自己是值得颂扬的，它们必须在一个更高的领域里重新审视自己，而这个完美的直观世界又没有发挥命令或者责备的作用。此乃美的领域，希腊人在其中看到了自己的镜像，即奥林匹斯诸神。藉着这种美的反映，希腊人的"意志"来对抗那种与艺术天赋相关的忍受苦难和富于苦难智慧的天赋：而作为这种"意志"胜利的纪念碑，荷马这位朴素的艺术家矗立在我们面前。

10

有一个不容争辩的传说是，最古形态的希腊悲剧只以狄奥尼索斯的苦难为课题，在很长一段时间里唯一现成的舞台主角正是狄奥尼索斯。但我们可以同样确凿地断定，直到欧里庇德斯，狄奥尼索斯向来都是悲剧主角，希腊舞台上的所有著名角色，普罗米修斯、俄狄浦斯，等等，都只是那个原始的主角狄奥尼索斯的面具而已。所有这些面具后面隐藏着一个神祇，这乃是唯一根本性的原因，说明那些著名角色为何具有如此经常地让人赞叹的典型的"理想性"。我不知道有谁说过，所有个体作为个体都是滑稽的，因而是非悲剧性的：由此或可得知，希腊人根本上是不可能容忍舞台上的个体的。希腊人看来确实有此种感受；说到底，柏拉图对于与"偶像"(Idol)、映象（Abbild）相对立的"理念"(Idee)所做的区分和评价，是深深地植根于希腊人的本质之中的。而若用柏拉图的术语来说，我们或可这样来谈论希腊舞台的悲剧形象：这一个真正实在的狄奥尼索斯以多种形象显现，戴着一个抗争英雄的面具，仿佛卷入个别意志之网中。以现在这个显现之神的言行方式，他就像一个迷误、抗争、受苦的个体；而且根本上，他以史诗般的明确和清晰显现出来，这要归于释梦者阿波罗的作用，阿波罗通过那种比喻性的显现向合唱歌队解释了他的狄奥尼索斯状态。但实际上，这个英雄就是秘仪中受苦的狄奥尼索斯，是亲身经历个体化之苦的神；根据种种神奇的神话叙述，狄奥尼索斯年轻时曾被泰坦诸神所肢解，然后在此状态中又被奉为查格琉斯而广受崇敬——这就暗示出，这样一种解体，即真正狄奥尼索斯的苦难，宛若一种向气、水、土、火的转变，所以，我们就必须把个体化状态视为一切苦难的根源和始基，视为某种本身无耻下流的东西。从这个狄奥尼索斯的微笑中产生了奥林匹斯诸神，从他的眼泪中产生了人类。以这种作为被肢解之神的实存，狄奥尼索斯具有双重本性，他既是残暴野蛮的恶虎，又是温良仁慈的主宰。可是，秘仪信徒们却指望着狄奥尼索斯的再生，对于这种再生，我们现在必须充满预感地把它把握为个体化的终结：对于这个即将到来的第三个狄奥尼索斯，秘仪信徒们报以激荡的欢呼歌唱。而且，只是因为有了这种希望，被分解为个体的支离破碎的世界才焕发出一缕欢乐的容光——通过沉浸在永恒悲伤中的得墨忒耳，神话形象地说明了这一点：当她听说她能再次把狄奥尼索斯生出来时，她第一次重启笑容。以上述观点，我们已然有了一种深刻的、悲观主义的世界观的全部要素，同时也就理解了悲剧的秘仪学说：那就是关于万物统一的基本认识，把个体化当作祸患之始基的看法，艺术作为那种要打破个体化之界限的快乐希望，以及作为对一种重建的统一性的预感。……

……

11

希腊悲剧的毁灭不同于全部更古老的姊妹艺术种类：它是由于一种难以解决的冲突而死于自杀，所以是悲剧性的，而所有更古老的姊妹艺术种类则都尽享天年，都是极美丽和极安详地逐渐消失掉的。因为，如果说留下美好的后代、毫无痉挛地告别人生乃是合乎一种幸福的自然状态的，那么，那些更为古老的姊妹艺术种类的终结，就向我们表明了这样一种幸福的自然状态；它们慢慢地隐失，而且在它们弥留的目光前已然站着它们更美的子孙，后者正以勇敢的姿态急不可耐地昂起自己的头颅呢。与此相反，随着希腊悲剧的死亡，则出现了一种巨大的、往往深深地被感受到的空虚……

但这个时候，却有一种新的艺术繁荣起来了，它把悲剧奉为先驱和导师；人们当时惊恐地发觉，这种艺术固然带有她母亲的容貌特征，但却是这位母亲在长期的垂死挣扎中表现出来的容貌。

欧里庇德斯所做的斗争就是悲剧的这种垂死挣扎；这种后起的艺术乃是众所周知的阿提卡新喜剧。在阿提卡新喜剧身上，残存着悲剧的蜕化形态，构成悲剧极其艰难和惨烈的消亡的纪念碑。

……我们只需说：欧里庇德斯把观众带上舞台了。如果你认识到欧里庇德斯之前普罗米修斯式的悲剧作家们是用什么材料塑造他们的主角的，根本没有把现实的忠实面具搬到舞台上去的意图，那么，你也就弄清楚欧里庇德斯的完全背离的倾向了。通过欧里庇德斯，日常生活中的人从观众席冲上了舞台——这面镜子先前只表达伟大勇敢的性格，现在则呈露出那种极其严密的忠实，连自然的败笔也加以仔细再现。现在在新诗人笔下，奥德修斯，古代艺术中典型的希腊人，已沦为小希腊人形象了，从今往后，这种小希腊人就作为好心肠的、狡黠的家奴占据了戏剧趣味的中心。在阿里斯托芬的《蛙》中，欧里庇德斯声称自己的功绩是通过家常便药使悲剧艺术摆脱了富丽堂皇的臃肿病，这一点首先可以在他的悲剧主角身上得到感受。现在，观众们在欧里庇德斯的舞台上看到和听到的，根本上就是他们自己的影子，并且为这影子的能说会道而大感开心。但不只是开心而已，人们自己还可以向欧里庇德斯学习说话；在与埃斯库罗斯比赛时，欧里庇德斯就曾以此自夸：通过他，民众现在已经学会了用极机智的诡辩术巧妙地去观察、商讨和推论了。通过这样一种对公共语言的改变，他根本上就使新喜剧成为可能了。因为从现在起，如何以及用何种格言让日常事物登上舞台，已经不再是一个秘密了。欧里庇德斯把他全部的政治希望都建立在市民的平庸性上，现在，这种平庸性有了发言权，而在此之前，却是由悲剧中的半神、喜剧中醉醺醺的萨蒂尔或者半人来决定语言特性的。而且这样一来，阿里斯托芬剧中的欧里庇德斯就竭力自夸，说他描绘了人人都能做出判断的普通的、熟知的、日常的生活和行动。如果说现在大众都能进行哲学思考了，都能以闻所未闻的聪明管理土地和财产，开展诉讼，那么，这全是他的功劳，是他向民众灌输的智慧的成就。

……

……欧里庇德斯很可能觉得自己作为诗人要比群众高明，但并不比他的那两个观众高明；他把群众带上舞台了，而对于他的那两个观众，他却是敬重有加，视之为唯一有能力判断他的全部艺术的法官和大师……

那两个观众之一是欧里庇德斯本人，是作为思想家的欧里庇德斯，而不是作为诗人的欧里庇德斯。我们可以说，欧里庇德斯异常丰富的批判才能——类似于莱辛——即便不说生产，至少也会持续不断地孕育一种附带的艺术创造冲动。以这样一种天赋，以其批判性思想的全部明晰和灵敏，欧里庇德斯坐在剧场里面，努力去重新认识他那些伟大先辈的杰作，有如观看一幅已经褪色的画作，一笔一笔、一条一条地加以重审。而且在这里，他碰到了那些获悉埃斯库罗斯悲剧之深度奥秘的人们不会感到意外的东西：在每一笔和每一条线上，他看到了某种无法测度的东西，某种令人迷惑的确定性，同时也是一种神秘的深度，实即背景的无穷无尽。最清晰的形象也总是带着一个彗星尾巴，似乎暗示着不确定、弄不清楚的东西。这同一种朦胧暮色也笼罩在戏剧结构上面，尤其是在合唱歌队的意义上。而且，伦理问题的解答依然让他感到多么疑惑啊！神话的处理也是多么可疑啊！幸与不幸的分配是多么不均啊！即便在更古老悲剧的语言中，也有许多东西让他反感，至少令他感到神秘莫测；特别是他发现其中用了过多的堂皇辞藻来表达简单的关系，用了过多的比喻和惊人词章来表现朴素的性格。他就这样坐在剧场里，不安地冥思苦想，而且作为观众，他承认自己不能理解他那些伟大的先辈。然而，如果说在他看来理智是一切欣赏和创作的真正根源，那么，他就不得不追问和寻思，是不是没有人与他想法一致，没有人与他一样承认那种不可测度性。但许多人，包括那些最优秀的个人，只是对他报以怀疑的微笑；而没有人能为他说明，为什么大师们面对他的疑虑和异议总是正确的。在这样一种极其痛苦的状态中，他找到了另一个观众，后者并不理解悲剧，因而也不重视悲剧。与这位观众结盟，欧里庇德斯就大胆地摆脱了孤独，开始向埃斯库罗斯和索福克勒斯的艺术作品发起一场惊人的斗争——不是用论战文章，而是作为戏剧诗人，用自己的悲剧观来反对传统的悲剧观。

12

……

把那种原始的和万能的狄奥尼索斯元素从悲剧中剔除出去，并且纯粹地、全新地在非狄奥尼索斯的艺术、道德和世界观基础上重建悲剧——这就是现在明明白白地向我们揭示出来的欧里庇德斯的意图。

……连欧里庇德斯在某种意义上也只是面具：借他之口说话的神祇不是狄奥尼索斯，也不是阿波罗，而是一个完全新生的恶魔,名叫苏格拉底。这是一种全新的对立:狄奥尼索斯与苏格拉底,而希腊悲剧艺术作品便因此对立而走向毁灭了。……

……

因此,既然我们已经知道了这么多,知道了欧里庇德斯根本没有成功地把戏剧仅仅建立在阿波罗因素基础上面,而毋宁说,他的非狄奥尼索斯意图是误入歧途了,成了一种自然主义的和非艺术的倾向,那么,现在我们就可以更进一步,来探讨一下审美苏格拉底主义的本质了;审美苏格拉底主义的最高原则差不多是:"凡要成为美的,就必须是理智的";这是可与苏格拉底的命题"唯知识者才有德性"相提并论的。欧里庇德斯拿着这个准则来衡量所有细节,并且依照这个原则来校正它们:语言、人物、戏剧结构、合唱歌队音乐。在与索福克勒斯悲剧的比较中,往往被我们算到欧里庇德斯头上的诗歌的缺陷和倒退,多半是那种深入的批判过程、那种大胆的理智的产物。……

……据此,我们就可以把欧里庇德斯视为审美苏格拉底主义的诗人。但苏格拉底是那第二个观众,并不理解、因而并不重视旧悲剧的第二个观众;……

14

现在让我们来设想一下,当苏格拉底那一只巨人之眼,那从未燃起过艺术激情之优美癫狂的眼睛,转向悲剧时会是何种情形——让我们来设想一下,他的眼睛不可能愉快地观入狄奥尼索斯的深渊——那么,说到底,这眼睛必定会在柏拉图所谓"崇高而备受赞颂的"悲剧艺术中看到什么呢？某种相当非理性的东西，似乎有因无果和有果无因的东西，而且整个是如此多彩和多样，以至于它必定与一种审慎的性情相抵触，而对于多愁善感的心灵来说却是一个危险的火种。我们知道苏格拉底唯一弄得懂的是何种诗歌艺术，那就是伊索寓言……

但在苏格拉底看来，悲剧艺术甚至不能"言说真理"，姑且不说它面向的是"没有多少理智的人"，也即并不面向哲学家：我们有双重理由远离悲剧艺术。与柏拉图一样，苏格拉底也把悲剧艺术看作谄媚的艺术，这种艺术只表现舒适惬意之物，而并不表现有用的东西，所以他要求自己的弟子们对此类非哲学的刺激保持节制和隔绝的态度；……

……

15

……

为了表明苏格拉底也具有这样一种驾驭者地位的尊严，我们只需认识到，他是一种前所未有的此在方式的典型，即理论家的典型；而洞察这种理论家典型的意义和目标，乃是我们下一步的任务。与艺术家一样，理论家也对现成事物有一种无限的满足感，并且也像艺术家那样，由于这种满足感而避免了悲观主义的实践伦理，及其只有在黑暗中才闪光的犀利目光。因为在每一次真理的揭示过程中，艺术家总是以喜悦的目光停留在那个即便到现在、在揭示之后依然隐蔽的东西上，而理论家则享受和满足于被揭下来的外壳,以一种始终顺利的、通过自己的力量就能成功的揭示过程为其至高的快乐目标。倘若科学只关心那一位赤裸裸的女神而不关心其他任何东西,那就不会有科学了。因为若是那样的话,科学的信徒们的心情一定会像那些想要径直凿穿地球的人们:当中每个人都明白,即便尽毕生的最大努力,他也只能挖出这无限深洞里的一小段。……因此,最诚实的理论家莱辛敢于大胆表白,说他关注真理的探索甚于关注真理本身:这话揭示了科学的根本奥秘,使科学家们感到惊讶,甚至于大为恼火。莱辛这种个别的识见,如果不说狂妄自负,也是过于诚实了。当然,现在除了这种识见,还有一种首先在苏格拉底身上出世的妄想,那种无可动摇的信念,即坚信:以因果性为指导线索的思想能深入到最深的存在之深渊,而且思想不仅能够认识存在,而且竟也能够修正存在。这种崇高的形而上学妄想被当作本能加给科学了,而且再三地把科学引向自己的界限,至此界限,科学就必定突变为艺术了:真正说来,艺术乃是这一机制所要达到的目的。

……

思考题:

1. 尼采悲剧思想之于叔本华有何师承与变异?
2. 尼采哲学对西方后现代思想的影响?
3. "重估一切价值""超人""强力意志"等尼采哲学命题与"酒神精神"的关系?

延伸阅读：

1. 尼采：《希腊悲剧时代的哲学》，周国平译，北京：商务印书馆，1994年。

2. 海德格尔：《尼采》，孙周兴译，北京：商务印书馆，2002年。

3. 卡尔·雅斯贝尔斯：《尼采其人其说》，鲁路译，北京：社会科学文献出版社，2001年。

4. 乔治·勃兰兑斯：《尼采》，安延明译，北京：工人出版社，1986年。

5. 丹尼尔·哈列维：《尼采传》，黄露译，合肥：安徽人民出版社，2012年。

6. 奥弗洛赫蒂等编：《尼采与古典传统》，田立年译，上海：华东师范大学出版社，2007年。

7. 周国平：《尼采美学文选》，北京：生活·读书·新知三联书店，1986年。

8. 陈鼓应：《悲剧哲学家尼采》，上海：上海人民出版社，2006年。

9. 汪民安、陈永国编：《尼采的幽灵——西方后现代语境中的尼采》，北京：社会科学文献出版社，2001年。

我们需要了解的西方文化经典

荷马《伊利亚特》《奥德赛》

赫西俄德《神谱》

柏拉图《理想国》

亚里士多德《政治学》《形而上学》

埃斯库罗斯、索福克勒斯、欧里庇德斯《古希腊悲剧选》

《圣经：新约与旧约》

维吉尔《埃涅阿斯纪》

贺拉斯《诗艺》

西塞罗《论文选》

奥勒留《沉思录》

奥古斯丁《忏悔录》

迈蒙尼德《迷途指津》

托马斯·阿奎那《神学大全》

但丁《神曲》

哥白尼《天体运行论》

马基雅弗利《君王论》

马丁·路德《马丁·路德文选》

维科《新科学》

莎士比亚《悲剧选》

塞万提斯《堂吉诃德》

培根《新工具》

蒙田《随笔集》

霍布斯《利维坦》

洛克《人类理解论》

笛卡尔《谈谈方法》

牛顿《自然哲学的数学原理》

孟德斯鸠《论法的精神》

亚当·斯密《国富论》

歌德《浮士德》

卢梭《社会契约论》

康德《实践理性批判》《纯粹理性批判》《判断力批判》

《美国独立宣言》

《法国人权宣言》

《共产党宣言》

黑格尔《美学》

达尔文《物种起源》

马克思《资本论》

叔本华《作为意志和表象的世界》

尼采《悲剧的诞生》《权力意志》

弗洛伊德《梦的解析》

列宁《国家与革命》

图书在版编目(CIP)数据

西方文化元典选读/欧震,范锐主编.--北京:
商务印书馆,2024.--ISBN 978-7-100-24273-8
I.K103
中国国家版本馆CIP数据核字第2024CJ8208号

权利保留,侵权必究。

西方文化元典选读
欧震　范锐　主编

商　务　印　书　馆　出　版
(北京王府井大街36号　邮政编码100710)
商　务　印　书　馆　发　行
山东临沂新华印刷物流
集团有限责任公司印刷
ISBN 978-7-100-24273-8

2024年8月第1版	开本 889×1194 1/32
2024年8月第1次印刷	印张 12
定价:68.00元	